学与教

探索中国课堂核心智慧

谢凡 姬向群 崔若峰 主编

北京师范大学出版集团
BEIJING NORMAL UNIVERSITY PUBLISHING GROUP
北京师范大学出版社

图书在版编目(CIP)数据

学与教——探索中国课堂核心智慧/谢凡，姬向群，崔若峰主编. —北京：北京师范大学出版社，2017.11（2020.1 重印）
（尔立文丛）

ISBN 978-7-303-22788-4

Ⅰ. ①学… Ⅱ. ①谢… ②姬… ③崔… Ⅲ. ①中小学—教学研究 Ⅳ. ①G632.0

中国版本图书馆 CIP 数据核字（2017）第 220343 号

营 销 中 心 电 话	010–57654738　57654736
北师大出版社职业教育分社网	http://zjfs.bnup.com
电 子 信 箱	zhijiao@bnupg.com

出版发行：北京师范大学出版社　www.bnup.com
　　　　　北京市西城区新街口外大街 12–3 号
　　　　　邮政编码：100088

印　　刷：	北京玺诚印务有限公司
经　　销：	全国新华书店
开　　本：	787 mm×1 092 mm　1/16
印　　张：	18.75
字　　数：	300 千字
版　　次：	2017 年 11 月第 1 版
印　　次：	2020 年 1 月第 2 次印刷
定　　价：	39.00 元

策划编辑：郭　翔	责任编辑：戴　轶　肖　寒
美术编辑：焦　丽	装帧设计：焦　丽
责任校对：陈　民	责任印制：陈　涛

亲历与推动

陶西平

　　1987 年，《中小学管理》杂志创刊，到今天她已经走过了 30 年的历程。应该说，《中小学管理》的创刊顺应了我国教育改革的大趋势。1985 年《中共中央关于教育体制改革的决定》的发布，以及 1986 年《中华人民共和国义务教育法》的颁布实施，成为我国教育持续改革开放和教育现代化的新的起点，开启了中国教育发展史的一段新的历程。

　　这个历程是国家推动教育治理体系建设和具体领域改革的过程，是"提质量、促公平、增活力"的价值追求不断落实的过程。在这一历程中，转变教育发展方式的理念得到了更加广泛的认同，城乡之间和学校之间的教育均衡状况在逐步改善，在"管办评分离"要求下学校办学自主权的保障力度也在加大，教育管理、育人模式、考试评价等各个领域的改革也得到不断深化。促进每一个学生生动活泼地发展，增强学生的社会责任感，培养学生的实践能力和创新精神，成为中国社会的共识。

　　在这一历程中，《中小学管理》始终是亲历者和推动者。

　　翻看创刊 30 年来的杂志，我们可以看出，《中小学管理》的选题策划和刊载文章随处都体现了创刊时的定位，即办成"扎根教育一线的学术刊物"。梳理这些年的选题，我认为体现了《中小学管理》几个明显的特点。

　　一是重视"学校"。学校管理理念与策略、组织、制度、课程、教学、教研、评价、作业、资源保障等领域内容都得到了持续的关注。这些领域中的问题是随着教育改革而不断变化的，而《中小学管理》的编辑们也随时跟进这些变化，将发生在基层的最新改革案例提炼并传播出来。与此同时，《中小学管理》还围绕现代学校制度和政校关系建设等主题，不断回应国家政策和基层学校的双向要求，并深度报道了很多的地区改革样本。

二是重视"人"。对校长、教师、中层干部、教育行政人员等主体的理念更新与能力提升的关注，是《中小学管理》的一条主线。如杂志在各个不同时期，对校长与教师的任职标准、胜任力、领导力、核心素养等进行了充分探讨，几乎每年都会组织相关选题。"学生"更是关注的重点，《中小学管理》较早地发起了对学生的重新研究，无论是对拔尖创新人才的早期培养，还是对流动儿童、留守儿童生存状态的关注，我们都能从中看出杂志在认识和观念上的变化。

三是重视"学术"。如果说刊物在早期更重视经验总结的话，那么现在的刊物则更重视价值的引领。若干年前，《中小学管理》就倡导教育研究者回到一线做真正的研究。这一倡导已经被明确描述为具有"助推本土教育理论创生"的价值。很多选题体现了前瞻性，如"校长思维方式研究""'80后'管理者研究""女性领导特质研究""校长空间领导力""学校中间组织变革""班本课程""核心素养与课程转型""走向云管理""供给侧结构性改革"等主题，体现了一本学术期刊的引领作用，符合一线工作者的专业需求，彰显了编者的专业追求。

"30年弹指一挥间，未来任重而道远。教育的发展总是会不断出现新的问题，不断产生新的困惑，不断提出新的挑战。"当前中国进入了深化教育改革、提高教育质量的新阶段。传统的教育体系将逐步被更新，很多顽固的教育问题将通过新的教育理念指引下的实践来逐步解决，我们正走在变革的途中。因此，我期望，《中小学管理》能够继续坚守办刊宗旨，保持对中国的教育问题的高度关注，以前瞻性的思想和丰富的表达形式，编辑刊发更多的好文章，为中小学管理者提供更优质的服务，与中小学管理者一起，助推中国教育的改革和发展。

（本文作者系《中小学管理》编委会主任，国家教育咨询委员会委员，国家总督学顾问，亚太地区联合国教科文组织协会联合会主席）

推进基于学科核心素养的教学改革

史宁中

当前深化基础教育领域综合改革，对中小学校长和教师提出了新的要求。如何进一步推进课堂教学改革，提高学校教育教学质量，培养具备现代核心素养的合格公民，是热点也是难点问题。因此，校长和教师要真正落实以人为本的教育理念，创新教学方法，实现有效教学、有效学习，推动基于学科核心素养的教学改革。

一、教育理念变革：从"以知识为本"走向"以人为本"

教育理念是学校实施教育工作的灵魂，是开展教学活动必须遵循的原则。几十年来，我国的教育理念发生了深刻的变化。

1."以知识为本"使教育异化为记忆和训练

我们可以将过去的教育理念称为"以知识为本"。其具体体现就是我们所说的教学大纲，我国最后一个教学大纲是 1999 年制定的。当时制定教学大纲时，我们关心的问题是"应当教哪些内容""应当教到什么程度"，因此，相应的考核便关注"规定的内容是否教了""学生的掌握是否达到要求"。总体来说，我们的教学目标是以知识技能为核心的一维目标。因此，几十年来，中国基础教育的一个基本特征，就是以基础知识、基本技能（双基）为核心内容。这种以知识为本的教育理念是以大工业社会为基础的，目的是为社会培养专门性人才。苏联著名教育家凯洛夫提出的"三中心论"，即以课堂为中心、以教材为中心、以教师为中心，就是这种教育理念的具体表现。

其实"双基"概念的提出非常好，抓住了教学的本质。在数学"双基"中，基础知识主要是指概念记忆与命题理解，基本技能主要是指证明技能与运算技能。我们要求基础知识扎实、基本技能熟练，但是在现实中它却往往走向极端，即基础知识扎实靠记忆，基本技能熟练靠训练。这就使得我们的教育变成了记忆和训练。但是这些靠记忆掌握的知识往往遗忘也快。有一次，我问大学文科一、二年级的学生"什么是三角函数""如何求球的体积"等基础性问题，他们回答说"全忘了"。

后来我就想，我们能不能教给孩子一些让其终身受益、最终会留下来的东西？因此，在参与课程标准制定时，我开始思考这样一些问题：如何制定课程标准？课程内容的教育价值是什么？开展教学活动的目的是什么？教与学的关系是什么？

2. 以人为本的教育理念倡导智慧教育

我们现在制定课程标准的一个基本理念是"以人为本"，这是现代的教育理念。它是以知识经济为基础的，是当今信息时代的要求，强调的不只是知识的积累、技能的训练，还要培养具有独立思考能力、能够适应未来工作需要、能够进行终身学习的人，我们希望培养出的是一个合格的公民。

从本质上来说，教育是人生存的需要，接受教育是孩子的本能。教育大致可以分为三个阶段。第一阶段是经验的教育，如古代师带徒的教育，那是过程的教育。第二阶段是知识的教育，知识本质上是一种结果，可能是思考的结果或者经验的结果，因此以知识为本、致力于"双基"的教育在本质上是一种结果的教育，这种教育缺少的是智慧。而智慧类似于素养，它表现在过程中，如解题的过程、玩的过程、做实验的过程。我们要提倡的是智慧教育，这是教育的第三阶段。因此，我们现在提出的教育目标不是一维的而是三维的，不仅重视结果（知识），而且重视过程（智慧）、重视学科素养的培养。

二、用人本教育理念管理学校：以"学生立场"贯串教育教学过程

中小学校长应该明确以人为本的教育理念，站在学生的立场上去思考教育教学，思考学校的一切活动。

1. 实施"尊重的教育"：站在学生的立场思考教育教学

站在学生的立场思考问题，即我们所说的尊重的教育，它包括尊重教育规律、尊重人才成长规律、尊重学生的人格人性。尊重受教育者的人格人性，就是指在教育教学中，我们首先要关注学生是如何思考、如何理解的，要尊重学生的认知规律。比如，低年段的学生还不具备抽象的能力，他们思考问题的方式非常具体，教师就必须有的放矢地引导学生去感悟，而不仅仅是让其单纯进行记忆。

我曾经给小学一至六年级的学生出过一道题，就是根据已知球的数量与颜色，通过摸球判断哪种颜色的球多。一、二年级学生会以数量多的那种颜色作为判断依据，四、五年级学生会提出两种可能，五、六年级的学生则会估算摸出哪种颜色的可能性比较大。这是因为低年段的学生还不能理解"可能性"的含义，其经验不足以支撑他对这个概念的把握。因此，教师在教学过程中，首先应该了解学生对所讲授的内容能够理解到什么程度。

有一次，我听一位特级教师给小学三年级的学生讲一节有关分数的课。这位老师讲得非常好，他说这节课对教师是个挑战。我对他说，如果这对教师是挑战，那么对学生恐怕就是个灾难。既然这堂课适合给小学四年级的学生讲，他们也较容易理解，那么为什么非要进行这个挑战，讲给三年级的学生呢？因此，教师不必过度关注讲课的技巧以及课讲得是否精彩，而是要更多地关注学生是如何思考的、能否很好地接受学习内容，这样才能真正实现从关注"如何教"到关注"如何学"的转变。

2. 建立大教育观：将人本理念贯彻于教育教学活动中

以人为本的教育理念，要求学校注重学生的全面发展，即实施素质教育。因此，学校必须建立大教育观，明确学校的一切工作、任何活动都是为了培养人，都是教育。

一方面，我们要关注学科外活动的教育价值。学生开朗的性格、与他人合作的能力、语言表达能力、组织能力等，很多都是在这些活动中培养的。另一方面，学科内教学要注意对学生的全面培养。课堂上除了学科知识教学，对于小学生，我们强调要培养学生学习的兴趣、良好的学习习惯、良好的身心素质；对于中学生，我们强调要培养学生向上的精神、学习的兴趣、创造的激情、社会的责任感等。

中小学校长要结合学校和区域实际，将以人为本的教育理念具体化为学校的育人目标，让每一位教师都牢记并实施于每一堂课、贯彻于每一个教育教学活动中。

三、用人本教育理念指导教学：在学科教学中培养学生的核心素养

1. 学生核心素养的培养要落在学科核心素养

在修订义务教育阶段课程标准时，我们将"双基"调整为"四基"，即在基础知识和基本技能的基础上，又提出了基本思想和基本活动经验。因为基本活动经验非常重要，它包括思维的经验和活动的经验，其本质是会想问题、会做事情，而这些主要来源于积累。之所以提出基本思想，是因为我们希望学生在获得一些基本概念、学会一些基本技能之外，能够培养思想方法。各个学科都有其基本思想，如数学的基本思想是抽象、推理、模型。

学生核心素养的培养，最终要落在学科核心素养的培育上。所谓学科核心素养，就是指学科的思维品质和关键能力。一个人成功的基础，包括知识的掌握、思维方法和经验积累。其中思维方法主要包括形象思维、逻辑思维和辩证思维。如数学学科主要培养的是逻辑思维，而逻辑思维主要包括演绎和归纳。从思维训练的角度考虑，我们之前的教育，更多的是培养学生的演绎推理能力，而缺少归纳推理能力的培养，即缺少了通过条件预测结果、通过结果探究成因的能力培养，这对培养创新型人才是不利的。

2. 基于核心素养的教学要把握知识本质、创设教学情境

素养的形成，不是依赖单纯的课堂教学，而是依赖学生参与其中的教学活动；不是依赖记忆与理解，而是依赖感悟与思维。它应该是日积月累的、自己思考的经验的积累。因此，基于核心素养的教学，要求教师要抓住知识的本质，创设合适的教学情境，启发学生思考，让学生在掌握所学知识技能的同时，感悟知识的本质，积累思维和实践的经验，形成和发展核心素养。

何谓知识的本质？比如，数学的思想不是靠讲解让学生理解的，而是靠创设情境让学生来感悟的。类似"除以一个分数等于乘以这个分数的倒数"这样的教学内容，教师不能仅仅通过一道例题来告诉学生这个运算法则，而是要通过举例说明，让学生真正理解其中的含义，然后自己得出结论。因此，对于很多问题，教师自己要先吃透，然后引导学生一起思考。真正本质的东西，是靠学生自己感悟得到的，否则他们记住的只是一大堆名词与概念，并且很快会遗忘。我曾经梳理了小学数学中的30个本质问题，并写了《基本概念与运算法则——小学数学教学中的核心问题》这本书。我觉得，教师如果把这些核心问题都弄明白了，课就容易讲了。

我们要在教学中引导学生感悟知识的本质。比如，对于"先乘除后加减"这个问题，教师可以通过创设情境让学生感悟，混合运算其实是在讲两个或者两个以上的故事，"先乘"就是先讲完一个故事，"后加减"则是接着再讲一个又一个故事。教师要通过这些教学，让学生感悟数学抽象的思维方法。

总之，基于核心素养培养的课堂教学不仅要传授知识、培养技能，而且要帮助学生养成良好的学习习惯，启发学生独立思考，帮助学生积累经验（思维的经验、实践的经验）。其中，我们更强调让学生学会集中精力思考问题，因为集中精力是养成思考习惯的基础，而思考是理解的基础。

3. 基于核心素养的评价要关注思维品质、考查思维过程

传统的评价是基于知识的评价，主要考查学生对知识点了解、理解、掌握的程度，而未来的评价除了考查知识技能，还要关注学生的核心素养。在 2015 年实施的基础教育质量监测中，数学领域的监测标准中就提出：不要求计算速度，要关注学生对知识的理解，关注学生思维能力的达成。这些标准就体现了对学生学科素养的关注。

那么，如何考查学生的思维品质呢？比如，我们可以通过开放式题目来考查学生的思维过程。这是一道给小学四年级学生出的题目：

有甲、乙两个居民小区，有一条直路连接这两个小区，计划在这条路边为这两个小区的居民建一个超市，你认为应当设计在哪里？为什么？

类似这样的题目，评价原则和评分标准是思维与结论一致。只要学生的思考和他们的结论是一致的，其回答就是正确的；如果有些学生分析得更深刻，答得更好，那么可以采取加分原则，因为我们重在考查学生的思维过程。同时我们要强调的是，这些题目必须是在现实世界中可能发生的事情，不能硬编。

如果在我国中小学教育教学中，我们一方面保持"双基教学"合理的内核，另一方面又能创设合适的教学情境，让学生感悟"基本思想"，积累"基本活动经验"，形成和发展学科的核心素养，那么就必将会出现"外国没有的我们有、外国有的我们也有"的教育教学局面。那一天，我们就能自豪地说，我国的基础教育领先于世界。

（本文作者系东北师范大学原校长、数学课程标准修订组组长）

责任与情怀

谢 凡

2015 年 12 月 31 日，2015 年的最后一天，微信朋友圈被各种的联欢和祝福刷屏，编辑部的灯光却一直亮到深夜。当最后一遍仔细核对完本刊微信公众号上的新年祝福文字和图片，我们才得以将自己汇入这个大都市的车流人海。

这一年的 365 个日夜，就这样被画上句号。

这一年，我将穿行的脚步，定格在全国各地 40 余所中小学校园里。我被许许多多的校长和老师所打动。

这一年，我将研究的目光，聚焦在每一次专业会议的聆听与研讨中。我在各种各样的"圈子"里触摸教育的脉搏。那些闪亮的名字，总能让我们感知行动的力量，发现真善美的光芒。我常常想，与其他媒体的编辑相比，何以杂志编辑能与作者、与读者之间有着更为紧密的联系、更深刻的互动，甚至更执着的牵绊？当我经过十年的沉磨，经历了从报纸到杂志的转型之后，我对"编辑"这个名称有了更深刻的体悟和理解。

在新闻学教科书中，有很多关于编辑基本素质与修养的界定与阐释。抛开那些纯技术性的表述，我觉得，作为一个教育期刊的编辑，还应该有一些看不到、摸不着，但却必须坚守的"核心素养"。

其一，一份理想情怀。教育编辑不仅要拥有一份"媒体人"的新闻情怀，而且要坚持一份"教育人"的教育情怀。因为常怀"铁肩担道义，妙手著文章"的豪情，我们对手中的笔满怀敬畏，我们不姑息丑恶，我们更愿意发现美好，以"崇善尚美"的心怀记录教育发展的脚步；我们不跟风炒作，我们更愿意怀着理性与建设性，深度挖掘事实背后的真相，让文字更加有温度，让情感更加有力度。因为常怀"深信教育是国家万年根本大计"（陶行知）的信仰，我们在每一个版面上精耕细作，希望透过我们的观察，传递给更多教育人追梦的动力和勇气；我们在每一个现场全情参与，希望看到更多的教育人，将教育实践的路走得更加铿锵和稳健。

其二，一份责任担当。有校长曾经告诉我，每每写完一篇文字，总希望我能帮忙把关，哪怕我只是看一眼，这样他的心里才会更踏实。这样的信任总是让我备添使命感与责任感。我知道，他是出于对我的专业的认同以及对这份杂志品质的信赖。如是，我们也必须更加认真地对待每一篇稿件，直至每一个标题、每一个字句、每一个标点。是的，我们经常因为一篇稿件在精心编辑之后呈现的"眉清目秀"而欣喜，因为一篇文字中深入的研究与表达而兴奋，因为发现一篇好稿件、一个好作者而喜悦。但是，与此同时，我们必须面对的是日复一日的常规工作，必须付出足够的耐力与韧性，与每一个文字和标点"锱铢必较"；我们必须耐得住寂寞，坐得了冷板凳，熬得了电脑前同一姿势下的日日夜夜，并且要始终保持乐于"为他人作嫁衣裳"的胸怀……对于同一篇稿件，编辑的标准和要求不同，结果也会不同。这种源自内心而又超越书本的标准和要求，体现着一份期刊对品质持之以恒的追求，其背后必定凝聚着编者一份矢志不渝的责任与担当。

其三，一份爱与坚守。我一直觉得，记者或者编辑可以成为一生求索的事业，但却未必能够成为许多人心目中舒心谋生的职业。在"无冕之王"的光环下，很多人看到的是他们出现在各种现场、与各种人物无障碍沟通的"风采"，却无法身临其境体会其生活与工作完全界限不分的生命状态——没有上班下班的概念，没有家与工作单位的区分，没有昼与夜的界限；也无法真实感受一篇篇文字背后的无数个日夜晨昏——没有人说得清每一篇文章的出炉，背后到底凝结着多少次的调整修改、沟通磨合，保存有多少版本的"带修订""去修订"，经历过多少遍纠结与折磨……倘若没有一份热爱在其中，哪里能够有无怨无悔、痛并快乐的坚守？

心若在，梦就在——谨以此文，送给所有拥有梦想和情怀的"老编"以及即将或者想要走上这条鲜花与荆棘同在的幸福之路的后来者，也送给一如既往地关心和支持我们、愿意品读我们的亲爱的读者。

2017 年 4 月，北京，中轴路

目 录

CONTENTS

第一篇　品味学与教的智慧

课程整合：为儿童的意义创生而动（柳夕浪）……………………… 3

国家课程校本化实施的三种基本范式（李　群　张萍萍）………… 9

特色课程开发的逻辑起点与关键要素（熊德雅　龚春燕　胡　方）… 12

综合课程：多元分类系统与实践模式研究（杨志成）……………… 17

STEM 教育视野下的综合课程建设（冯　华）…………………… 22

我国中小学课程统整实践的形态解析（唐晓勇）………………… 27

班本课程的存在价值、准确定位与合理开发（成尚荣）………… 33

构建彰显生命价值的课堂文化（陶西平）………………………… 39

新媒体时代的教学及教学变革（郭　华）………………………… 46

教学目标分类系统：明确"教什么"和"教到什么程度"（林　红）…… 51

重构"新课堂"：从"教堂"回归"学堂"（陈锁明）………………… 57

理想课堂的六度与三重境界（朱永新）…………………………… 62

走向多元共治："互联网＋课堂"的教学变革（崔志钰）………… 65

知识管理视角下的有效教学支持系统（余　凯）………………… 70

以教师的文化自觉成就"有文化"的课堂（程红兵）……………… 74

"友善用脑"　乐学会学（周之良）………………………………… 80

第二篇　体验学校课程变革的力量

三级课程整体建设的北京实践（杨德军　王　凯）……………… 87

以"考改"促"课改"：透视北京市课程改革的整体趋势（刘春艳）…… 93

"开放性科学实践活动"：北京初中科学教育新举措（张　毅）……… 98

在"森林课堂"中自然探究：安徽合肥包河区的区本特色课程（李　琼）
…………………………………………………………………… 104

浙江杭州二中：基于学生发展核心素养的课程建构（叶翠微）……… 110

江苏天一中学：整体构建中学阶段英才教育课程体系（许　芹）…… 117

北京师大附中：构建全人格教育课程体系（王莉萍）……………… 123

北京实验学校：让学生感受到课程之美（曾军良）………………… 130

清华附小："1＋X课程"的深度建构（成尚荣）…………………… 135

东北师大附小：在比较研究中寻求学校课程的系统变革（熊　梅　王艳玲）
…………………………………………………………………… 141

北京朝阳实验小学：让学生找到知识结构中的"葡萄梗"（陈立华）
…………………………………………………………………… 147

北京八中："超常"开发人才"富矿"（王俊成　何　静）………… 151

北京实验二小："主题研究课"的创建与实施（李　烈　华应龙）…… 157

北京小学："四季课程"的整体构建（李明新）…………………… 162

北京史家小学："无边界课程"带来无限可能（王　欢　王　伟）…… 169

北京一师附小：以课程微创新促进学校特色发展（张忠萍）………… 175

北大附小：基于"需求—资源—未来"的小学校本课程创新（尹　超）
…………………………………………………………………… 180

北师大实验小学：基于课程整合的校本课程开发（马　骏）………… 183

重庆巴蜀小学："项目学习"让学习真实地发生（马　宏　张　超　张　帝）
…………………………………………………………………… 187

浙江杭州时代小学：整体视域下的小学项目学习课程研究（高军玉）
…………………………………………………………………… 191

云南昆明南站小学：以儿童哲学照亮孩子心灵（王　梅）……… 196

广东深圳南山文理实验学校："云技术"下的课程创新(吴希福)……　201

南方科技大学实验学校：构建数字时代的统整项目课程(张　帆)

………………………………………………………………………　207

北京中关村一小：打破学科壁垒　创生融合课程(屈文霞)………　213

河南省实验小学：基于 IB 理念的跨学科统整实践(孙广杰　张春玲)

………………………………………………………………………　219

安徽合肥屯溪路小学：课程整合及其触发之学校管理变革(陈　罡)

………………………………………………………………………　225

第三篇　感悟学与教改进的魅力

从山东到山西：中小学课堂改革的反思与展望(柴纯青　姚　钰)

………………………………………………………………………　233

山西"问题导学"教学模式的系统审视与精细构建(肖增英　薛红霞)

………………………………………………………………………　239

新高考下的新变革："为每一位学生的学习发展而设计"(申屠永庆)

………………………………………………………………………　245

走班分层教学：北京四中的基本经验(赵宏伟)………　250

走班教学模式：从"不走"到"全走"的探索(成　硕　赵海勇　冯国明)

………………………………………………………………………　256

"练习系统"：系统着眼　关键入手(张新宇)………　262

不一样的作业："学习报告"(宁致义)………………　268

慕课研究：我们在路上(刘道康　黄伟祥)………………　272

云教学：基于"云平台"的教学重构(齐胜男)………　277

后　记

后　记　……………………………………………………………………　281

第一篇

品味学与教的智慧

课程整合： 为儿童的意义创生而动

柳夕浪

基础教育课程整合的必要性是显而易见的。

每门学科总有着特定的问题和视角，学科思维总是带有明显的分析性特征。学科日益分化，知识不断增长，各个领域、各个行业、各方面的力量对基础教育课程的诉求不断增多。据统计，要求纳入基础教育课程的各类专题教育就有 50 多个。而儿童学习的时间是有限的，大家都来基础教育课程抢"地盘"，瓜分课时，不仅违反基础教育的规律，而且也行不通。而事实上，实践中的问题是综合性的，无论学科的力量多么强大，现实问题的解决都不可能局限于某一学科范围内。如果我们想获取对真善美的深度理解，就必须超越单一学科的范围，采取跨学科的方式。

更需要关注的是，现代社会变革速度加快，公司变得越来越小，职业流动性不断增强。每个人在组织里的分工不再是固定的，也有可能会在相关甚至根本不相关的行业之间流转，原有的专业身份逐渐淡化，通常不存在传统意义上的固定不变的对口就业，职业对人的灵活性、适应性，对人的综合性素养提出了更高的要求。采取分科方式，力图把学生培养成为学科专家，已难以适应现代社会的需要。

一、 课程整合一直是基础教育课程改革的主旋律

改革开放以来，我国基础教育课程整合的历史可以追溯至 20 世纪 80 年代的整体改革。那时在强调快出人才、早出人才、出好人才的背景下，由于单科改革的推进，引发了学科间的不平衡。如北京的马芯兰老师开展的小学数学教学改革，差不多用三年的时间就完成了小学五年的教学任务，但这样一来，小学语文怎么办？初中怎么办？这就需要其他学科教学、相邻学段的配套改革，于是提出了整体改革的命题，一时间，包含学制、课程教材、课堂教学、考试

评价制度在内的多方面配套性的整体改革成为一种时尚。

1986 年，东北师范大学附属中学开始了"初中综合课程和综合教学的研究实验"。1987 年，中央教育科学研究所（2011 年更名为"中国教育科学研究院"）在广东省南海市召开了"中学综合理科教育研讨会"。1988 年，上海市进行课程教材改革，开始倡导综合课程，包括社会科和综合理科。1993 年，浙江省开始在初中进行综合理科实验等。这些已经不是学科间的配套改革、同步推进，而是注重有关学科内容的有机融合，成为真正意义上的课程整合的先行者。

新一轮基础教育课程改革的亮点之一就是设置品德与生活、品德与社会、思想品德、历史与社会、科学、综合实践活动等综合形态的课程。它在整个基础教育课程框架内凸显综合课程的地位，对综合课程进行了顶层设计，着力将课程整合向前推进。

可见，课程整合一直是基础教育课程改革的主旋律。说到课程整合，鲜有人不认同，并且，我们从来没有放弃对它的追求。

二、 课程整合的路径探索

但在我国，课程整合更多地止步于纸上谈兵。譬如，初中科学，恐怕只有极少数省份仍在坚持实验、全省推进，许多地区早已无奈地"举起了白旗"。显然，它在实践中遇到了前所未有的阻力：教师的知识与能力欠缺，很少有全能的教师；资源缺乏，特别是没有好的有机整合的教材；教师自我身份危机，不属于哪个学科，评职称遇到障碍；教学评价也遇到困难等。而其中更为深层次的原因是实践中的统整流于肤浅，包括综合实践活动在实践中常常被瓜分为几个方面，以割裂的方式实施，背离了设计者的初衷。如何寻找更好的契合点，促进课程内容的有机融合，避免"大杂烩"式的、表面的、肤浅的学习陷阱呢？近年来，人们对此进行了许多有益的探索。

1. 组织主题探究性学习

主题的特性在于它的研究性，对于师生来讲，都没有现成的答案，需要大家共同去探究。一方面，主题涵盖的内容可以随探究的过程而逐步明确，可以滚雪球式地发展；另一方面，研习的时间没有严格的限定，可以是数天，可以是几周，也可以是一学期甚至一年以上。比如，北京市第二实验小学组织一个年级的学生围绕具有开放性的大主题，如"大话四合院""眼睛""水"等，将主题研究课排进课表，打破固定的班级授课制，全年级学生重新划分小组，走进社会大课堂，引导学生从不同的角度进行探究，采取自己喜欢的方式，对探究过程及结果进行记录、分析、整理、交流，为学生提供产生创意的舞台。全科教师参与指导，在促使学生形成"大视野"，形成"广阔而博大的世界观"的同时，也促使教师学会多学科角度思考。这样的主题探究既有广度，也有一定的深度。

2. 创设综合性活动平台

有些学校将活动转化为课程，搭建促使多学科元素卷入、多方力量积极参与的活动载体，使学生各方面的知识、技能、情感、态度在自主活动中得到综合运用和提升。

譬如，北京十一学校取消原来的音乐、美术课，开设以戏剧为主的艺术课程，共设8个类别14个模块，如《花木兰》音乐剧、《嘎达梅林》音乐剧、《雷雨》话剧、《贵妃醉酒》京剧、影视编导与制作等，每个剧目至少需要四五十人。每个学生自主选择角色，完成一幕表演，同时还要完成作曲、配乐、美工等其他任务。每年学校举行艺术节，几十个剧组向全校师生展演几十台戏剧，同学、家长、社会人士观摩，分享艺术节的快乐。在这样的舞台上，学生的艺术素养得到了提升，同时，他们经历了成功也经受了失败，体验到竞争也学会了分工合作，感受到崇高也认识到什么是丑恶……

再如，浙江宁波北仑区淮河小学开设儿童动漫创意课程，从小学低年级到高年级，形成了自己的儿童动漫课程系列。学校从学生的兴趣点或问题出发，通过头脑风暴确定主题单元，组成创作团队，围绕剧本创作、造型设计、场景设定、分镜头、动画制作、配乐配音等不同环节进行设计制作，整合语文、数学、美术、音乐、信息技术等多个学科，打破学科界限，结合多元智能来组织教学。学生创意来源于现实生活或虚拟世界，学校每学期确定一个主题大单元活动，按照主题阅读文化指导、主题系列活动文化、主题学科教学和主题环境文化四个板块进行总体设计。同时，将动漫元素（包括情景、形式、符号、手法等）融入学科教学，并在学科教学中丰富动漫的内涵，两者相互促进。如配乐配音与音乐学科整合：由音乐教师指导学生编制简单的背景音乐，通过学校的合唱队、器乐队来演奏，让具有语言表演天赋的学生进行配音。学生通过配乐配音，提升了自己的音乐素养和语言素养。在课程开发中，不只是艺术学科，而且思想品德、语文、数学、计算机等多学科元素都卷入其中，得到有效整合。

3. 聚焦"大概念"

越是基本的，越具有普适性，综合性也就越强。譬如，近年来人们认为，科学教育在教学内容的选择上，最重要的不是让学生记住大千世界中的种种事物与现象、扩大知识面，而是让学生学会进行必要的分类、抽象、排列、推断，抓住事物内在的联系。学校教育无法使学生接触所有的学科知识，必须聚焦核心概念的教学，跟进核心概念的进展过程，以帮助学生理解与生活、工作有关的事件和现象。以英国科学家温·哈伦为首的国际科学院联盟的专家团队指出，从幼儿园到初中，儿童的科学教育可以围绕 14 个大概念来组织教学。其中，科学概念有 10 个：(1)宇宙中所有的物质都是由很小的微粒构成的；(2)物质可以对一定距离以外的其他物体产生作用；(3)改变一个物体的运动状态需要有净力作用于其上；(4)当事物发生变化或被改变时，会发生能量的转化，但是在宇宙中，能量的总量是不变的；(5)地球的构造和它的大气圈以及在其中发生的过程，影响着地球表面的状况和气候；(6)宇宙中有无数个星系，太阳系只是其中一个星系——银河系中很小的一部分；(7)生物体是由细胞组成的；(8)生物需要能量和物质的供给，为此它们经常需要依赖其他生物或与其他生物竞争；(9)遗传信息在生物体中一代代地传递下去；(10)生物的多样性、存活和灭绝都是进化的结果。另外还有 4 个关于科学的概念：(11)科学认为每一种现象都具有一个或多个原因；(12)科学上给出的解释、理论和模型都是特定的时期内与事实最为吻合的；(13)科学分析的知识可以用于开发技术和产品，为人类服务；(14)科学的应用经常会对伦理、社会、经济和政治产生影响。

大概念可以分解成若干小概念。如将能量的概念分解为：能量有不同的形式，不同形式的能量之间可以转换并保持总量不变；能量可以通过物质以不同的形式传递(声是能量的一种形式)；能量是维持我们生存和发展所必需的，我们要尽可能地避免浪费能源，并把能量保持在人类可用的形式上。

核心知识具有统摄性，是整个教学活动的母体，它能把课堂知识串联起来，使之成为有机关联的整体；它具有内核性，位于最中心圈层，其他知识依次排在它的外围；它具有衍生性，具有生发力，最有活性，是其他知识依附的主根。这样的课程整合能较好地体现广度与深度的统一。只是这样的整合尚处在假设阶段，我们还难找到实践中的范型。不过，它启发我们，在课程整合问题上，不是简单地做加法，在综合性的教学实践中，不是追求大容量，而是聚焦更少、更高、更清晰的核心概念。必须是"更少"，因为儿童必须有充分的时间和机会，进行更深入的探究，避免选择大量的主题，纠缠于大量细节。而"更少"需由"更高"保证，否则儿童所见非常有限，就成了"井底之蛙"。而"更清晰"，不仅是课程设计指导作用发挥的前提，而且是科学内在品质所要求的——科学本来就拒绝含糊不清。

在上述三个有关课程整合的探究中，组织主题探究性学习，侧重于学习方法的变革；创设综合性活动平台，侧重于学习载体的变革；聚焦"大概念"，侧重于学习内容的变革。它们提供给我们思考课程整合的不同路径。

三、 课程整合的关键是学科知识与儿童生活的整合

对课程统整的进一步思考，我们需要回到课程统整的出发点，关注为什么整合。我们或许习惯于谈论知识的整合、学科的整合、领域的整合，但不应该忘记这些整合归根结底是为了儿童。我们要关注儿童是如何看世界的，如何面对自己的生活的，课程与教学该如何促进儿童更加完整地面对他们的生活世界，如何让他们更加有效地处理他们所面临的现实问题。知识尤其是科学知识对儿童的成长是不可缺少的，但当知识完全局限于某种固定的学科体系中，成为冷冰冰的书面文字、公式、符号，师生围绕着"空间和时间上都是那么遥远的"东西反复进行着讲解—练习，进行着符号、公式的推导和演算，不要说是体认它们在现实生活中的价值，学生可能连这些文字、公式、符号所表示的内容也不得而知，这样的知识学习与知识应用的情境与现实生活是割裂的，对学生来说是没有意义的。对事物来说，重要的是其之于人的意义；对人来说，重要的则是他能否领悟到事物之于人的意义。课程整合的关键是学科知识与儿童生活的整合，它的实质便是帮助儿童建立书本知识与生活世界的有机联系，或者说在与世界的联系中发现知识的意义，真正的课程整合是在学生自主学习活动中实现的，而不是成人一厢情愿进行规划的产物。从上述主体探究性学习、综合性活动平台中，我们完全可以看出这一点。有时，我们总是想着对儿童的学习进行详细的规划，面对综合性学习，感叹没有全能的教师。其实，我们最需要思考的是怎样的统整、规划是合理的，是有助于儿童的意义创生的。

"纸上得来终觉浅，绝知此事要躬行。"直接体验到的，通常才是令人印象深刻的，终生难忘的。但每个人的经历总是有限的，我们不可能事事都去经历。日常生活与学校课堂是有着实质性差别的不同情境。日常生活引进课堂，不是原本意义上的引入，而是模拟性的、假想性的，与直接的生活体验是不一样的。每个人碰到的生活问题千差万别，课堂有这么大的容量吗？生活问题进

课堂，通常不得不转化为文字、图像等，不是原生态的，必须精心加工，使之符合课程与教学的特点；同时，需要引导学生从不同的学科角度去透视、分析、把握。所谓"做中学"，需要寓"学"于"做"，让学生手脑并用，不断经由实物操作，经由表象操作，转化为符号操作，并反过来，经由表象操作，促进实物操作的内化、理性化，不断提高处理现实问题的能力和水平。将活动转化为课程，需要在转化上下功夫，使之服从于超越常识的要求。对于主题探究学习，在引入多元、多角度思考的同时，还要注意整合之后的重新分析。有时我们需要在分科与综合之间进行转换，而核心概念的教学所面临的最大挑战是如何帮助儿童面对科学概念与日常生活概念之间的矛盾与冲突，提升概念建构的水平。课程与生活的整合，不是简单地将生活问题引进课程、引进课堂，还需要将多学科的概念、将科学思维方式引入生活之中。

（本文作者系教育部基础教育课程教材专家工作委员会办公室副主任）

国家课程校本化实施的三种基本范式

李　群　张萍萍

近年来，中小学校对"国家课程校本化实施"问题日益关注，着力点逐渐由校本课程的开发与建设，转向对学校课程的整体规划与设计。但总体而言，许多学校的课程建设还处于各自为政、单兵作战的初期建设阶段，学界对这些实践经验进行的系统分析与综合解读也十分有限。笔者近年来一直在参与和指导北京市多所学校的课程建设活动，在对北京情况进行重点观察的基础上，笔者认为目前国家课程校本化实施有三种基本范式：教学模式构建范式、结构改造范式和课程重构范式。研究与分析这些范式，对各地有效推进国家课程校本化工作具有一定借鉴意义。

一、 教学模式构建范式：以课堂教学改造为基本路径

1. 主要表现：对课堂教学模式进行改造

教学模式建构范式，主要是指学校通过课堂教学模式的研发与应用来实现国家课程校本化的一种范式。这种范式是目前北京市在国家课程校本化实施研究中，区域和学校应用得最广泛的方式。

比如，有些学校基于自主合作理论所建构的"五环节教学模式"，将教学设计分为"前测访谈、导学质疑、合作交流解疑、分层训练、课后访谈"五个环节，实现了课堂教学的前移后续，使课堂成为以知识和学习为线索的整体。又如，基于"双主体交往式"教学理论的"双主体互动五环节"教学模式，引导教师回归教学基点、开展研究式课堂教学、深化分层教学，着力改变学生的课堂学习模式。该教学模式中的双主体并非一般意义上的教师主导、学生主体，而是在课堂交流互动的不同阶段，两者分别起到"主体"的作用。

2. 理性分析：并非真正的国家课程校本化实现方式

在学校实践中还有很多类似这样以学校课堂教学改造为基本路径的国家课

程校本化实现方式。在我国传统的单一课程管理体制下，学校只需开展教学实践与改革，而并不必进行课程开发与改造。因此，通过课堂教学模式构建来实现国家课程在学校教学实践领域的推进，是学校最常规也是最容易的选择。但是这种教学模式的构建，仅仅在教学领域发生变化，在课程领域并没有发生实质性改变，因此，笔者认为，这种范式并非真正意义上的国家课程校本化实现方式。

二、 结构改造范式：体现学科内整合与跨学科融合的思路

1. 主要表现：学科课程的校本化再造

结构改造范式，主要是指基于学科课程标准，以学科课程标准操作化、层级化分解为支撑，以国家课程教材（不同版本）为基本依托，形成具有学校特色的学科课程结构。以此方式进行国家课程校本化实施的学校，在北京市比较典型的有海淀区玉泉小学和大兴区第二小学对语文学科进行的校本化改造。

以玉泉小学为例，该校语文课程结构化包括语文课程内部结构化、语文课程与其他学科课程之间的结构化。语文学科内部结构化，是指学校对语文学科本身进行的学科改造，通过对课程标准进行分解，形成可操作、可量化的具体的教学（学习）目标。这些层次化和阶梯化的教学（学习）目标成为学校语文学科的结构支撑。在此基础上，学校以主题单元作为学习材料构成要素，将十个单元作为一个学习阶段安排，重新组织材料，架构课程。教学内容的选择以北师大版语文课本为主体，综合选取其他版本的语文教材中的文本，由此形成了校本化的语文课程。学校语文课程以单元为基本结构，每个单元由三组分别用于教师课堂教学分析（具有主题示范性）、学生合作学习（具有课堂操作性）和学生实践活动（具有实践性）的文本构成，也体现出一定的结构性特点。

学科间的结构化，表现为将语文课程与其他学科课程可能的融合进行显性化。例如，在与数学课程的融合中，学校根据学生的学习需要，开发了"数学引桥课程"，编写了《数学知识》和《数学阅读》两本校本教材，将语文学科中相关学习和能力培养的要求落实其中。

2. 理性分析：国家课程"准"校本化实施方式

结构改造范式更多的是依靠已有的教材来实现课标中所要达到的教学（学习）目标，因而可以说是一种"准"校本化实施的方式。由于这种课程开发方式在实践层面采用的是国家审定的教材内容，在一定程度上保证了课程的品质，所以学校在改造课程的过程中只要形成好的课程结构方式，就基本完成了校本

化课程建构。

三、 课程重构范式: 形成学校自己的课程

1. 主要表现: 重新建构学校课程

课程重构范式，是指以国家课程标准为依据，以学校的办学理念和培养目标为出发点和归宿，充分利用学校内外的资源，重新建构学校课程的一种国家课程校本化的范式。这种范式目前在北京市已有一些学校在进行探索。据笔者了解，北京亦庄实验小学的"全课程"设计、中关村第三小学低年级的"融合课程"开发，能够体现此类国家课程校本化范式的基本思想。

以亦庄实验小学的"全课程"设计为例，语文、数学这些学科概念不再出现，取而代之的是一个个主题鲜明、内容丰富兼具趣味性的学习单元。每个"主题单元"都整合了多重学科的内容，涵盖故事、绘画、音乐、舞蹈、戏剧、游戏等部分，并以绘本的形式呈现。其教材的编辑方式也充分体现整合的思想。教材由横纵两条主线统领，纵向以主题引领，每月一个大主题单元，每个大单元由四个小单元支撑；横向指向每一个小的学习单元，每个小单元由体现多学科元素的文本构成最基本的学习内容。比如，学校低年级九月课程的主题为"开学啦"，在这个主题之下又分为"上学啦""好朋友""认识自己""我们不一样"四个单元，每个单元的课程中都适时介入语文、英语、科学、品德、音乐、美术等学科的知识内容，这些内容并不刻意地存在于每一个学习内容之中，而是自然地出现在学生的学习过程中。

2. 理性分析: 真正体现国家课程校本化的意义

课程重构范式是基于国家课程标准的学校本位的课程开发，这种课程开发基于学校所拥有和可能有用的一切资源，通过教师团队，将这些资源根据学生实际不断地进行筛选和重组，进而形成学校自己的课程。这种方式真正体现了国家课程校本化的意义，是国家课程校本化实施的最实在的体现。

课程重构范式和结构改造范式，都是基于国家课程标准进行课程改造或建构，将学科课程或学校的整体课程进行重组。从实践层面来看，这两种范式的实现都需要学校具有强大的、拥有专业背景和具备职业理想的教师团队，否则很难保证校本化后的课程能够真正实现国家课程标准所设定的培养目标。

（本文第一作者系北京教育科学研究院基础教育课程教材发展研究中心副研究员、第二作者系北京市门头沟区教师进修学校教师）

特色课程开发的逻辑起点与关键要素

熊德雅　龚春燕　胡　方

重庆市在中小学积极推动特色学校建设几近十年，从最初的理念思考到特色项目活动，再到现在的特色课程建构，经历了特色学校建设不断深化的过程。在这个过程中，数百所中小学逐渐走向优质。这源于我们的一个核心理念："基于学校质量和内涵发展整体架构的学校特色，才是特色学校发展的具有概括性和客观性的价值母题。"在特色学校的质量框架下，厘清中小学课程开发中有关特色课程的基本概念，探寻特色课程开发的逻辑起点，拓展学校特色课程设计的基本思路，是学校开发特色课程的必经程序。本文将从以上角度切入，探讨中小学特色课程开发的几个关键问题。

一、 特色课程是特色学校建设质量的重要主题

1. 体现学校办学特色的课程皆是特色课程

特色课程是一个比较宽泛的课程概念，无论是国家课程、地方课程的校本化，还是校本课程的开发与实施，只要是能够体现学校办学特色的课程，都可以被认为是特色课程。因此，当下学校课程活动中的国家课程拓展、校本课程建设等实践活动，都蕴含了特色课程的因子。特色课程开发更多地回应学校发展的现实问题和学生成长的实际需要，继承学校传统并体现学校的发展走向。特色课程往往能更充分体现学校课程开发的自主性，使得学校课程设计更富有独特性和人文性。比如，重庆求精中学的"未来教育"数学课程，通过开展"自主、合作、探究"学习，将原有的课堂教学引入全新的境界。

2. 特色课程更多地指向具有独特性的校本课程

在学校的课程实践中，校本课程的特色是通过其针对性、独特性和适切性来体现的。作为与国家课程、地方课程并列的一种课程类型，校本课程是对国家课程、地方课程的补充，是由学校自主开发的、能够体现学校办学思想和特

色的、可供学生选择的课程。在满足学生的兴趣、需要和发展学生的个性特长方面，学校办学特色的不同便体现在校本课程上。因此，我们所说的特色课程很大程度上是指校本课程中能够体现学校办学特色的课程。比如，重庆育才中学认为"国际象棋是逻辑思维的最好学校"，因此将国际象棋课程作为学生智能修养的科目之一。

3. 特色课程在一定程度上决定了学校特色发展的基本内容

特色课程作为特色学校发展的内涵支撑，从某种意义上决定了学校特色发展的基本内容。因为在学校特色发展的过程中，特色学校是指学校在历时性的教育实践活动中逐渐形成个性特色，这里的教育实践活动主要指课程与教学活动。因此，特色学校所具有的独特性、多样性、整体性和稳定性，同样体现在学校的特色课程上。不同学校办学资源条件的差异和学校发展过程中特色选择的不同，使得学校课程的开发会有所不同；为了满足本校学生发展的共同需要和不同潜质、兴趣和特长学生的个性化需要，学校课程便具有可供选择的多样性。课程的独特性就是特色课程的基本特征。

4. 特色课程通过自身的建构方法体现出课程特色

特色课程的特性最早会在学校课程建构方法中得到体现。比如，重庆市南岸区玛瑙学校"本心课程"的建构方法主要表现为多视角、多维度的融合课程。一个是共时性视角，即通过学校一个发展时期内学生的不同需求而横向拓展的课程需求分析，建构以国家课程为主导的基础课程和以学校特色为主导方向的特色课程；另一个是历时性视角，即关照学生课程学习的历史继承与学生未来发展的需要，以皮亚杰提出的儿童心理发展规律为理论依据，对学校1～9年级的课程历时分段，建构"432"分段课程。这样不仅综合了学校的课程需要，完成了校本课程的可选择性目标，而且凸显了学校课程的个性特色，形成并创造了"本心课程"的特色结构和内容，并且这种特色是能够承担学校"心本教育"理念所表达的特色文化意旨的。

二、 课程哲学是特色课程建设的逻辑起点

课程哲学是对所有课程进行决策的基础。由于每所学校的课程哲学不同，学校课程建构的目标、结构和内容就会有所不同，从而形成学校的课程特色。

如果学校坚持实用主义哲学的课程观，那么就会认为"理想的课程是以孩子的经验和兴趣为基础，并为未来生活做准备的"。因此，学校特色课程建构的方法就必须考虑两个条件：一是对本校学生的学习经验和兴趣进行充分的调

查研究；二是对有助于学生未来成长的核心素养的判断，把二者结合起来，就会形成本校的特色课程框架。如果学校坚守存在主义哲学的课程观，那么就会认为：人最重要的知识是关于人类的状况和每个人所必须做出的选择。"学校将为师生提供一个场所，让他们进行对话，并讨论他们的生活和选择。"显然，由此建构的特色课程会更加注重学生课程学习的可选择性。

在特色课程的实践中，学校通常会综合各种课程哲学的观点进行决策。比如，玛瑙学校的"本心课程"提出了"尊重本性，适应社会，给每一个孩子创造个性发展机会"的课程理念，学校所重视的共同素养与梦想课程，就是学校对实用主义和存在主义的课程哲学进行整合，使之更加适用学校课程发展的资源条件和学生学习的需要，整合课程的独特性也由此得到了充分的释放。

三、 课程目标规定了特色课程的确定性

学校的课程目标是课程哲学的转化，课程目标在共性基础上的个性特点规定了学校特色课程的确定性。课程目标的设置向上秉承学校自身的课程哲学，向下衔接学校课程的具体设计与实施。在我国，由于课程必然要极力体现国家对教育的主流价值观，因此课程目标必然是共性和个性的统一体；由于学校在共享价值观前提下存在个性理解的差异和学生学习需要构成的差异，以及学校选择性的差异，自然规定了学校课程中的特色部分，既可能是观念的或方法的，也可能是课程结构的或课程形态的。

1. 以特色资源为背景，建构主题式特色课程

在课程目标框定下，以特色资源为背景的主题式的特色课程建构方式，在中小学比较易于实践和推行。比如，重庆北部新区天宫殿学校极力推崇以学校相关者共同参与为主导的学校"全动力文化"，充分利用学校地处西部最大的火车站——重庆龙头寺火车站附近的环境资源，力图培养学生面向未来社会生活的能力，提出了"全动力课程"。学校基于课程总目标，按照课程结构提出了分类目标：一是学生必修的主题性特色课程"魅力课程"，目标设定为"以问题为中心，以教师指导为主，关注学生解决问题的程序方法，跨越独立学科界限，把整合的经验用于社会实践"。二是学生自主选修的"动力课程"，目标设定为"以学生自创课程为主，从学生经验出发，强调学生的需要和兴趣，让学生为将来履行成人的责任而做好准备"。"全动力课程"把学校的教育理念"德以养正，能以致远"与学校课程特色融合在一起，做到了内在的和谐统一。

2. 以学生学习方法为线索，建构深度特色课程

在课程目标框定下，以学生学习方法为线索的特色课程建构方式，在中小学比较有利于特色课程的深度开发。比如，贵州省遵义航天中学把历史积淀丰厚的科学素养教育作为学校的特色课程，以培养具有科学素养的现代公民为基本出发点，非常重视学生探究方法的学习。学校秉承"知类通达，好学近智"的办学理念，提出了"注重科技教育与人文教育相统一、共同要求与个性发展并重"的课程哲学。课程目标突出以下几个方面：强调学生的批判性思维发展而非单纯的知识技能发展；强调民主化的科学教育的价值观和伦理观，让学生有机会面临各种社会和自然环境问题，认识自己在社会中应该承担的责任等。由此做到了科学与人文课程的融合，特色课程集中而有深度。

四、课程内容赋予特色课程以选择性

课程内容的确定既要受到课程哲学的指引，同时也受课程资源条件的限制。只有学校能够建构出来的真实课程才会对学校的课程实践产生实质性的影响。因此，应该建立具有包容性的比较开放的课程结构，使课程内容在实践层面上丰富起来。

1. 课程结构的选择：以学习者为中心整合课程

在课程结构的选择上，我们主张整合的课程思维，强调尽可能给学生提供可供选择的课程。特色课程主张在国家课程的基础上进行校本化创新，因此学校可以尝试将那些可以有逻辑地结合起来的内容合并整合成新的课程内容，局部实现跨学科设计，实现学生的知识重构；或者进行与生活实践相关联的课程设计，也可以针对某类课程强化过程的学习。然而，以学习者为中心设计的课程，才可以更多地体现特色课程的本质，因为根据学生学习经验、个性发展和学习兴趣的需要开发课程，更能体现基于学生核心素养的课程结构特点。比如，天宫殿学校的"全动力课程"中，"生存力课""生活力课""生长力课"，分别关注学生未来的生存技能、学生的生活情趣、学生的学习兴趣方法和技能，这些课程均是以学生为中心设计的课程。

2. 课程内容的确定：植根于学生，遵循兴趣、实用性、可行性标准

课程内容应植根于学生。确定课程内容时应遵循以下标准：一是兴趣，即课程内容的选择应考虑学生的兴趣，必须有利于学生；二是实用性，通常以学习内容是否能使学生学以致用为判断标准；三是可行性，即必须考虑时间、可用资源、教学人员及资金数量等来确定课程内容。比如，贵州省遵义航天中学的科学素养课程的开发，是建立在学校十几年科技教育的基础之上的；天宫殿学校的"全动力课程"以开发龙头寺课程资源为主题，既是因为学生来源于龙头寺区域，也是因为龙头寺火车站可供开发的科学与人文课程资源十分丰富。

总之，特色课程建构的基础取决于对学校课程文化和课程资源的分析结果。前者是特色课程的认识论基础，后者是实践论依据，特色课程是这两种条件下的学校个性化的课程形态。比如，重庆大学城人民小学"四商课程"的开发，就是依托学校周边 15 所大学教职工子女就读该校的优势，充分利用高校实验室等物理资源和高校教授的智力资源，让学科知识与学生的生活发生紧密的联系。

五、 课程设计体现特色课程的创生逻辑

学校特色课程的设计需要体现课程开发的创生逻辑，即把课程开发中各种要素之间的关系用相互隶属与相关的层级图表现出来。这样不仅有利于聚焦学校课程开发的科学历程，减少课程开发的盲目性；而且有利于学生根据自己的个性发展和兴趣需要参与课程开发和选择学习。

课程开发设计是一个系统的过程，泰勒将这一过程概括为四个基本步骤：确定教育目标、厘清课程结构、组织课程内容和课程评价。中小学在特色课程开发过程中，需要结合学校的实际经验将其进行拓展和细化。由于特色课程作为学校文化个性的核心载体，必须与学校特色文化观念中的教育哲学相关联，并最终影响到课程哲学。因此，我们在泰勒课程开发程序的基础上增加了课程开发的前置条件。学校可以根据本校的文化特色和发展愿景，确立课程哲学，对特色课程的资源状况与课程开发路径进行价值判断，不断地对特色课程开发的程序、方法和价值进行校正，使学校的特色课程开发具有目的性，使学生的课程学习目标更加明确、直观，使课程实施状况可观察、可测评，从而确保课程的开发质量和学生的学习质量。

比如，玛瑙学校的"本心课程"开发就很好地体现了特色课程开发的基本逻辑。学校根据自身的教育哲学，从学生核心素养出发，确立课程目标，突出"本心课程"的结构要素。其"心雅课程""心智课程""心向课程"的课程内容是结合学生的核心素养，通过学生座谈和问卷调查才得以确定，这就避免了由于课程开发的随意性而使特色课程成为学生学习的负担等问题。

课程评价则是一种质量反馈，我们围绕学校质量这个核心，突出了三个要素：课程开发质量、课程管理质量和学生的学习质量，全面反馈学校特色课程在学校质量中的作用。

（本文第一、二、三作者，分别系重庆市教育评估院教师、院长、基础教育评估所所长）

综合课程： 多元分类系统与实践模式研究

杨志成

综合课程(Integrated Curriculum)是我国新课程改革中推动应用的一种课程组织形式，其相关概念有：整合课程、统整课程、统合课程、活动课程、实践课程、多学科课程、附加性课程、交叉学科课程、主题性单元课程、融合学科课程、任务性或项目性课程、相关学科课程、广域性课程、科际课程、多学科课程、跨学科课程等。区别综合课程的类型、把握综合课程的功能，是教师在课程发展中面临的专业问题。因此，从课程的功能和教育价值层面对综合课程的分类与实践模式进行研究，具有很重要的现实意义。

一、 综合课程的内涵界定：重形式，更重本质和功能

一般认为，综合课程是相对于分科课程存在的，理论界将其按照狭义和广义两个维度进行分类。

我国学者张华认为，综合课程是指这样一种课程组织取向，它有意识地运用两种或两种以上的学科知识观和方法论去考察和探究一个中心主题或问题。这个定义一方面侧重于内容层面的多学科课程综合，另一方面还侧重于组织课程的线索或核心是一个中心主题，它被称为课程的"组织中心"。这个主题如果源于学科知识，那么这种课程就叫作"学科本位综合课程"；这个主题如果源于社会生活，那么这种课程就叫作"社会本位综合课程"；这个主题如果源于学生的需要、兴趣、经验等，那么这种课程就叫作"经验本位综合课程"(或儿童本位综合课程)。

美国学者 James A. Beane 认为，综合课程是在不受制于学科界限的情况下，由教育者和年轻人合作认定重要的问题和议题，进而围绕着这些主题来形成课程组织，以增强人和社会综合的可能性。这种概念界定从综合课程的功能特征切入，忽略了学科知识的界限和思维限制，本文将其称为"超学科综合课

程",它更加体现综合的功能价值。如研究性学习、项目设计、任务驱动、环境综合课程、国际理解教育等,都是体现这种功能取向的综合课程。

以上两个概念界定体现了综合课程的主要内涵,前者注重形式,后者更注重本质和功能。我国目前常用的"综合课程"的说法,基本与前者的概念内涵相吻合,即属于狭义的综合课程。广义的综合课程扩展了概念的外延,不受学科教材限制,体现了对学生综合学科能力和知识综合运用能力的培养。

二、 构建综合课程多元分类系统:为课程建构者和实施者提供参考工具

综合课程的分类可以从内容、功能、手段、实现层次、组织中心等多个维度进行分析。针对综合课程相关概念繁多、分类模式多样的现状,在总结国内外分类方法的基础上,我们构建了一个综合课程多元分类系统,旨在为一线教师定位综合课程类型和功能提供参考工具。如表1所示。

表1　综合课程多元分类系统

手段	层次	多学科/科目综合课程	超学科综合课程	组织中心
技术性手段	宏观课程	源于经验的大型多学科综合课程	源于经验的大型超学科综合课程,如乡土教育课程	经验
		源于社会的大型多学科综合课程,如STS课程	源于社会的大型超学科综合课程,如国际理解教育课程	社会
		源于学科的大型多学科综合课程,如科学课和社会课等广域课程、融合课程、相关课程等	源于学科的大型超学科综合课程	学科
		如源于时间的"统整日"多学科综合课程	源于兴趣或过程的大型综合课程,如"恐龙"	其他
非技术性手段	中观课程	源于经验的校本多学科综合课程	源于经验的校本超学科综合课程	经验
		源于社会的校本多学科综合课程	源于社会的校本超学科综合课程,如家政课程	社会
		源于学科的校本多学科综合课程,如"海洋"	源于学科的超学科校本综合课程,如"生活中的数学"	学科
		信息技术与学科综合课程、寓德育和美育于学科教学之中的综合课程等	信息技术与学科综合课程、任务驱动式课程、综合实践活动课程等	其他

（续表）

手段	层次	多学科/科目综合课程	超学科综合课程	组织中心
非技术性手段	微观课程	源于经验、基于单元或课堂的多学科综合课程	源于经验、基于课堂的综合课程	经验
		源于社会、基于单元或课堂的多学科综合课程	源于社会、基于课堂的综合课程	社会
		基于单元或课堂的多学科综合课程	源于学科、基于课堂的综合课程，探究实验综合课程	学科
			如小型项目设计课程	其他
其他		媒体、时间、空间、课程设计的学生参与程度、课程开发的人类资源范围等因素对综合课程类型的影响		
备注		某些时候多学科综合与超学科综合同时存在		

我们可以看出：

其一，综合课程多元分类系统，是基于综合课程的基本功能特性和影响课程建构的多种因素提出的。其中，最主要的分类要素是多学科综合课程与超学科综合课程。

其二，影响综合课程分类的重要因素是课程组织中心，此外还包括课程设计的手段、课程实施的层次以及时间、空间和媒体等多种因素。这样的分类系统框架基本上可以使综合课程的建构者和实施者明确课程层次、设计方法、组织中心，最重要的是明确课程设计和实施的意图，以便在遇到具体案例时能"对号入座"。

其三，综合课程多元分类系统的建立，有助于教师定位综合课程的类型和教育价值，从而有效应用综合课程的手段，提高教育实效。

三、 综合课程的实践模式分析：多种课程类型服务于学校育人目标和办学特色

随着新课程改革的深入，中小学的课程建设和课程体系建设需要采用多种课程类型，以服务于学校的育人目标和办学特色。当前，我国中小学课程中广泛应用了综合课程的组织形式。在学校层面，综合课程主要表现为以下几种实践模式。

1. "国家"综合课程模式

国家课程中的部分课程是以综合课程模式设置的，这类课程体现了宏观综合课程、技术性开发手段的特点。例如，小学阶段实施的"科学""品德与生活""品德与社会"等都是多学科融合的综合课程。根据课程组织中心的不同，这类课程可以分为(生活)经验本位多学科融合性综合课程和社会本位多学科融合性综合课程。教师在实施这类课程时应把握好课程类型的本质特征，切实发挥其教育功能和价值。

综合实践活动课程以实践和活动、研究为课程载体，根据具体的课程内容采取不同的综合方式，体现了超学科课程的特点。其价值在于通过综合课程的模式，提高学生的综合实践能力和创新能力。例如，劳动技术课程是一种经验本位的超学科综合课程，班会活动是社会本位的超学科综合课程，研究性学习往往是基于学科本位的综合课程。

2. "地方"综合课程模式

很多地方课程都是以综合课程的方式实施的，其中有乡土教育的内容，也有对国家课程的补充性教育内容。例如，北京原崇文区开发的"我爱崇文"地方教材是以乡土教育为内容的经验本位的超学科综合课程，北京东城区开发的"蓝天工程"课程也是经验本位的超学科综合课程。

3. "校本"综合课程模式

一些学校根据育人目标和办学特色改良国家课程，这一过程被称为国家课程的校本化开发。其中，应用最多的方式就是综合课程模式。例如，北京市第五中学分校对初中物理和化学课程进行改造，开设了探究物理和探究化学，即采用经验综合课程的方式，利用学生身边的现象组织课程，使学生在实验和探究中学习知识、培养能力。该校还整合多学科目标，采用经验性多学科综合课程模式开设实践性综合课程，比如，学校在七年级开设的定向越野课程整合了地理、生物和体育课程的内容，使国家课程的内容得到有效和创新性地落实。

4. "特色"综合课程模式

学校特色课程是特色建设的基础和载体。例如，北京东城区一六六中学和革新里小学均以戏剧课程为载体，整合语文、美术、音乐、体育、劳动技术等课程内容，形成了跨学科经验性综合课程的特色课程模式。北京东城区回民实验小学开设了藏头诗特色课程，这种学科内部整合的学科本位综合课程，丰富了语文课程的内容和形式，也成为民族教育和传统文化教育的良好载体。

5. "专项"综合课程模式

综合课程模式也为专项教育提供了良好的课程组织范式。例如，2008 年北京奥运会期间，为了不影响学校正常的教育教学活动，北京奥组委和国家教育部提出，用综合课程的模式开展奥林匹克教育，把奥林匹克教育与体育课程相整合、与活动课程相融合、与各学科课程相渗透，形成了主题性学科融合的综合课程群，取得了良好的教育效果。此外，很多专项教育都应该采取综合课程的模式实施，如环境教育、禁毒教育等。

6. "主题"综合课程模式

很多学校非常注重把社会事件作为课程资源融入课程，一些学校还专门开设了主题综合课程周。这类课程一般是多学科融合课程。例如，2011 年，在日本发生地震和海啸灾难时，北京市京源学校开设了为期一周的主题教育综合课程，以日本海啸为主题，结合各学科知识，为学生介绍灾难的相关知识。这样的课程抓住了社会热点，拓展了学生视野，提高了学生分析社会问题的能力，发挥了综合课程的课程功能和教育功能。

7. "德育"综合课程模式

德育更需要以综合课程的方式实施，经验本位和社会本位的超学科课程都是实施德育的良好课程模式。学校的德育课程体系主要包括显性德育综合课程和隐性德育课程，前者主要包括活动性、学科性和学科渗透性德育综合课程，后者主要渗透于校园文化之中。学校具体实施德育课程时，还会采取更加开放的综合课程形式，如综合日（Integrated Day）、开放课程（Open Curriculum）等。

8. 综合化课程体系模式

很多学校在构建课程体系时采取了综合课程的逻辑框架，使学校课程体系与育人目标结合得更加紧密，思路更加清晰。例如，北京朝阳区芳草地国际学校借鉴国际文凭组织课程特色，以主题为核心，组织学校课程，使国家课程、地方课程和校本课程围绕课程主题形成课程体系，指向学校育人目标。这种综合化课程体系为丰富学校的课程体系建设提供了中观综合课程建设的范式。

（本文作者系北京教育学院副院长）

STEM 教育视野下的综合课程建设

冯　华

自 20 世纪 80 年代以来，美国政府及社会组织面对科技人才的缺失问题，开始反思科技人才培养的制度和模式，提出基于科学（Science）、技术（Technology）、工程（Engineering）和数学（Mathematics）教育的跨学科的 STEM 教育。近年来，我国科技教育工作者也开始在 STEM 教育视野下开展科学教育和技术教育。结合在美国访问期间的观察与思考，笔者试图对 STEM 教育的内涵及课程建设等情况进行初步探讨，希望能为国人理解与推进科学与技术教育提供某些参考。

一、 STEM 教育的内涵：指向创新型人才培养

STEM 教育关注对科学知识的解释、科学探究的实践以及与工程设计的结合，其目标是整合各领域知识、技能，将知识的学习与师生生活实践结合起来，解决真实世界中的实际问题，培养创新型人才。

在国际上，美国是实施 STEM 教育的代表。目前美国已经进行了多项立法来推动 STEM 教育；联邦及各州政府对 STEM 教育的实施给予高额经费支持；学术、科学和商业组织纷纷参与调研及实施。美国教育管理部门认为，STEM 教育提高了学生的学习兴趣及主动性，表现在学生出勤率提高，辍学率降低，学困生显著减少，学生的成绩有明显提高。目前 STEM 教育存在问题主要是教师数量严重短缺，课程资源比较缺乏。

在国内，上海市自 2014 年起依托上海 STEM 云中心（政府机构）及上海 STEM 国际科学教育研究中心（民办机构），开发精品课程和优秀课题供学生课外学习，同时引进和借鉴国外一些课程资源，对实验学校的学科教师进行培训及实施试点课程。北京、江苏等省市也陆续开展教师培训试点工作。

笔者仅以 2015 年在美国观摩的两节比较有代表性的课为例，阐释 STEM

教育的内涵。

其中一节是小学四年级的科学课，教学内容是"看云识天气"。首先，教师安排学生分组阅读教材。之后，教师在白板上贴出三张简图，简单介绍自然界中三种不同的云——积云、层云、卷云。随后，她拿出纸板、胶水、棉花等材料，给出了简单的任务单，让学生做出三种云的模型。其中，对学生具有挑战的项目，以及教师安排学生探究的项目是如何立体地呈现层云和卷云。经过努力，孩子们完成了三种云的模型，并按照任务单要求把模型系在木棒上在教室里跑动，欣赏三种云浮在空中的样子。

在大家沉浸在完成任务的欢乐中时，一个学生提出："老师，我没有看到三种云同时出现在天空中。"教师意识到这个问题的价值，她马上招呼学生安静下来，请他们回忆在天空中见到不同云时的情景。学生的发言既踊跃又生动，有学生回忆户外野餐遇雨时看到的云的样子，有学生回忆在球场上运动时看到的云的样子等。学生边描述，教师边总结如何看云识天气。

另一节是高中物理课，内容是赛车（见图1），项目由几个步骤组成。首先，学生徒手设计自己喜欢的赛车，并将自己的设计用计算机软件进行处理；然后，学生开始做锯木头、打磨、喷漆等工作，制成赛车模型；接着，学生用自己设计、制造的赛车模型参加比赛；最后，大家一起分析影响赛车运动快慢的因素，学习加速度概念及牛顿运动定律、伯努利方程等物理知识。

图 1

从上述两个课例可见，在不同学段，STEM教育的形式有很大差异。在低龄学段，STEM 教育追求简单、有趣，注重提高学生的学习兴趣和对语言、文字的理解能力；在高中阶段，STEM 教育追求应用、整合教学内容以及作品（产品）的高品质。但无论在哪个学段，STEM 教育都希望能够涵盖学习科学知识、运用科学方法及动手操作三个层面。即便是小学四年级的课程，也会有设计的要求（如卷云和层云的模型呈现）。正如美国《新一代科学教育标准》（*Next Generation Science Standards*）提出，科学教育的目标是能够反映出现实世界中实践和经验的结合。

二、 STEM 教育实施：需要重点思考四个问题

无论是理论层面还是实践层面，STEM 教育对于科学教育工作者都有一定的吸引力。如何设计课程、开发案例，以推动科学教育改革？我们需要思考并解决以下四个问题。

1. 明确 STEM 教育的育人本质

有学者认为，美国的 STEM 教育具有明显的功利性，其研究动力是培养以制造产品并为市场服务的人，其最终目的是提高国家竞争力；教育以"为社会发展服务"为目的，一定有其功利性的一面，但不应忽略人的发展的一面，甚至应将人的发展置于核心位置。笔者认为，STEM 教育在育人方面的内涵是将学习放在一定的情境中，让学生在制作产品（作品）的过程中，体会科学、技术、工程、数学之间，相互依赖、相互支撑、相互补充的意义，实现深层次学习和理解性学习；其外延是在活动中带给孩子自信，帮助孩子获得应对未来挑战的技能和信心，学会尊重他人并赢得他人的尊重，实现全面成长。这也是STEM 教育与分科课程的本质区别。

2. 确保综合课程与分科课程恰当互补

目前，我国在基础教育、尤其是中等教育阶段，仍以分科教学为主。STEM 教育提倡整合各领域的知识、技能，强调实践探究与工程设计。可以肯定，分科课程在系统、高效学习学科的基础知识和基本方法方面，有不可替代的优势；STEM 教育在综合运用知识解决实际问题，提高应对未来社会挑战的能力方面，有显而易见的优势。在学校课程中，确保综合课程与分科课程恰当互补，充分发挥各自的优势，是实施 STEM 教育的前提。

3. 兼顾项目的真实性与内容的基础性

在实际教学活动中，设计一个与生活紧密联系的真实项目，不仅涉及多学科的基础知识、基本技能，而且需要近现代科学技术的支持；而以分科为主的

课程目标，要求学生掌握终身发展和应对社会挑战必备的基本知识和方法，形成基本的科学观念。项目的真实性和知识的基础性形成了一对矛盾，照顾到教学内容的基础性，往往会损失项目的真实性；选择真实的项目（如移动通信设备信号的发射与接收项目），往往无法兼顾学习内容的基础性。因此，在项目的真实性与教学内容的基础性之间找到平衡，是实施 STEM 教育的基础。

4. 平衡教学内容的系统性与研究过程的随机性

在 STEM 项目实施的过程中，研究任何一个真实项目，获取知识、方法的过程往往是随机的，不会是按照学科教学进度编排的顺序进行。前述美国高中物理课的案例中，教师也反映其设计项目的初衷是通过不同车的质量不同，研究车的质量和速度变化的关系（即牛顿第二定律）；但在完成项目的过程中，学生的关注点非常丰富，有学生研究车的形状与速度变化的关系，有学生研究喷漆问题，还有学生研究动力问题等，解决这些问题涉及物理、化学等学科知识，这些知识也分设在不同的学习阶段中。因此，在学科教学内容的系统性与项目研究中获取知识的随机性之间找到平衡，是实施 STEM 教育的关键。

三、 STEM 课程设计：真项目、真探究

1. 教师是实施 STEM 教育的关键

无论是课程建设还是课程实施，教师都是关键因素。在美国的 STEM 教育实践过程中，缺乏合格的教师也是困扰 STEM 教育的难题。合格的教师应该兼具学科素养及综合素养。舒尔曼教授认为，一个教师的学科素养越强，其对学科的转化或翻译能力就会相应增强。如果教师缺乏深厚的学科素养，必然导致 STEM 教育平庸、粗浅。综合素养指教师立足于本学科的特殊性，建立学科之间及学科与社会、学科与个人发展之间联系的能力。如果教师缺乏综合素养，STEM 课程就会变成简单的拼盘，失去其应有的价值。

2. 精准设计项目，提高选择性

STEM 课程既可以利用三周左右的时间完成一个项目（如上述高中物理课），也可以是以 STEM 理念设计的一节课（如上述小学四年级科学课）。无论如何安排课程时间，只有精准设计项目，才能充分发挥 STEM 教育的价值。

下面以设计三周的 STEM 项目为例进行说明。在笔者访美期间走访的 20 多所学校中，设计 STEM 项目多采用以下方式。首先，几个学科教师根据课程标准、教材的教学内容及学生的认知特点，共同研究提出 10～30 个问题。其次，由学生在这些问题中选择自己最感兴趣的问题，再经过学生论证、协调

形成研究小组，一般会聚焦3～5个研究项目。再次，在三周内，学生在自己组织的小组内，通过查询资料、调查研究、寻求帮助等方式，完成设计任务，制造最终产品。最后，教师安排一个正规的、仪式感很强（请校长、家长、社区代表等参加）的活动，由学生通过书面及口头报告的形式，集中汇报展示产品的特点及生成过程。

这样的设计既可以涵盖课程标准要求的教学内容，同时为学生提供自主选择、个性化学习的空间。在笔者访问的学校中，如果教学内容有适合开发STEM教育的主题（如物理学科的教学内容为机械能、生物学科的教学内容为光合作用、化学学科的教学内容为电化学，均涉及能量），那么教师一般每个学期安排1～2次这样的学习。

3. 联系实际生活，突出真探究

目前，科学类课程教学过于强调知识的传授与解题技巧，弱化实验、实践；技术类课程教学偏向设计和制作，忽略探究。笔者建议在STEM教育实施过程中，利用工程设计方法，把科学课程中需要学生掌握的科学知识和方法集合成具体项目，通过开展解决核心问题的活动，使学生经历科学探究和工程设计过程。

科学探究与工程设计的切入点不同，科学探究一般是从假设出发，利用多种工具和方法，证实或证伪；工程设计是从产品出发，需要设计者对多种类型知识进行获取、加工、处理、集成、转化、交流、融合和传递。我们的科学教育长期从科学探究出发，学生会认为科学理论已经被证实，探究是虚伪、不真实的，因此这种探究没有发挥实践应有的作用。我们应该从工程设计切入，以实践为明线，以各学科核心概念、核心知识为暗线，以学习进阶认知能力为逻辑，让学生在实践中探究，突出探究在理解知识中的作用，实现真实践、真探究。

4. 整合资源，形成STEM学习生态系统

集综合、实践、实际为一身的STEM教育，需要课内外、校内外多种力量的支持，需要整合课后项目、假期项目、科学中心、博物馆等资源，形成一个具有整体性、开放性、动态平衡性，自组织和可持续发展的系统。其关键是整个社会以开放的态度去认识科技教育，为促进STEM教育发展提供良好的环境。

（本文作者系北京教育学院教师教育数理学院院长）

我国中小学课程统整实践的形态解析

唐晓勇

近年来，我国学校层面再度兴起以跨学科学习为特征的统整式课程改革。统整式课程改革是改变传统分科教学只注重学科知识、强调课堂教学的教学模式，以跨学科教学为基础，打破学科内容、学习时空和教师间的边界，重构新型的课程形态。目前，这一以学校层面为主推进的课程改革形态呈现多样化发展趋势。本文尝试对我国当前中小学的课程统整实践进行梳理和解析，以期对基于学生发展核心素养培育的学校课程建设有所启示。

一、 国内外课程统整改革的概况梳理

课程统整改革并不是新鲜事物，它的主要特征是跨学科。从文献和实践看，国内外这样的研究很多，当前欧美发达国家主流的项目型课程、"STEM＋"课程，以及网络主题探究 WebQuest 等课程就是很典型的课程统整。美国"国家赫尔巴特学会"在 1895 年就提出了"课程统整"的概念，"主张儿童有能力联结不同的知识领域"，这是早期课程统整的理论基础。统整式的课程改革让欧美教育更开放，课程实施最直接的效果就是学生的综合能力与素养得到显著提升，学生的创新实践能力凸显。芬兰学生的 PISA 测试全球领先就充分说明了这一点。

在我国，每一次国家层面的课程改革纲要中都有体现课程统整的理念，但是在具体执行中相对乏力。我国 2001 年开始实施新课程改革，从国家层面推动了具有统整特质的综合实践活动课程的实施。综合实践活动课程在新课程改革初期很受重视，特别是研究性学习成为当初的课改潮流，但随着时间的推移，综合实践活动课程逐步被边缘化，其核心原因是"不考试"。我国台湾地区开展课程统整改革的历史悠久，目前课程统整研究的相关文献也多出自台湾。台湾真正把课程统整作为教育改革的重点是从 20 世纪 90 年代中期开始，2000

年后，台湾把课程统整作为整体推进教育创新改革的主要项目。目前，课程统整的理念已经深深地融入学校教育以及教师的教育行为当中。他们的出发点是"全人教育"，也就是让学生在统整课程中通过跨学科学习，让文本学习与现实生活关联，开展基于现实生活的学习，培养学生多方面的综合素养，特别是学生面向未来的关键技能。

近两年，基于跨学科特征的课程统整改革在国内一些地区和学校再度兴起，比如，重庆市谢家湾小学的"小梅花课程"、北京亦庄实验小学的"全课程"、广东省深圳市明德实验学校的"红树林"课程和安徽省合肥市屯溪路小学的"综合课程"，以及由全国小学教育联盟发起的"项目学习""真实的学习"等PBL课程。课程统整改革再度兴起的核心原因是时代发展和未来社会对人才需求的改变，特别是当前基于互联网技术的工业 4.0 时代对跨界的人才的需求，课程统整可以让学生的综合素养在浸润式的课程学习中潜移默化地得到培养。

二、 我国课程统整改革的课程形态解析

课程统整不再是单列的分科教学，而是将多学科内容有效融合，课程内容组织形式、学习方式、课程内容的载体等都发生了改变。当前，我国课程统整改革呈多样化发展趋势，不同的视角构建出不同的课程形态。

其一，从课程开发的内容视角看，"基于学科"和"基于主题"的统整是比较常见的课程形态。"基于学科"主要是聚焦学科内容、学科目标，通过学科内和学科间的统整，完成学科任务；"基于主题"是指围绕某个主题，不同学科以协同的方式，共同完成学习任务，在解决问题的同时提升各学科的学科素养。

其二，从课程的实施者视角看，"全科实施"和"学科合作制实施"两种形式比较常见。全科实施是指一位教师担任多学科教学，或者在某个主题统整中由一位教师独立完成多学科之间的统整。学科合作制是指在课程实施过程中，学科教师之间围绕共同的学习目标或主题，紧密合作，每位教师充分发挥本学科的优势，以合作的方式解决学习问题。目前全科实施的方式只在少数学校的个别教师中进行，从整体上看，目前我国教师全科教学能力还不足。学科合作制则是目前学校课程统整的主要方式，由于教师基于本学科的教学容易达成，有安全感，因此实施的效果相对较好。

其三，从课程内容的载体视角看，有"基于教材"和"没有教材"两种形态。基于教材是指学校层面编撰了课程统整的教材，如谢家湾小学的"小梅花课

程"、明德实验学校的"红树林课程"等都开发了教材。基于教材的课程统整可以让教师很规范地进行课程实施，教师无须绞尽脑汁设计课程内容，其不足的地方是容易固化教师的思维，压缩教师主动创意设计课程的空间。目前大部分学校的课程统整没有教材，教师的自由度较大，为教师进行创意活动创造了更多机会，不足之处就是由于教师专业能力的差异，教师对课程统整的认知、主题的挖掘、实践的路径等方面差异度也会很大，这样课程质量也就会受到相应的影响。

其四，从课程的学习空间视角看，在"传统环境"和"网络环境"两种学习空间中，课程统整的学习方法、成果展示、过程交流，以及问题解决等也会有一定的差异。

三、　中小学课程统整实践的典型样例

由以上解析可以看出，从不同角度思考课程统整的课程形态，其课程实施路径和策略是有差异的。在课程实施中，每一种课程形态并不是孤立存在的，而是相互交融、互为补充，具有综合性特点。因此，从学校层面理解课程统整需要用综合的视角，在具体实践中我们也需要用综合的视角去开发课程。目前中小学课程统整实践主要有以下几种典型样例。

1. 互联网技术支持下的课程统整

互联网技术支持下的课程统整，始终把数字技术作为认知工具，发挥技术的"沟通媒介"和"脚手架"作用，提升学生协同学习和问题解决的能力，支撑学生的整个学习过程。

南方科技大学实验学校的实践比较典型。学校创新性地构建了"统整项目课程体系"，其成果被教育部作为六大创新案例之一向全国推广。该校的"统整项目课程"主要从学科视角和主题视角进行开发，包括以下几种形态：（1）以学科为基点的学科内统整，包括学科内的横向与纵向统整；（2）基于主题的跨学科教学，即课堂教学中不同学科教师合作上课，用不同学科的表达方式聚焦于同一教学主题，聚焦学科素养和综合素养的培养，在具体实施中由教师共同上课；（3）跨学科统整，即以某一学科主题为切入点进行的多学科统整，不同的学科用不同的学科方式表达，聚焦于学生学科素养的提升，在实施过程中比较松散自由，各学科教师自主实施；（4）超越学科的主题统整，即以某一种综合学习主题为切入点，各学科用学科方式探索，聚焦学生综合素养的提升，在具体实施过程中需要一定的时间，通常以年级为单位，由学校层面主导实施。

2. 基于社区资源的探究式课程

丰富的学习资源是确保课程统整实施的基础。从目前的实践看,很多学校有效地借助了社区资源进行课程统整改革。社区资源包括人力资源、自然资源、人文历史资源等。依托社区资源进行课程统整的切入点很多,社区资源可以是课程的主题和内容,也可以是课程实施的基础保障。把社区资源作为课程内容的课程统整实践,其探究性特征比较突出。学生面对熟悉的学习环境和学习资源,更容易亲近,这样就可以轻松地把社区资源与学科课程联结起来,让学生的理解更容易,从而提升学生课程学习的质量。目前北京市门头沟区大峪中学借助社区资源环境构建的"山谷课程",北京市第六十五中学借助故宫资源开发的"故宫课程",都是很典型的借助社区资源进行的课程统整。

例如,大峪中学位于北京市生态涵养区门头沟区,该区是草药的重要产地,教师充分挖掘这一社区资源,开发了"山谷课程"中的子课程——"绿野芩踪",带领学生以多学科视角研究"黄芩"。

3. 学习空间变革下的课程综合化

研究表明,学习空间的设计对学习方式与质量有明显的影响。目前,欧美发达国家非常关注学习空间的设计,注重遵循学习者的年龄特点,建设以学生为中心的学习空间,并把学习空间与课程建设有效关联。近年来,我国部分学校也开始关注学习空间的建设。学习空间的设计与课程改革深度融合,可以让学习者在"创感"的学习空间中浸润式地学习,由此引发学校的课程重构以及学生学习的深度变革。

比如,基于学习空间变革的课程综合化探索是广东省深圳市南山区前海港湾小学课程统整改革的切入点。学校"对标"国际,创新地为学生设计基于各种情境的学习空间,如未来教室、创客工坊、阅读中心、自然博物馆、文字博物馆、传统文化中心等,并且有效利用学习空间进行课程综合化改革。目前,前海港湾小学的综合化课程分为四类:一是以某一学科为核心,找到学科交叉点融合生成,如科创课程,学校专为科创课程设计了"创感"的学习空间,这对促进科学与信息技术学科有效融合提供了帮助;二是通过学科交叉点拓展生成,自成体系,如财商课程、茶文化课程、情商课程、摄影摄像课程等,而这些课程都在相应的学习空间里进行;三是以活动为主线,跨学科开展的活动课程,如"欢乐的节日"、前海区域文化课程等;四是氛围课程,学校为让学生在氛围浸润中学习,特别建设了各种博物馆和功能教室。

4. 以主题切入的"课程群"建设

当前"课程群"是一个新兴热门的概念。我们可以这样简单理解"课程群"，即以某一主题或领域为切入点，建构系列与主题相关的子课程，每一个子课程又聚焦小主题进行学习，形成一个关联互补的"课程群"，多学科融合是课程群的重要特点。目前，很多学校的课程统整是以主题切入，进行"课程群"建设。比如，江苏省张家港市江帆小学的"一帆微创意课程群"、江苏省苏州科技城实验小学的"基于生活的课程群"、湖北省宜昌市绿萝路小学的"绿萝精神课程群"、浙江省义乌市香山小学教育集团的"绿色公民课程群"，等等。

例如，江帆小学构建的"一帆微创意课程"，强调以课程的视角、儿童的视野进行课程重构。学校课程以"帆"为主题，教师自主申报子课程，教师间、学生间和师生间共同构建尊重每一位孩子的创意课程群，突出学校的核心办学理念"不论何时，人，总在中央"。苏州科技城实验小学在"让儿童过一种完整而幸福的童年生活"主题下所构建的生活课程群，处处凸显学习与生活连接的课程理念，如儿童绘本课程、卓越表达力课程、科技创新课程等。

总之，以主题切入的"课程群"建设，需要始终围绕主题，以学科的视角进行课程开发，通过学科教师间的协同实施，充分发挥"课程群"的优势，培养学生的综合素养。

四、　课程统整的未来发展趋势

面对未来，学生需要具备能够适应未来社会发展需求的技能与素养。问题解决、批判性思考、团队协作、数字素养、跨界交流合作等技能是未来社会人才的必备能力。2016 年发布的《中国学生发展核心素养》提出，要培养学生面对未来的核心素养。但是，如果仅仅是运用了新技术，重构了学习环境，改变了教学方式，而不从课程层面来思考，还是沿用传统的线性课程模式，那么培养学生的核心素养恐怕只是空中楼阁。

课程统整是以跨学科的方式，让学生围绕复杂的、来自真实世界的主题，并在精心的学习设计基础之上，学科教师之间、教师与学生之间协同完成基于现实生活的开放性探究。也就是说，按照"主题—探究—表现"的路径进行统整式的跨学科学习，学生可以主动地对知识进行意义建构，并在真实的情境中潜移默化地培养其核心素养。因此，笔者认为课程统整将会逐步成为未来课程改革的主流趋势。

总之，当前国内课程统整的实践主要还停留在学校层面，属于各学校自主进行的草根化探索。我们需要从多角度去认知和理解课程统整，并关注不同课程形态的课程特点和课程内涵，结合学校自身特点，聚焦学生发展核心素养，创造性地重构学校课程。

（本文作者系南方科技大学实验学校副校长）

班本课程的存在价值、 准确定位与合理开发

成尚荣

近两年，在课程改革深化中，有一个概念比较流行，不少研究机构和学校、不少校长和教师都在对其进行探索，这个概念就是班本课程。应当承认，班本课程还没有在课程理论中"登堂入室"，其科学性还没有得到论证；在课堂实践中，其规范性还没有被真正建立起来，一系列问题尚处在探索阶段。因此，班本课程常常被质疑，使用者、实践者也往往会产生一些疑虑。经过合理的研究，笔者认为：班本课程有其存在的必然价值，我们应该对班本课程进行准确定位与有效开发。

一、 在质疑与困惑中，确立班本课程的存在价值

目前人们对班本课程的质疑与困惑有以下几个方面。第一，国家课程、地方课程和校本课程，已明确写进了《基础教育课程改革纲要（试行）》，顺着国家—地方—校本这样的思路，再往下延伸，提出班本课程，难免有为拓展而拓展、赶时髦的嫌疑，这是课改的创新吗？第二，班本课程的概念成立吗？有必要吗？第三，当下学校课程已经比较"满"，学校究竟有多少空间是留给它的？教师的工作也已经很"满"，他们究竟有多少时间、多大能力去开发它？班本课程开发可行吗？以上三个问题，涉及班本课程的合理性、必要性和可行性。经过持续研究，我对以上一些质疑和疑虑形成了一些基本判断，结论是：班本课程的存在是必要的，有其存在的价值。

1. 从课程政策的角度看，赋权成为课改的重点之一

我们简要回顾一下我国第八次课程改革，《基础教育课程改革纲要（试行）》明确提出，实行国家、地方和学校三级课程管理，其意义是课程权利的分享，以调动各方尤其是学校的积极性。这一赋权的理念在第七次课改时就开始显现。显然，赋权成为课改的重点之一。放眼世界，我们不难发现，赋权是世界

各国课程改革的重要思想，以及世界各国课程政策的共同主题。如美国一直致力于建立"分权化的课程体系"，特别重视学生的作用。世界各国课改的赋权趋势，极大地调动了教师和学生开发课程的积极性，也给他们留下了课程开发的空间。班本课程的出现是政策赋予教师的权利，教师开发班本课程是享受、使用权利的体现。

2. 从课改的领导路径看，自下而上的路径更受关注

随着课改政策的调整，课改的领导路径也在调整，即自上而下与自下而上路径的结合，随着课改的深入，自下而上的路径更受重视，其根本原因在于，自下而上更重视基层的力量，更重视校长和教师的参与，充分发挥他们的自主性和创造性。因此，我们不妨这么去理解，班本课程是自下而上生长起来的，它印证了斯滕豪斯"教师作为课程研究者"、施瓦布"教师作为课程实践者"、吉鲁"教师作为课程批判者"的课程理念，并使之逐步实现。

3. 从课程开发的主体看，凸显了班级的主体作用

课程开发及其命名有不同的维度，开发主体是其中一个很重要的维度。国家课程、地方课程、校本课程正是从开发主体这一维度来研究和命名的。于是，与国家、地方、学校相对而言属同一个维度的班级，也可以成为开发主体，用"班级"来命名"班本课程"是顺其自然的，也是无可非议的。班本课程凸显了班级的主体作用，让班级在课程的开发和管理中有了自己应有的位置。这样，从开发主体出发，形成了课程开发的系列，也形成了课程管理链条，这有利于课程开发的系统思考和整体设计，也有利于课程的综合管理。

4. 从国外课程改革的趋势看，班级设计、落实课程方案成为趋势

1998 年 6 月，日本发表教育课程审议会总结报告，展示了 21 世纪日本新的教育课程构想，其一大特点就是新设"综合学习时间"，主旨是各学校需要创造性地展开适合地区和学校的、有特色的教育活动。这种新设的"综合学习"，不仅由学校设计，也让班级设计。我以为，这其实就是一种班本课程。

基于以上四个角度的讨论，我们可以初步得出这样的结论：尽管当前还没有为班本课程命名，但班本课程却是课程系统中的一个组成部分，是一种自然存在；班本课程是课程深化中教师们的一种创造，表现了他们对课程开发的愿望，体现了他们的创造精神和能力；尽管其合理性、必要性、可行性仍需深入和具体的讨论，它已经显现出其存在的价值。因此，我们应当去除疑虑，在质疑中不断完善，满怀信心去开发班本课程。

二、 在学校课程体系中，逐步明晰班本课程的定位

对班本课程的探索尚处在初始阶段，有不少问题尤其是班本课程在学校课程体系中的定位，还不是十分明晰。为此，我们需要在研究和实践中使之逐步明晰起来。

1. 班本课程性质的准确定位

课程理论与实践都告诉我们，所有课程来到学校，都会经历校本化的过程，成为学校课程的一部分，因而都会拥有一个新的共同的名称：学校课程。毋庸置疑，班本课程也应是学校课程体系中的一个部分、一种课程形态。我始终坚持认为，学校中所有的课程都是课程大家庭中的兄弟姐妹，都应是平等的，都很重要，"一个都不能少"，因为评判其地位不是以课时的多少和课程形态来决定的，所有课程都应是等值的，它们各有各的理论价值和实践意义。

班本课程与学校课程的关系是明确的，问题是班本课程与校本课程的关系还不明晰。它们的关系不外乎是两种。其一，班本课程是校本课程的一个部分、一种形态，是"父子"关系。理由很简单，班级是学校的一个组成部分，学校作为课程开发的主体，自然包括班级，班本课程也应属于校本课程。其二，班本课程与校本课程是并列的关系，是"兄弟"关系。理由也很简单，校本课程往往由校长主持开发，严格来说，其开发主体是学校，这里的学校并不包括班级。班本课程却由班主任和任课教师主持开发。以上两种关系划分都可以，不过，为了突出班级开发课程的重要性，我以为第二种关系更好。

班本课程与校本课程并列，带来的一个问题是，班本课程是校本课程的补充抑或是拓展吗？这里暗含着另一个问题，那就是因为我们不能将校本课程看作为国家课程服务的，所以照理也不能将班本课程看作为校本课程服务的。但实事求是地从另一个角度来说，班本课程无论是可开发的空间，还是开发的能力，与校本课程还是存在差异和差距的。在这种情况下，不必大量地开发班本课程，而应将其定位为对校本课程的拓展和补充，这样的定位至少目前是比较合适的。

2. 开发班本课程宗旨的定位

说到开发班本课程的宗旨，我们首先想到的是为了进一步形成并提升班级特色。班级建设与发展的确需要形成班级特色，特色可以推动班级的个性和风格的发展。而班本课程是班级特色一个重要的落脚点，因此，应通过班本课程的开发与建设，进一步追求班级的特色。班级特色的深处是班级文化，而文化

的实质是人化，即以文化人，又以人化文，学生不仅是文化的体验者、享用者，而且是文化的创造者。班级特色说到底是班级文化特色，而班级文化说到底是班级的学生和老师创造的。因此，无论是班级特色、班本课程还是班级文化，其核心都是学生，是学生参与开发，是学生全面而有个性的发展。正因如此，班本课程的开发，不应只从班级特色的追求出发，而应立足于学生发展需求，着眼于学生个性发展和可持续发展。在这个过程中，自然会形成、提升班级的特色。

3. 班本课程主要特点的定位

在与其他课程比较中，班本课程有以下几个突出的特点。

班本课程更具综合性。班本课程不是为国家课程服务，更不是为应试教育服务的。直白地说，它不应围绕应试科目来开发，因此，围绕语文、数学、外语等学科内容的拓展和加深的课程，不应作为班本课程，我们要坚决反对和防止这种现象的出现。班本课程要以综合性为主，应对学科课程进行统整，增强学科与生活的融合，超越学科的综合性是班本课程的基本特征。

班本课程更具实践性。班本课程是以实践为主的课程，而实践的主要形态是活动。强调实践性，就必须力避把班本课程的实施当做变相的课堂教学。坚守实践性，是为了让学生在丰富多彩的实践活动中、在调查访问中、在动手操作中、在游戏中、在田野里、在社区中、在企业里生长兴趣、爱好，培养特长，增长实践智慧。

班本课程更具班级文化的情境性。班本课程在班级文化土壤里生长起来，又促进了班级文化的发展。班级文化情境凝聚着班级的文化愿景，体现了班级的文化认同，折射着班级师生的个性特点，最终形成班级风格。

4. 班本课程类型的定位

班本课程的类型怎么划分？通常有广义与狭义两个维度。所谓广义班本课程，是指所有课程的班本实施，准确地说，这些课程其实都是班本化实施，因为，课程最终是落实在班级中的。所谓狭义班本课程，是指班级单独开发的课程。显然，广义班本课程量大，而狭义班本课程量小，但它更具特色，更有意蕴。广义与狭义班本课程的结合，形成了班级特有的课程景象，进而形成丰富的班级文化气象。

从呈现的方式来划分，可分为显性的班本课程和隐性的班本课程。隐性班本课程又有两种情况，一是班本实施的所有课程，包括狭义的班本课程。在实施过程中，教师总是自觉或不自觉地按着班级的实施情况和自己的意愿，加以调整或修正，使之更符合班级的教学对象和教学情境。从名称上看，它们仍然是国家课程、地方课程、校本课程，其实，已悄悄地演化成了班本课程。二是班级环境，如班训、班风、班级规则、班级运行的程序等，这些都是隐性的班本课程。专门开设的、狭义的、显性的班本课程固然重要，而弥散性的、渗透性的隐性班本课程更为必要。

三、 在激情与理性的统一中，合理开发班本课程

班本课程的合理开发，需要激情与理性的结合与统一。班本课程开发的主体是教师，班主任应是组织者和设计者。教师作为开发主体，并不排斥校长的指导，但校长绝不是主体。同时，教师开发，并不意味学生只是被动的接受者，相反，学生是主动的、积极的参与者。我认为，与其他课程不同，班本课程更需要学生的参与，我们甚至应当确立这样的主导理念、追求这样的境界：在教师的指导下，学生才是班本课程真正的开发者。那能不能提师本课程呢？我以为没有必要，也不科学，因为所有课程都应由教师去二次开发和实施。

班本课程根据什么来开发？班本课程开发的根据是多元的，但多元的根据，不能让班本课程开发陷在复杂化的纠结中。从制度上看，班本课程应当依据学校课程的总体规划，这样，才能让班本课程融入学校课程体系之中，与其他课程形成育人合力。从与校本课程的关系上看，班本课程更要与校本课程相统筹、相协调，如前所述，尽管班本课程与校本课程并列，但在特性上它与校本课程最靠近。与校本课程相统筹、相协调，才更能彰显班本课程的独特之处。从开发的原则上看，班本课程开发要基于学生的需要。校本课程也强调从学生需要出发，但我们必须认识到，教师只有深入班级，才能真正了解学生真正的需要。

班本课程开发的空间有多大？所谓空间，就是究竟有没有时间可供班本课程使用。为了保证班本课程的开发，学校应作整体规划，给班本课程划分一定的课时，这是从狭义班本课程开发的角度说的。广义班本课程并不存在空间问题，而是在理念上、在对班本课程基本问题的把握上存在问题。班本课程的开发有三个值得注意的问题。一是千万不要以班本课程开发来占据学生所有的时间，给学生留一点自由支配的时间。二是千万不要让所有的生活都课程化，让学生有一点自由自在的爱好，学生可能正是在自由自在的非课程中得到发展。三是班本课程尤其是狭义的班本课程要去求质而不是求量。

班本课程开发的规范要求是什么？最突出的一个要求是，在调查、研究的

基础上，形成班本课程开发与实施纲要，明晰理念，厘清它与其他课程的关系，作出整体安排。

班本课程的合理开发，最终关涉教师的专业发展，尤其是课程能力，此外，要不要再往下"推"，如究竟要不要提师本课程，这些问题，我们以后可以继续讨论。

（本文作者系国家督学、江苏省教育科学研究院原所长）

构建彰显生命价值的课堂文化

陶西平

我国基础教育发展的历史也是一部波澜壮阔的课程改革的历史、课程价值变迁的历史。当前正在进行的第八次课程改革已经从理念启蒙阶段、模式探索阶段进入到增强效能阶段，而课堂文化建设是深化课程改革、提高教育效能的一个重要途径。

一、 理解课堂与课堂文化的内涵

课堂是现代学校教学的主要场所，课堂学习是传承与发展人类文化的基本形式。我们现在研究的课堂主要是当代的课堂，而非未来的课堂；主要是小课堂，而非社会大课堂。在这样一个边界内，我们对课堂文化建设问题进行探讨。

课堂教学的一个重要特点是规范性与随意性的结合。其规范性表现在，它有相对稳定的空间，相对稳定的人群，相对固定的时间，相对明确的任务；随意性表现在，教学设计无严格的规定性，教学过程具有很大的不确定性，教师作用的"权威性"，教学效果的难预期性。我们所研究的课堂文化就是在这样的课堂里所形成的文化。

课堂文化是学校文化的重要组成部分，是学校文化的一种表达形式和基础载体。它是师生在课堂教学中所体现出来的思想意识、思维方式以及学习方式的总和，是学校的价值取向在课堂活动中的体现。它是在长期的课堂教学活动中形成并为师生所自觉遵循和奉行的一种文化。

课堂教学水平是学校教育水平的集中体现，而课堂文化又是课堂教学水平的集中反映。因此，学校在推进文化建设的过程中，不仅要重视环境文化、制度文化的建设，而且要重视课堂文化的建设。

二、 当前课堂文化建设的新情况

近些年，我国的课堂文化建设不断取得新进展，课堂教学的整体面貌发生了积极的变化，给整个课堂教学注入了新的活力。但是，目前课堂文化建设也存在着一些新的情况和问题。

其一，课堂文化建设并没有真正成为学校文化建设的重要领域。我们普遍重视学校文化建设，但对课堂文化建设的研究还比较薄弱。如在学校文化建设研究中有几种倾向：一是重概念轻内涵。新的提法、概念很多，令人应接不暇，但对这些概念的内涵的研究（特别是对概念内涵之实际体现的研究）则很少。二是重硬件轻软件。三是重课外轻课内。在课堂中，我们很难感受到学校所追求的文化的存在，课内外反差很大。学校文化几乎等同于课外文化。

其二，传统的质量观和由此形成的教学模式仍在课堂教学中占主导地位，研究课与常态课存在较大反差，新的课堂文化并未真正形成。比如，流行的各种理论、方法、概念不断变换，但学习目的的应试性、师生双边活动的单向性依然没有改变；即使不少学校研究课堂文化，也常常简单地将其与教师的"做课"捆绑在一起，囿于"磨"出一节"好课"；在研究课上学生的种种良好表现往往带有表演性，常态课依然故我，甚至传统色彩更为浓厚。

其三，课堂教学改革的形式主义依然存在，针对性、实效性较差。学生的总体课业负担在多数地区仍然较重。有的学校为了保证研究课课堂的精彩，而将课堂教学任务向课堂外（课前、课后）的两端延伸，一端增加大量的预习作业，一端增加大量的巩固作业，而且大多是无效作业。这样的课堂虽然看起来很活跃、很精彩，但并没有真正取得让学生生动、活泼、主动学习的实效。有效教学、有效学习、有效作业并未实现有效衔接。

其四，学校领导难以用主要精力研究教学，更难以坚持走进课堂，关注课堂文化建设。

三、 课堂文化建设要关注的四个问题

课堂文化就是课堂的价值追求，它应该体现为对生命的理解和尊重，对智慧的激发和启迪，对能力的培养和提升。建设新的课堂文化，必须努力构建平等民主、和谐共处、互动合作、自主探究的课堂氛围，赋予课堂以生命价值。我们研究课堂文化建设需要关注四个问题。

1. 目标的基础性

基础教育的课堂文化建设不能偏离基础教育的本位价值，不能脱离基础教育的基础性。

什么是中小学生最为重要的素质基础，《中华人民共和国义务教育法》规定得很清楚，一是品德，即做人的基础；二是智力，即做事和继续学习的基础；三是体质，即品德和智力的载体。

习惯是基础素质的重要体现。素质教育就是培养好习惯。我们在课堂文化建设中要培养的好习惯主要包括反应倾向、思维习惯和行为习惯。

(1)反应倾向。个人对事物的反应倾向体现人的价值判断习惯，社会对事物的反应倾向体现社会的价值取向。比如，一个同学回答问题时错了，其他同学是耻笑他还是鼓励他，老师是讽刺他还是帮助他，都体现出一种反应倾向。反应倾向的培养，其实就是一种价值观的培养，一种做人品质的培养。

(2)思维习惯。大多数时候，人们受制于强大的惯性思维。惯性思维能够帮助我们快捷地认知和适应周围的世界，也有助于我们遵守社会的行为规则。但它往往过于刻板，如果这样一种思维习惯难以突破，那么我们就很难进行新的创造。所以现在我们面临着如何培养学生创造性思维习惯的问题。

我们现在的研究性学习大多是解决获取知识的问题，这并未真正进入思维能力的培养，因为真正的思维是从运用知识解决问题开始的。印度把高级思维训练融入中学的各学科当中，以色列的"2000优秀学生培养计划"也把高级思维训练融入进去。他们的做法值得我们借鉴。

(3)行为习惯。行为习惯是一种定型行为，是人在一定情境下自动进行的某种动作，包括生活习惯、工作习惯、学习习惯、待人习惯等。

这三个习惯非常重要，反应倾向影响我们的价值取向，思维习惯影响我们的思维方式，行为习惯影响我们的行为方式。如果基础教育能够把我们所要求的东西变成学生的一种反应倾向、一种思维习惯、一种行为习惯，那么这个"基础"就真正打好了。所以课堂文化建设应当通过培养各种好的习惯，来体现基础教育的基础性。

2. 理念的人本性

我们在进行课堂文化建设时，必须牢记一句话："人永远是目的。"这是全部教育活动的出发点和归宿。在任何情况下，我们都必须始终把人作为目的而非手段，这是维护人类尊严的基础。学生的发展永远是教育活动的目的，也是教师专业发展的目的；任何时候，我们都不能把学生当成手段。

我们的课堂文化应当体现对学生生命价值的尊重，应当充满生命的活力和动感，应当凸显学生的主体地位。新课改突出了以学生为主体的思想，学生不仅是教学的主体，也是教学资源、动力资源；不仅是受教育者，而且是自我教育者。

在发挥学生的主体作用方面，有三个互动需要关注。一是师生互动；二是生生互动；三是教师、学生、文本之间的互动，三者之间形成一个完整的沟通过程。新的课堂文化倡导从"单向型教学"向"多向型教学"的转变，力图实现教师、学生、文本三者之间的互动。教师要自觉地为此创造条件，以构建课堂上的"沟通文化"。为此，我们要改变教师享有话语霸权、学生在课堂上失语的现象。教师要善于挖掘对话中的新意，创造生成性的教学。

3. 价值的导向性

这是一个有争议的问题，也是一个常常被忽视的问题。在社会急剧变革时期，人们的生活形态、生活方式、工作方法、人际关系等，无不在急速变化中，这些变化都会对青少年的价值观念产生很大的影响。为了开发学生的智力，我们鼓励学生敢想、敢说，但学生讲完后，教师必须进行价值引导。如何处理这两者的关系，是教育面临的巨大挑战。可以说，现在基础教育最应该关注的问题，是我们能不能教会孩子做人。

社会变迁为青少年价值观念的形成注入了许多积极因素，但也有两个特别值得我们关注的变化。一是就目的性价值来看，青少年的价值观从对社会价值的重视开始转向对个人价值的重视；二是就工具性价值来看，青少年心目中的能力价值内涵改变很大。传统的能力价值如勤奋、能干、真诚等的地位逐渐被淡化，而经营人际关系、自我宣扬，甚至粉饰和欺骗等病态心理开始萌生。这就揭示出现代教育肩负着重大使命——引导青少年树立正确的价值观，并进行相应的教育变革。

教育本身就是价值引导和价值创造的过程。我们要使核心价值观成为社会的主流价值观，很重要的途径是教育。因此，学校必须在各种活动中，首先在课堂教学中培育学生正确的价值观念。

新加坡教育部长曾提出，新加坡未来 20 年的教育将以价值为导向，培养有正确的价值观和有竞争能力的新一代国人，即从知识和能力导向，转向价值导向。我国的香港特别行政区政府决定从 2012 年起，在中小学中增设国民教育。日本的中小学也开设了专门的"社会课"，进行爱国主义和价值观教育。

这些都告诉我们价值引导的重要意义。因此，我们的课堂文化建设必须旗帜鲜明地坚持主流价值观导向，并将这种导向贯串于教学活动的全过程。教育者要善于在课堂教学中体察青少年价值观的时代特征，既要让学生独立思考，又要引导学生明辨是非。

4. 模式的多样性

现在我们在模式探讨中有一种倾向值得注意，就是一研究出一种比较好的模式，就希望大范围推广，认为解决所有的问题，都应该运用这种模式，这是有失偏颇的。总的来看，我们还是要遵循《国家中长期教育改革和发展规划纲要(2010—2020 年)》提出的三个原则。

(1)注重学思结合。倡导启发式、探究式、讨论式、参与式教学，帮助学生学会学习。

我们希望能尽快实现从"接受型教学"向"质疑型教学"的转变，逐步构建起课堂的"思辨文化"；要倡导以问题为纽带，发展学生的发散思维和批判性思维。钱学森教育理念中有一个"前科学知识库"的概念。他认为，成为系统的知识固然重要，但有时，突发奇想甚至于做梦，也可能对人的发明创造有启发。创新思维就是发散思维和聚合思维交替运用的过程。所以，始终使学生保持足够的好奇心，是看一节课是不是"好课"的重要标准。

建立开放而有活力的课堂文化，要求课堂成为学生充分施展和表现才能、取得学习成果的时空。因此，我们要做到三个正确对待：一是正确对待学生提出的"计划外"的问题；二是正确对待学生的"错误"答案；三是正确对待没有标准答案的问题。

我们要形成尊重学生、包容学生的课堂文化。要发展学生"好问"的天性，鼓励提问，即使学生的问题"幼稚可笑"；如果学生的回答不符合标准答案，那么我们应该从中找出其合理的成分，以保护他们的积极性；要正确处理好非预期事件中生成的各种课程资源，这是一种艺术。

(2)注重知行统一。加德纳的多元智能理论认为，智能是"一种处理信息的心理潜能。这种潜能在一定的文化背景下，会被激活，以解决问题或是创造该文化所珍视的产品。"也就是说，传统的"智力"概念强调解答问题的能力，而"智能"概念强调在实践中解决问题和生产产品的能力。

有人曾对美国学生和中国学生提出同一个问题：一张 A4 纸最多能对折几次？中国的孩子不假思索地回答："无数次"；而美国学生则拿来一张纸开始折，结论是：最多可以折八次。由此可以看出，我们过分重视推理的结论，而不太重视实践的结果。

美国的国家数学委员会在一份报告中提出："鼓励与支持开展严谨、实证的数学教育科学研究。"他们主张，把数学教育决策建立在以实证为基础的科学研究的基础上。这对我们是很有借鉴意义的。

（3）注重因材施教。学生有很多共性，但也有很多差异。亚当·斯密的《国富论》几乎把人都看成是"理性经济人"，同样，我们的教育学也常常把学生都看成是"理想的学生"。于是，我们探索出许许多多以"理想的学生"为对象的规律和模式，以为它们可以在每个学生身上发挥作用，但实际上并不存在这样的"理想的学生"。

每个学生的智能结构以及原有的学习史造成的发展基础与水平的差异决定了他与别人的不同，而且，影响每个人内因发挥积极作用的外因也不尽相同。可以说，教育学发展的原动力就来自于这一个个不同的"非理想"的人。

所以，如果我们的课堂教学只停留在对一般规律进行研究与应用的层面，以对"假设的学生"的教育，逃避现实的、具体的学生带来的挑战，并以固定的模式为标准，对课堂教学作出评价，那么我们就难以真正面对现实的、个体的差异，当然也就难以取得教育的实效。

现在最大的危险来自于一些"专家"。他们往往按照一般的教学原则评课，并不了解具体的学生。这样，老师备课的时候就要研究怎么顺应专家的需要，要有哪些亮点引起他们的关注。如此，我们的课就变成给专家"做课"了。这样的课并不一定符合学生的需要。

我们在推进课改的过程中，比较重视课堂教学呈现方式的转变和通用原则的运用，而忽视针对不同学生的情况研究教学。这种方向性引导的偏差，使得教师越来越漠视对教育对象差异性的分析。在这种背景下，研究学生也就有了特殊的意义。我们必须在了解学生的基础上来研究教学。教师说课时，要说教学内容、教学方法、教学过程，但首先应该说学生。

总之，通过创造适合不同学生的课堂教学，促进个性化学习，使不同的学生都能打好全面的素质基础，这就是最好的课堂教学。这种课堂教学对于教师的专业发展、对于达成教育目标具有本源性意义。一种积极向上的课堂文化是学生智慧、能力、人格生长的必要条件。改革当然不仅仅发生在课堂上，但我们可以肯定的是，没有发生在课堂上的改革，绝对不是真正的改革。

（本文作者系《中小学管理》编委会主任，国家教育咨询委员会委员、国家总督学顾问、亚太地区联合国教科文组织协会联合会主席）

新媒体时代的教学及教学变革

郭　华

什么是新媒体？众说纷纭，莫衷一是。纷纭之中，我们会发现，新媒体总是与数字化、网络、信息技术、即时性、互动性分不开。无论新媒体是什么，我们都需要思考新媒体的出现可能带来的教学变革。

一、 新媒体会给教学带来哪些变化

一段激动人心的视频"未来教育——英特尔的宏伟蓝图"，曾经风靡网络。这段视频描绘了数字化新媒体时代可能出现的教学情形。课桌上干干净净，无需教材，无需纸笔，只要一台平板电脑和食指，一切便尽在其中，一切便都可完成；教师从累赘的教具、飞扬的粉笔灰中解放出来，清新的数字化屏幕和平板电脑可以搞定一切；功能强大的网络连接、数字化的可视化的实现、即时的3D打印技术，使得在非数字化课堂上只能以文字、讲解来理解与想象的间接经验，转换成可视、可触的内容，从而使学生能够以"亲身"体验的方式去获得"直接"经验。

经由数字化技术的帮助，课堂教学发生了积极的变化。例如，教学内容能以立体的、集成的方式呈现，而不再总是线性的、平面的；如果需要，既可以无限放大，以深究其细节，也可以无限缩小，以观其全貌，察看与其他部分或要素的完整关系，端看教学目标之追求。就学生的学习方式来看，不仅可以有丰富多样的学习方式，而且由于虚拟体验、3D打印技术的介入，传统媒体时代在课堂上难以做到的"亲身"体验也能轻易实现。可以说，新媒体有可能帮助教学更好地解决间接经验与直接经验的矛盾，即人类历史文化成果与学生的生活经验及认识水平之间的矛盾。换言之，在数字化新媒体的帮助下，间接经验得以"直接"呈现，学生能够以"直接"经验的方式、"亲历"的方式，去体验、体会、学习、掌握间接经验，这样，便弱化了间接经验学习中抽象、枯燥、形式化的弊端，从而使间接经验与学生的个人经验实现无缝对接，使学生既能够轻易地与知识（间接经验）建立意义关联，又能够深刻体会间接经验的意义。

翻转课堂之所以迅速成为教学改革追捧的"明星"，就是因为它在数字化新媒体的帮助下，解决了传统媒体背景下难以解决的问题。例如，在集体教学的背景下，实现因材施教、个性化教学，使学生可以自定步调、自己掌握学习的节奏；使学生的课前预习更有支持性，真正实现预习的效力；使课堂空间成为所有人都能交流、表达的公共空间，而非教师的"一言堂"；帮助教师收集全面的数据，从而能够及时、细致地关注每个学生的学习情况……

技术变革带来的教学变革，值得我们给予积极的关注。当然，也有人对新技术在教学中的应用以及所谓的技术神话持不同意见。持不同意见者认为，无论技术能够带来多么大的变化，终究只是一种辅助手段，教学最根本的特性并没有发生改变，也不能改变，否则就不能称其为教学。例如，学生的学习总是在教师主导下的学习，无论运用什么新技术，也不能把教学过程变为纯粹的学习过程。技术并不能从根本上改变教学，因而也不必将教学问题的解决寄托在教育手段的革新上。的确，如果没有对教学活动根本性质的深刻认识，运用新媒体、新技术，反而会带来更大的问题。如果对教学活动有正确的认识，那么，新技术便能够为我们"锦上添花"；反之，新技术不仅起不到"雪中送炭"的作用，甚至可能"成事不足，败事有余"。

二、 新媒体时代，教学的样子更模糊了还是更鲜明了

1. 新媒体时代的教学必须发生转变

美国《连线》杂志认为，新媒体是"所有人对所有人的传播"。这一说法虽然不够精确，也未见得被所有人认可，但它的确道出了新媒体的重要特征。在"所有人对所有人传播"的时代，每个人都必须对网络、对数字化给出态度，或许你热烈地欢迎它、享受它，或许你排斥它、拒绝它，或许你听之任之、安之若素，却唯独不能闭眼不见、充耳不闻，当它不存在。《南方周末》2014 年 8 月 8 日刊登了一篇题为《人工智能将要统治地球？》的文章，文中引用了英国莱斯特大学古生物学家简·扎拉斯维泽的观点。他认为，人类面对的最大威胁可能并不是自然进化的生物，而是某种人工智能。"如果有其他的智能出现，那将可能是电子类的或我们已经制造出来的某种事物。"即使如文章最后所言，现在的人工智能尚不能恰当地识别人类的自然语言，短期内并不构成"威胁"，但是，数字化或人工智能确实已经无孔不入地改变着我们的生活方式和思维方

式。就教育而言，在"所有人对所有人传播"的新媒体时代，同样出现了以前未曾遇到的变化和问题。最重要的变化就是，少数人拥有知识、专断知识的情形被打破了，知识传播的渠道大大增加了。

少数人拥有知识(经验)、有经验的人向无经验的人单向传播(传递)、知识(经验)及拥有知识的人都拥有崇高的地位和重要的价值，这是长久以来的情形。但是在数字化互联时代，这种情形发生了彻底的改变。一个人只要拥有一台电脑、一部手机，就可以轻松获取信息和资料，知识、经验、信息不再专属于某些人；在高度发达的现代社会，相对安全的环境、自动化的设施，使得人们在生活中就能习得应付生活所需的一般经验，因而知识的专门习得似乎不必要了。可以说，对相当多数的个体而言，如果只为应对日常生活，那么严肃而高深知识的学习确实不是必需的了。换言之，对个体而言，严肃、高深的知识以及拥有这种知识的人，不再天然地具有高高在上、令人景仰的权威地位。但是，对于全人类及人类的发展而言，严肃、高深知识的传承与发展依然是必需的，需要一个个的个体作为活的载体去传承，进而去发现、发展新知识。因而，新媒体时代依然需要教学，但教学必须发生转变。

新媒体时代的教学首先要转变对待知识及知识传递的态度。要让知识从"神坛"上走下来，要使教学从"正襟危坐"中轻松下来，要使教师从"严肃"变为亲切，要主动帮助学生与知识建立紧密的意义联系，帮助学生去感受、体会、领略知识的美和价值，帮助学生成长为能够自觉传承知识并能够发现新知的独立个体。这样的教学形态，以往只有少数教师、个别教学可以自觉做到，而在新媒体时代，则必须也有条件成为常态。当然，新媒体时代的教学还需要在内容组织、教学过程以及具体教学方法等方面作出自觉的、系统的变革。

2. 新媒体时代的教师要体现独特价值

在新媒体时代，人们还必须思考的另一个问题是：在知识可以借由新媒体的帮助轻易获得的情况下，教师还有存在的必要吗？如果只是将教师定位于知识传递的角色，那么教师确实没有存在的必要了。但是，教师的作用显然不限于传递知识。以往在知识传递的任务紧迫、手段简单、渠道单一、难以迅捷而完美地实现的情况下，教师的启发、引导，与学生的情感沟通、价值观引领，常常被知识传递的重负"掩埋"，需要极大的自觉挖掘和关注才能显现；而在新媒体时代，由于新技术的帮助，教师得以从重负中解脱出来，能够更好地发挥本应有的丰富多样的主导作用。显然，丰富多样的主导作用并非有了新媒体就能自然而然地实现，还需要教师作出自觉的转变。教师只有自觉改变长期以来把自己当做知识"二传手"的态度，努力改变教学作风，主动发挥更多样的作用，才有可能在新媒体时代不被人工智能所替代。

例如，教师必须引导学生在学习知识的过程中去质疑知识、选择知识，自觉培养学生有根据地进行批判和质疑的精神。在新媒体时代，学生获得信息的渠道大大增加，他们在不经意间就能接收到海量信息，这些信息是真是假是否有价值，都需要学生进行判断。因此，依据线索或一定的标准对接收到的信息进行质疑和批判，就成为学生的一项重要品质和能力。在这样的情形下，教师必须在教学中有意识地进行这种能力和品质的培养。如此一来，新媒体时代，教师似乎更重要，更不可替代了；而教学本应有的培养学生对知识的选择能力和质疑精神等功能也更加凸显。

在这个意义上，新媒体时代，教学凸显了其本来应有的丰富的样子、多样的功能。即教学不仅仅是知识传递，更是通过传递知识，提升学生的品位，培养学生积极的情感态度和价值观。

三、　需要警惕地对待新媒体吗

提到新媒体的副作用，人们立刻会想到：捧着书本严肃认真研读的情形少了，手指划动手机查看信息的情形多了，大量的阅读是碎片化、即时化、浅表化的，系统、持续、深入的阅读不多了，这样的阅读状况令人担忧，因为它可能阻碍人们从事严肃而深入的思考与研究。事实上，新媒体可能带来的副作用远远不止于此。

1. "虚拟代偿"可能淡漠对现实的需求

在传统媒体下，学生能够非常明确地知晓文字和语言所描绘的间接经验与直接经验的区别，因而对直接经验有着强烈的需求和向往；而当虚拟空间、虚拟影像介入教学时，学生则很难辨别现实与虚拟的区别（最好的虚拟就是追求像真的一样，就是要模糊它们之间的界线），从而把虚拟当现实，淡漠了对现实、对直接经验的亲历需求。更需要警惕的是，我们以为虚拟是真实现象的数字化再现，其实它是经过选择、加工的主观再现，它以貌似客观真实的方式呈现着主观、虚拟的内容。虽然以文字呈现的教材内容也要经历选择、加工与改造的过程，但新媒体的呈现方式却更有隐瞒性、欺骗性。因此，我们不得不时常要问一问，是"谁"数字化了这个"内容"。

2. 强大的搜索引擎可能危害独立思想的形成

正如百度所宣称的"百度一下，你就知道"，强大的搜索引擎能够让人瞬间获取海量信息。但是，我们搜索到的很可能是一些真假难辨的信息，甚至是大量无关信息。当海量信息扑面而来时，尚未具备完全辨别能力的学生有可能被良莠不齐的信息所淹没，很难形成清晰的、有见地的思想。更需要警惕的是，新媒体的技术产品往往与生产商、供应商有着密切的联系，我们通过网络搜索得到的，通常是信息产品的生产商、供应商想要让我们得到的。因此，看似客观的网络信息很可能是利益操纵的结果。由于强大的技术支持，某些组织或个体还可能通过操纵网络信息进而操纵人们的思想。

因此，面对新媒体，我们要给出态度，积极适应并作出适当改变。无论是旧媒体还是新媒体，都不能天然地应用于教学，必须通过有目的的、自觉的改造，才能使其服务于教学。

（本文作者系北京师范大学教育学部教授）

教学目标分类系统： 明确"教什么"和
"教到什么程度"

林 红

教学目标是教学活动预期达成的结果，对教学活动具有导向作用，从某种意义上说，教学目标是教学活动的"第一要素"。但是，在实践中我们发现，教师在教学目标设计上，内容空泛、表述模糊、定位不当、彼此孤立等问题普遍存在。如何提高教学目标设计的科学性，合理制定教学目标，明确"教什么"和"教到什么程度"，具有重要的现实意义。

近年来，江苏苏州市实验小学以"学习分类目标导向教学"的理论为指导，对教学目标构建进行了系统的、深入的研究，建立起以科学取向的教学论为指导的教学目标分类系统，指导学科教学目标设计，有效提高了教学目标设计的科学性。

一、 构建教学目标分类系统的理论依据

当前，在教学目标构建上具有指导意义的教学理论众多。这些教学理论主要可以分为哲学取向和科学取向两大类。哲学取向的教学论对教师的指导是原则性的、笼统的。科学取向的教学论建立在科学心理学基础上，有坚实的学习论基础，将学习原理转化为教学设计技术，不仅科学性强，而且操作性强，能够给予教师具体、明确的指导。我校在实践中主要以科学取向的教学论为指导。

在构建教学目标的研究与实践中，我们选择的科学取向的教学论主要是著名教育心理学家 R. M. 加涅提出的学习分类理论、布卢姆提出的认知领域目标分类理论，以及皮连生教授提出的广义知识分类理论。

1. 加涅的学习分类理论

著名心理学家 R. M. 加涅最早提出了学习分类理论。这一分类理论主张：学生的学习有多种类型，不同类型的学习有不同的学习过程和条件，并产生不

同的学习结果。教学目标即为预期的学生学习结果。在实施教学之前，我们要分析学生学习的不同类型，针对不同类型的学习结果进行不同的教学设计。加涅把学生的学习结果分为五类：言语信息、智慧技能、认知策略、动作技能、态度。加涅的理论给予教学目标以科学定位，对学习结果和与之相应的学习类型、学习过程与条件进行了科学分类，其理论对教学目标构建具有全面的指导意义。

2. 布卢姆提出的认知领域目标分类理论

为了使教学目标更为明确，"教什么""教到什么程度"更为清楚，我们进一步运用了著名心理学家布卢姆提出的认知领域目标分类理论，将认知领域的教育目标按知识和认知过程两个维度进行分类。在知识维度，知识被分为事实性知识、概念性知识、程序性知识、元认知知识四种类型。在认知过程维度，认知过程从低级到高级被分为记忆、理解、运用、分析、评价、创造六种水平。由于每一种知识的掌握都可以分为以上六种水平，所以四种知识类型和六种水平总共构成二十四个目标单元。每一个目标单元所指的就是某一类知识的某种掌握水平。教师在教学之前，对所教内容按知识类型和掌握水平两个维度制定教学目标，用以指导学习、教学和评估。

3. 皮连生的广义知识分类理论

在运用加涅、布卢姆的分类理论的基础上，我们还引入了皮连生教授于20世纪90年代提出的广义知识分类理论，以完善指导性理论体系，更深入地理解"知识"与"技能"的本质含义。广义知识分类理论把知识分为两类：第一类为陈述性知识（即狭义知识）。陈述性知识又分为事实性知识和规律性知识，规律性知识可以分为概念、原理、理论、模型和结构。第二类为程序性知识，程序性知识也称为广义技能。它包括认知技能和动作技能，认知技能分为智慧技能和认知策略。广义知识分类理论不仅将加涅、布卢姆、安德森等不同心理学家的不同话语体系的心理学理论沟通了起来，而且对知识、技能、能力概念作出了科学的定义，明确了知识分为两类——陈述性知识和程序性知识，这两类知识构成了后天习得的能力，技能的实质是学生获得程序性知识。

二、 教学目标分类系统的实践操作

经过理论学习与实践研究，我们综合运用学习分类理论、认知领域目标分类理论和广义知识分类理论，在小学各学科全面构建了教学目标分类系统，指导学科教师进行教学目标设计。以下以语文学科为例，谈谈我们如何构建学科教学目标(学习结果)分类系统的结构与内容,以及"学科技能"的二维目标。

1. 学科教学目标分类系统的结构与内容

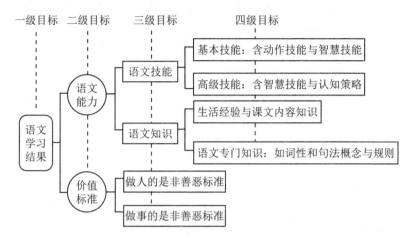

图1　语文教学目标(学习结果)分类系统

我们将语文教学目标分成四级(图1)。其含义和分类的依据如下:

一级目标:根据加涅的学习分类理论,教学目标是预期的学生学习结果,所以我们把语文学习结果作为语文教学总目标,相当于"语文素养"。

二级目标:语文总目标被分为语文能力和价值标准两个二级目标。其依据是心理学对学习的定义:"学习是由练习产生的能力和倾向的相对持久的变化"。这里的能力指后天习得的能力,其内涵和外延与广义知识相同。在加涅的学习结果分类中,指言语信息、智慧技能、认知策略、动作技能;在布卢姆的两维认知目标分类中,习得的能力是四种不同类型的知识在六级不同认知水平上的学习结果。这里的"能力"不能用观察力、记忆力、思维力、想象力等来解释,因为这种解释既没有排除能力中的先天成分,又未与知识、技能的学习挂钩。"倾向"是指加涅学习结果分类中的态度,它是价值内化的结果。

三级目标:语文能力分为语文知识与语文技能。这里的语文知识指语文学科的陈述性知识,属于狭义知识。语文技能指语文学科的广义技能,属于程序性知识。三级目标中的价值标准分为对人与对事两类,不再细分。

四级目标:该目标反映了语文学科的特点。语文技能被分为基本技能和高级技能。语文基本技能是与课文中的字、词、句、标点符号的读与写有关的技能;高级技能是与篇章的阅读和写作有关的技能。语文知识(陈述性知识)包括生活经验与课文内容知识以及语文专门知识。

这一目标分类系统既符合加涅的学习结果分类，又简化了其分类，同时把心理学概念和语文教学内容联系了起来。它把语文教学目标纳入科学心理学的话语体系中，避免了用常识的、含糊的概念阐述目标，因而有很强的解释能力，对"语文素养"的解释让人一目了然。

2. 学生能力中"学科技能"的二维目标分类

为了更好地指导教师的教学实践，我们在上述语文教学目标（学习结果）分类系统的基础上，运用布卢姆二维认知目标分类，开发了针对语文教学重点目标，即学生语文能力中"语文技能"的二维目标分类表。

在表1中，认知过程维度分为记忆、理解、运用、分析、评价、创造六种水平，与布卢姆两维认知目标分类完全一致；在知识维度上，经过反复研究、探讨，我们发现，结合语文学科特点，单从形成语文技能来说，知识维度不应采用布卢姆提出的四类知识分类法，采用更贴近语文教学的拼音、字、词、句子、标点、课文结构、课文内容、表达技巧、语文综合能力分类等更为合适，对教师的指导意义也更强。实践证明，该二维框架不仅有助于教师陈述目标、科学制定目标，而且有助于教师进行任务分析。

一旦目标进入二维框架，语文教师不仅对"教什么"清晰了，而且对"教到什么程度"也十分明了了。科学制定语文教学目标的问题也基本得到解决。我们以小学四年级课文《军神》为例，谈谈如何从二维框架设置目标（表2）。

表 1　语文技能二维目标分类表

教学内容 （知识维度）		掌握水平（认知过程维度）					
		记忆	理解	运用	分析	评价	创造
基本技能	字、词 （低年级含拼音）						
	句子、标点						
	朗诵、背诵						
高级技能	课文结构						
	课文内容（含情感、态度、价值观）						
	表达技巧						
语文综合能力							

表 2 《军神》的教学目标在二维目标分类框架中的位置

教学内容 （知识维度）		掌握水平（认知过程维度）					
		记忆	理解	运用	分析	评价	创造
基本技能	字、词 （低年级含拼音）	目标1（读音记忆） 目标1（字形记忆）	目标1 （字义理解）				
	句子、标点						
	朗诵、背诵	目标2 （正确、流利）	目标2 （理解感情）				
高级技能	课文结构						
	课文内容 （含情感、态度、 价值观）		目标3 （理解课文 内容与 情感、价值）				
	表达技巧		目标4 （规则理解）	目标4、 目标5 （规则运用）			
语文综合能力							

三、 运用教学目标分类系统取得的主要成效

教学目标分类系统的建立促进了教师教学目标设计能力的提升，使教师设计的教学目标科学性增强了。原来教学目标中出现的内容空泛、表述模糊、定位不当等问题得到了有效解决。教师教学目标设计能力的提升主要表现在三个方面。

1. 具备了目标转化技能

已往教师往往根据经验制定教学目标，现在是根据上述研究结果科学制定教学目标。以《军神》为例，原来根据经验制定的主要教学目标是：（1）理解课文中的重点语句，抓住关键词语，体会主人公的品质；（2）初步了解正面描写与侧面描写相结合表现人物精神面貌的写作方法。新的教学目标则确定为：（1）能抓住关键句段、关键词语，用自己的话说出刘伯承是一个意志如钢、毅力非凡的"军神"；（2）能用自己的话说出"正面描写"和"侧面描写"的规则要素，能用这样的规则去辨识、理解文中的相关句段。这两项目标都属于语文高级技

能。对比前后制定的教学目标，我们可以明显地看出：现在教师制定的教学目标更为具体、明确、可检测，它陈述的是预期的学生学习结果，对教学的指导意义更强了。

2. 具备了目标定位技能

教师能够运用语文技能两维目标分类表，科学定位教学目标。仍以《军神》为例，学习《军神》的具体目标如下：目标1，会读、默写文中的生字新词，并能用自己的话解释这些词语的意思；目标2，能正确、流利、有感情地朗读课文；目标3，理解课文内容：能抓住关键词句，用自己的话概括刘伯承的意志品质；目标4，理解文章的表达方法：能说出"正面描写"和"侧面描写"的规则要点，并能用这样的规则去识别文中的相关句、段，说明这些描写的作用；目标5，能根据提供的视频素材，运用"正面描写"和"侧面描写"的表达方法，写作一个人物描写的片段。

这里目标1属于基本技能中的字词学习，达到记忆和理解水平。目标2属于基本技能中的朗读、背诵维度，正确、流利属于记忆水平，有感情属于理解水平。通过这样的分析，目标1、2便可置于表格的相应单元格内。目标3、4、5依此类推。通过二维目标分类表，要学习的语文内容与掌握水平都得以明确，目标有了科学定位。教师"教什么""教到什么程度"都十分清晰了。

3. 具备了目标分析技能

教师能够分析达成该目标所属的学习类型、学习过程与条件。以小学语文教学中的句式学习为例，针对某种句式学习的教学目标，运用学习分类理论，它的学习类型是某种句子结构图式的学习。学习过程与条件是外界呈现两个以上例子并提供反馈信息；学生通过辨别、假设、抽象和概括等心理过程，归纳出句子的结构特征。教师一旦具备目标分析技能，完成了任务分析，那么教学策略的选择就有了可靠的依据。

教学目标分类系统的建立不仅提高了教师教学目标设计的科学性，使课堂教学的目标意识更强，效率和有效性更高，而且从学生的学习结果来看，围绕学生学习方法、学习策略方面的教学目标，更好地发展了学生自主学习、自我监控的能力，提高了学生学习的自我有效感。情感、态度和价值观方面的目标进一步促进了学生学科素养的全面提升。

（本文作者系江苏省苏州市实验小学校长）

重构"新课堂"：从"教堂"回归"学堂"

陈锁明

近年来，笔者在主持和参加"百千万"全国新课堂教学区域改革联盟推进活动中，在了解联盟区域如山西省太谷县、辽宁省沈阳市沈河区和于洪区、黑龙江省哈尔滨市道外区等区域以及部分学校教学改革实践的基础上，对当前课堂教学改革面临的新形势、出现的新问题以及新生态进行了一些深入的观察与思考。我们发现，在新一轮课堂教学改革中，以教师为主的"教"的课堂正逐渐回归为以学生为本的"学"的课堂，一种新的课堂生态正在形成，我们将这样的课堂称之为"新课堂"。"新课堂"是以学为中心、以问题为本、以情感为纽带、以合作交流为特质、以培养学生自学自育能力为目标的课堂。

一、"新课堂"的基本特征

"新课堂"是追求生命发展的课堂，其根本理念是关注学生的发展，以学生成长为本，真正把课堂还给学生，从而让课堂焕发生命的活力。"新课堂"具有以下四个基本特征。

1. 学生自主学习的课堂

"新课堂"强调把学习的自主权还给学生，培养学生的学习力。即以学生作为学习的主体，教师对学生进行学习方法和技巧的指导，帮助学生选择与自身实际相适应的学习策略，学生通过独立地分析、探索、实践、质疑、创造等，实现学习目标，获得所期望的学习效果。自主学习的课堂，强调培育学生强烈的学习动机和浓厚的学习兴趣，让学生学会学习并乐于学习。

2. 学生自主管理的课堂

一方面，教师要充分调动学生的积极性，挖掘、激发学生主动学习的愿望和动力，提高学生的主体参与意识；另一方面，要让学生参与到课堂管理中，通过构建民主平等的管理机制，使学生从传统的被管理的角色，转变为学习活动的主动管理者。

3. 学生自主建构的课堂

现代学习理论认为，学生的学习不应仅仅停留在记忆、理解的层面，更应该是通过自我建构，形成新的认知体系。自主建构的课堂，强调学习者对知识的主动探索、主动发现和对知识意义的主动建构；教师不是知识的传授者和灌输者，而是意义建构的帮助者与促进者。

4. 学生自主评价的课堂

传统的课堂是"师定"评价标准的课堂，学生学得如何主要以纸笔考试形式进行评价和检测。"新课堂"则主张既要有"师定"的评价标准，更应有"生定"的评价标准，即学生应当参与评价。评价标准中不仅包括学业成绩，还应包括学习的主动性、过程性、表现性、进步性等评价元素。

二、 构建"新课堂"的路径

"新课堂"是师生一起建构、共同成长的课堂。只有真正转变"教"的方式和"学"的方式，实现教学双边充分互动，才能使学生在自主、探究、合作的学习中，真正成为课堂的主人。

1. 将时间权还给学生

我们要给学生更多的独立学习的时间和机会，让学生自己去发现和解决问题，自己去探索和应用方法，自己去概括和提炼规律，自己去解读和体悟真谛。在一节课上，学生有效思考、合作、探究、展示的时间应该占80%以上，教师则是基于学生的学习状况进行精准性的指导，整个教室应该成为学生交流学习体会、分享学习成果、展示学习经验的舞台。

2. 将空间权还给学生

一方面，学生学习的空间不再局限于学校和教室的"微课堂"，而是拓展到社会大课堂和家庭小课堂，成为开放的课堂，成为"教育即生活、学校即社会"的课堂；另一方面，教室的形态也在发生变化。比如，通过桌椅的变化与座位的调整，构建"小组式"和"研讨式"的学习组织结构，鼓励小组成员共同完成学习任务。

3. 将话语权还给学生

"新课堂"是师生平等对话的场所。学生在学习新知识之后，还要能够运用自己的理解，准确清晰地将所学的知识"讲出来"，能够给同伴讲述明白并让其听懂；能够系统地归纳和概括要点，通过展示交流、辩论互动，真正理解和掌握学习内容。让学生"想说""敢说""能说""会说"的课堂，才是真正的"新课堂"。

4. 将探究权还给学生

"新课堂"应该是能解决问题，并且鼓励学生探索的课堂。在课堂教学中，只要是学生能够自己解决的问题，教师就应该放手让学生自己去探索、去发现、去思考。学生根据自己的认知水平和已有经验，在教师的指导和帮助下，经历猜测、验证、解释、应用等一系列学习活动，最终在获取知识的同时收获自信，不断提高自主探究的意识与能力。

5. 将选择权还给学生

比如：允许学生自己制定学习目标，选择学习内容、学习方式、学习方法；教师针对不同能力水平的学生，设计不同层次与角度的题目，允许学生自己选择学习层次与学习难度；允许学生自己选择学习小组和学习同伴；允许学生适度自主命题、自主考试；允许学生自己评价学习结果，鼓励学生发展自己的优势和特长，等等。

6. 将发展权还给学生

一是要给学生自由发展的空间，二是要满足学生的情感需要，三是要从学生的视角理解学生，鼓励学生追求与自己相适应的目标，让学生学会选择、判断、决策、执行和反思，实现个性化成长，从而为其终生的学习、成长和发展奠基。

三、　"新课堂"的操作要点

在建设"新课堂"的过程中，一些区域和中小学校逐渐形成了自己独特的课堂教学模式，如"五疑五环节"课堂教学模式、"345优质高效课堂"教学模式、"6＋3"课堂教学模式等。在分析、总结不同课堂教学模式基本环节的基础上，我们归纳了"新课堂"的基本操作要点。

1. 以问题为核心

以问题为核心的"新课堂"主要包括以下五个环节(图1)：

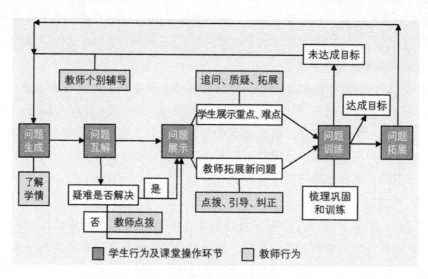

图1 "新课堂"操作要点图

（1）问题生成。首先，教师要明确一节课要解决的核心问题是什么，应该基于此预设什么样的问题，包括教材内外的以及关注学生自身差异的问题；其次，了解学生会生成哪些问题，由此形成问题生成单。在课堂问题链中，教师应该明晰哪些问题是核心问题、一般问题、边缘问题、生成的问题以及有价值的问题等。

（2）问题互解。学生通过小组合作交流心得，互相解答生成的问题，并且有可能进一步生成新问题，甚至出现一些预料之外的问题。这些都应当引起教师的及时关注和反思，并加以解决和利用。教师尤其要在巡视中发现普遍性、关键性的核心问题。

（3）问题展示。教师要有意识地让部分学生展示所生成的普遍性和关键性的问题，并且引领全体学生对这些问题进行思考，在追问、质疑中实现拓展和提升。要重视学生特别是学困生的疑难问题，在不同层面进行反馈的基础上，重点发现、收集学生的个别问题，以便进行个性化辅导。在此基础上，教师还要拓展新问题，并适时点拨、引导、纠正，对课堂进行调控。

（4）问题训练。在充分的研究、表达、展示之后，学生已经获得对相关内容的理解、感悟。此时，需要教师呈现精当、适宜的练习。练习的形式要多样，既要关注学生对基本知识、技能及经验的习得，更要关注学生思维的发展、能力的形成以及情感态度价值观的塑造；练习的内容要有层次，可分为必须掌握的、适度拓展的和高难度的，以满足不同类型学生的学习需求。

（5）问题拓展。问题拓展包括内容、方法和思想的拓展，要在问题拓展中帮助学生理清学习规律、知识结构和学习方法。比如：可以引导学生通过绘制思维导图、知识结构图等形式，构建"知识树"，对学科知识结构进行归纳和整理。

2. 重塑教师角色

（1）师生"各尽所能"。教师要不断地还权、放手，充分调动学生学习的积极性、主动性和创造性，并且在学生自主学习、合作、交流、展示的过程中进行恰如其分的点拨和引导，完成"点燃、点拨、点化"的使命。教师在课堂教学中要"教所当教"，即要正确处理知识"讲授点"与"自学点"的关系，当讲则讲，讲在要害处；不当讲则不讲，只需在学生迷惑处、容易出错处、企及不到处，适时地加以点拨和指导。

（2）将"学法"还给学生。学生高效地"学"，离不开教师科学地"导"。教师对学生学习方法的指导，可以成为撬动"新课堂"改革的有力支点。在组织和实施教学中，教师通过精准地把握学科逻辑知识主干和核心概念，充分地了解学生的学习基础，对学生进行具体的、有针对性的指导。比如：学生如何进行课前研学，如何探究，如何在课堂上提问质疑，如何开展小组研讨，如何在班级进行展示，等等。

（3）课堂管理"收放有度"。教师能否有效驾驭和管理好课堂，对课堂教学的成败至关重要。教师在课堂管理中的组织、协调、评价等，都要以学生的发展为核心，既要用"规矩"约束学生，又不能让各种僵化的课堂规范变成束缚学生手脚的条条框框，要做到既"放得开"，也"收得起"，让课堂"活"而不"乱"、生动和谐，使师生之间真正达到情感互动和思维碰撞。

（本文作者系教育部小学校长培训中心副主任、北京师范大学校长培训学院副院长）

理想课堂的六度与三重境界

朱永新

从 2002 年开始，新教育实验开展了关于理想课堂的探索，明确提出理想课堂"六度"，即从六个维度解析课堂；2004 年，新教育实验确立六大行动，"构筑理想课堂"成为其中重要的组成部分；2006 年，关于理想课堂的三个研究目标确立，即"有效课堂""课堂的多元文化理解""风格与个性化课堂"；2008年，我们提炼出理想课堂的"三重境界"，有效课堂的框架正式在学校进行实践与推广。在实践的基础上，我们再次阐释理想课堂，生发了一些新的思考。

理想课堂的"六度"，即参与度、亲和度、自由度、整合度、练习度、延展度。

一是参与度，即学生的全员参与、全程参与和有效参与。如果课堂上没有学生的参与，那么学生的思维很难被激发。我们主张，在一般的课堂上，学生发言与活动的时间不能少于 1/2。

二是亲和度，即师生之间愉快的情感沟通与智慧交流。吉尔·哈德斐尔德(Jill Hadfield)在《课堂活力》一书中说："班级里可能充满了欢乐、友谊、合作和渴望，也可能是沉默、不快、矛盾和敌意。"前者无疑是亲和度高的表现，也是课堂教学成功的基础。

三是自由度，即我们在学习方式上更尊重学生的个性选择。现在有些课堂犹如军营，强调的是铁的纪律，学生如履薄冰，战战兢兢，少了一些轻松，少了一些幽默，少了一些欢声笑语，少了一些神采飞扬。尤其是要求学生齐声回答，不允许交头接耳，不允许与老师争辩等。这无疑是给学生的身心自由发展套上了枷锁，是一种不良的课堂生态。

四是整合度，即整体把握学科知识体系。整合度不高的课堂教学，往往将完整的知识变得支离破碎，如语文老师把字、词从具体的语言环境中分割出来，历史老师把事件从时代背景中游离出来，学生得到的只是被肢解的知识。

五是练习度，即学生在课堂上动脑、动手、动口的程度。根据维果茨基的理论，学生是通过与教师、同伴的共同活动，通过观察、模仿、体验，在互动中学习，在活动中学习的。学习的效率与成果如何，取决于学生在互动与活动过程中能否充分地运用自己的能动器官。所以，一堂好课不在于它有条不紊，不在于它流畅顺达，而在于它让孩子真正地进行思考和实践。

六是延展度，即在知识整合的基础上向广度和深度延展，从课堂教学向社会生活延伸。当生活成为教与学的内容、当社会成为广阔的课堂，生命就能在其中得到进一步舒展与绽放，课堂的广度与深度就得到了进一步的升华。

理想课堂的"六度"，主要侧重于从学生的学习过程评测课堂。而2008年我们提出的理想课堂的"三重境界"，则是侧重于从教师的教学过程反思课堂。

第一重境界是"落实有效教学的框架"，其主要特点是：讲效率、保底线。

教学框架的作用是帮助教师理解、规范课堂，它是有效达成教学目标的一个工具。在汲取前人智慧的基础上，我们基于新教育实验的思想和理念，提出了由五个部分组成的理想课堂有效教学框架。一是教师备课阶段对教材和学生的解读。二是确定教学目标，将其分为三类目标：A类是基础性、阶梯性目标；B类是核心目标，课堂教学重点要教学的内容；C类是附着性、拓展性目标，即思想、情感、价值等，以及针对不同学生的个别化目标。三是有明确方向的预习作业（预习是学生独立学习的机会，不应只是为课堂教学做一些准备工作）。四是有严谨的教学板块，这一方面要求教师将课堂清晰地划分为若干板块，注明每个板块要解决的目标及可能需要的时间，在讲究必要的节奏、方式灵活多样的基础上，让每一分钟都有所计划、富有成效；另一方面则要求教师真正确立"教为学服务，让学生的学习成为课堂的真正核心"的思想，列出学生的学习清单。五是教学反思。

这个框架的基本流程仍然继承了传统的"目标—策略—评估"的教学基本过程，但在两个地方有所创新：一是在框架中特别强调了以精确目标为课堂教学统帅，二是流程从备课开始，全程确保学生个体的独立完整的学习过程。

所有的教学框架都会有机械烦琐之处，对于理想课堂第一重境界中强调的有效教学框架，许多教师一开始都不适应。不过，与所有教学框架一样，新教育理想课堂有效教学的框架也是为了保证教学的底线与效率。教师若熟练掌握，就能够简单确保教学底线，同时让课堂井然有序、效率倍增。

第二重境界是"发掘知识这一伟大事物内在的魅力"，其主要特点是：讲对话、重品质。

这里所讲的"知识"，不只是教材上的知识，更是教材之外的相关知识；不是堆砌的静态知识，而是在不同背景下的动态知识。这里所讲的"发掘"，是指从提问到解答的完整过程，即探索中的发现和探索后的重现，既指方法又指方向。这里所讲的"魅力"，一方面是指知识对师生智力上的吸引与挑战，另一方面则是指学生在教师的引领、陪伴、协助、督促下探索，不仅习得相应的技能，更掌握了学习的方法，其核心是智力挑战、思维训练。

由此可见，发掘知识这一伟大事物的内在魅力，就是为了真正实现教学过程中教师、学生、文本三者之间的深入对话。通过人与知识（世界、文本）的对话、人与他者（教师、学生、其他读者）的对话，学生不再是被动地接受知识，不再是一个知识的容器，而是被兴趣指引，被乐趣激发，主动进行探索性的学习；教师不再是隔在学生与知识之间的"二道贩子"，只是用某些有效的方法把知识简单地转交给学生，而是知识和学生之间的一座桥梁，甚至是和学生一起沿着"问题—知识—真理"的途径进行一次科学探索，成为学生的同行伙伴。

第三重境界是"知识、社会生活与师生生命的深刻共鸣"，其主要特点是：讲个性，求境界。

如果说第一重和第二重境界更多的与知识有关，那么，第三重境界则更多的与生活、生命相融。在第三重境界，知识不再是一个死的体系，而是一个活生生的存在，并在激发起师生的强烈反响后，内化为师生生活、生命的一部分。此处的"共鸣"，既有基于个体差异的个性体验，又有面对伟大事物产生的共鸣。这个阶段的理想课堂，从知识的丰收转换为生活的丰富、生命的丰盈。这种转换是在人拥有知识、习得技能之后，通过回望、反思、顿悟而得以实现的。此时的课堂教学，不仅实现了知识及其背景的复现，而且激活了师生横向的生活与纵向的生命，实现了更高层面上的教育，正如雅思贝尔斯所说的那样："教育就是引导'回头'即顿悟的艺术。"

理想课堂的第三重境界，也是整个课堂教学理论发展的必然结果。如果说早期以赫尔巴特为代表的课堂教学理论强调的是知识的学习，那么以杜威为代表的课堂教学理论强调的则是社会生活，而后现代课堂教学理论更重视生命的体验。我们认为，这三者不是割裂的，而应该是一个完整的整体。三者的共鸣，最终将在教师与学生的存在中呈现。

六维度和三境界，如同经线和纬线，编织出新教育充满活力、情趣与智慧的理想课堂。如今，随着时代的发展和科技的进步，知识获取的渠道越来越多元，课堂的时空越来越广阔，课堂的个性越来越强。构筑理想课堂，让师生过一种幸福完整的教育生活，我们一直在路上。

（本文作者系中国民主促进会中央委员会副主席、"新教育实验"发起人）

走向多元共治： "互联网＋课堂"的教学变革

崔志钰

随着"互联网＋"时代的到来，课堂教学已经并将继续发生深刻的变革。这种变革必将颠覆通常的课堂管理、教师教学和学生学习样态，通过课堂主体的多元共治、教学载体的多样共存、课堂时空的多点颠覆，实现课堂生态的有效治理，促使学习"革命"的悄然发生、教师教学的华丽转身和课堂形态的精彩蝶变，形成"互联网＋"环境下的课堂新常态。

一、 教学新常态：课堂主体多元共治

1. "熟悉的陌生人"——课堂向"第三人"打开

在通常的课堂中，在教师和学生之外，一般不会有"第三人"存在，这种二元化课堂常使教师不得不在讲授时长、知识难易、内容密度等方面小心拿捏；学生不得不在教师预设的情境、资源和路径中学习。

随着"互联网＋"时代的到来，"课堂向四面八方打开"，众多的"陌生人"参与到课堂中。这些"陌生人"可能是区域内外的教师，可能是学生家长，可能是其他学校或班级的学生，也可能是一些匆匆过客，他们或受邀加入，或主动参与，或无意"闯入"。这些"陌生人"的加入悄然改变着已有的课堂生态，促成了教学方式的根本变革。学生在学习过程中遇到问题可以在线咨询"陌生人"，获得适时的帮助，可能一个帖子就迅速搞定，可能会有持续的、热烈的讨论，可能以视频点播的方式实现学习的"私人定制"，当然也可以向教师求助，但这只是学生众多选项中的一个。教师"唯一生产者"的地位被剥夺，教师课堂权威的身份被削弱，如果其教学不能"作为一件礼物而被学生欣然接受"，那么教师可能面临"边缘化"的风险，课堂也将变得"动荡不安"。

2. "离散的共同体"——课堂为"同行者"组团

合作学习是学生学习的重要方式。为保证合作学习的有效开展，教师一般

根据学生的学力基础，遵循"组间同质、组内异质"的原则就近组建合作小组。由于受空间条件的限制，这一学习共同体一经确定往往很少改变。学习共同体是知识建构与意义协商的学习媒介，对于不同的课程以及同一课程不同的学习任务、主题，每个学生都有各自的知识建构图式，这一图式经共同体成员间的意义协商而加速确定。意义协商既需要"高人"的点拨，更需要"尺码相同者"的争论，而不仅仅是"小圈子"内几个人的简单帮扶。

随着"互联网＋"时代的到来，众多实时交流互动平台涌现。借助实时通信软件（如 QQ 群、微信群）和其他网络工具，学习共同体的组建完全摆脱时间、空间的限制，真正超越课堂的边界，实现了对课堂的重新定义，也使学习共同体告别了通常的固化模式，随时处于动态调整中。在新的学习共同体中，人员不再固定，规模不再固定，成员可以方便地"进出"，不再局限于简单的位置关系，甚至不再局限于本班同学，可能有更多的"陌生人"加入。即便在一个群内，如果一个人不参与交流，就不能称之为共同体成员。如此，不同的话题、任务就会聚集不同的人群，学习共同体真正成为有共同语言的"知己者"的集合。

3."意义的诠释者"——课堂促"生产者"重塑

长期以来，教师是课堂生态系统中唯一的"生产者"，是学生获取知识与技能的主要来源，教师的使命就是根据教学目标的要求将知识与技能传授给学生，学生在单位时间内获得的知识与技能越多，教学就越高效。

在"互联网＋"时代，教师通过自己的角色重塑诠释着新的意义。教师首先是个"配菜者"，根据学生个性化的学习需求，调配形式多样、营养适当的学习菜单，供学生自主"点菜"；教师其次是个"调味师"，将学生的学习菜单烹制成味道鲜美、可口的菜肴，供学生自由"觅食"；教师还是个餐厅"服务员"，守候在学生身边，随时响应学生的学习需求，提供及时的服务。学生的学习需求是多样的，让每个学生以自己的方式、选择自己感兴趣的内容进行适合自己的学习，实现"自助餐"式的学习，这是一种课堂教学的"供给侧"变革，即通过改善课堂的教学供给，实现课堂生态的持续优化。

二、 课堂新架构：教学载体多样共存

1. 从"资源瓶颈"到警惕"资源陷阱"

长期以来，受教学环境所限，学生在课堂上的信息获取主要依赖于教师提供的教学资源。在一个教师面对几十个学生的情况下，无论教师如何精心准

备、精准设计，这种统一"烹制"的单一"菜肴"都难以有效满足学生多样化、个性化的学习需求。突破资源瓶颈、改善教学生态，成为教学"供给侧"改革迫切需要解决的问题。

伴随着"互联网＋"时代的资源"侵袭"，"资源陷阱"随处存在，教师必须肩负起更加繁重的职责，为学生的学习"保驾护航"。一是科学架设"防火墙"，帮助学生过滤无效和低效的学习资源，既避免学生因选择泛化而"迷航""走失"，又避免学生因资源滥用而"沉湎"或"掉进陷阱"。二是开发、选择和推荐相应的资源。教师可以根据每个学生的个性特点，提供相应的资源"菜单"供学生选择，这个"菜单"是丰富的、多样的；每个学生都可以在教师的指导下找到适合自己的资源，自主决定学习内容的多少、知识的深浅以及学习进度的快慢，这是一种"有选择的学习自由"。

2. 从"技术壁垒"到面对"技术密集"

课堂教学中长期存在着"技术壁垒"，一方面是教育装备尤其是实验、实训设备的更新周期难以跟上产业转型升级的步伐，理论与实践分离、产业与教学脱节成为课堂教学的"顽疾"；另一方面是由于缺乏有效的培训，教师在新技术、新装备面前"孤立无援、束手无策"，新技术、新装备难以快速转化为教学生产力。

在"互联网＋"时代，移动互联网、云计算、大数据、物联网将在课堂中密集呈现，维基、微博、Fab Lab（微观装配实验室）、Living Lab（生活实验室）等多种工具和方法也将成为课堂的"常客"，"弹幕教学"正成为课堂新常态。教师能够通过数据挖掘，适时掌握学生学习过程中的数据，随时调整授课内容和方式，为每一个学生制订相应学习方案，真正实现学习的"私人定制"。未来这些密集技术应用将日渐"傻瓜化"，教师也将逐渐突破"技术壁垒"引发的"技术恐惧"，适应这种"新常态"下的密集技术应用。

3. 从"平台缺失"到确立"平台意识"

随着技术的日渐成熟，教学资源越加丰富，以课件、学件为主要载体的教学渐成主流，但由于教学平台的缺失，这些教学技术相对零散，不具有连续性和整体性。

随着"互联网＋"时代的到来，众多开放式的教学平台不断涌现，平台的功能愈发强大，集信息展示平台、师生互动平台、知识建构平台、教学评价平台于一体。相关机构可以通过自建或借助现有的"众包"平台，发布研发创意需求，广泛收集客户和外部人员的想法与智慧，使平台的开发愈发体现一线教师的教学意志。平台更侧重于共享性，包括平台源代码的开放，使一线教师可以方便地对平台功能进行取舍，根据自己的实际教学需求，放置相应的功能模块。"积件式教学平台"将快速应用于课堂，教师可以像搭积木一样将各自准备好的教学积件上传到平台。同时，积件代码的公开不但有助于积件制作者以外的其他人了解积件的设计思想，而且有助于其他人对该积件进行改进，使其适应千差万别的课堂。可以说，随着教师平台意识的迅速"觉醒"，平台使用将成为广大教师的行为自觉。

三、 学习新概念：课堂时空多点颠覆

1. 模糊边界——课堂无限扩大

在"互联网＋"时代，教室显然已不再是传统的空间概念，在同一教室的学习者并不一定处在同一课堂中。所有教室内外的"相同尺码者"组成虚拟学习空间，在这个课堂"虚拟空间"中，人员并不固定，这是一个自主的学习网络，不同学习者结成一个松散的学习共同体。在这个空间中，学习时段也不再严格遵循固定的课堂时段，他们可以尽兴地学几个小时，甚至可以延续更长的时间，也可以在短短的几分钟内结束；教师只是这个共同体中的一员，随时参与"课堂"的讨论。课堂已经失去了应有的物理"边界"，开始向网络空间无限延伸。

2. 变换时空——学习随意发生

已往受教学环境与资源所限，师生之间的教学协商不可能太充分，学生对教学资源的利用和掌控也非常有限，他们只是课堂的"边缘性参与者"。随着"互联网＋"时代的到来，泛在学习开始真正走进学生的生活。一张"网"、一个移动终端就使以"移动""链接""创造"为特征的个性化学习成为现实，轻易地重塑了学生的学习世界。在这个学习世界里，随时进行着线上与线下、现实与虚拟的时空转换。学习边界的消失使课堂教学不再以一个统一的目标为教学追求，而是更加注重触发学习的随意发生。在这个被让-皮埃尔·戈丹(Jean-Pierre Gaudin)视为"网络化的公共行为"的学习中，教师也许真正需要关注的是学生的网络迷航。

3. 颠覆流程——意义自由生长

长期以来，我们总是企图通过教学模式的变革来优化教学、打造高效课堂，总是渴望在固定的教学时段内让学生掌握更多的知识与技能。于是，设计越来越科学、流程越来越紧凑、互动越来越高效、评价越来越显性，课堂在提质增效中变得越来越精致。这种精致进一步压缩了教学的弹性空间，束缚了学

生的创新思维，阻碍了课堂的意义生成；这种精致以教学目标代替学习目标，以教法主导学法，以教师的教学意义代替学生的学习意义，从根本上限制了学生的学习自由和精神自由。

在"互联网＋"时代，课堂"边界"的模糊、师生角色的嬗变、教学资源的丰富使"异步"学习成为常态，原先单一的、固化的教学流程，被立体、交错的学习网点所取代，每个学生都以自己认同的方式自主地学习；他们相互之间组成多维度的"实践共同体"，实现了对课堂的虚拟分割，如同生态系统中的一个个"生物群落"。课堂形态的改变、教学流程的颠覆，使学习不再可控、结果不再明确，而是充满"弹性"和"变数"，课堂"意外"成了"新常态"。正是这种不断涌现的课堂"意外"促成了学习的生长、意义的生长，最终促成了课堂的生长。

（本文作者系江苏省海门中等专业学校教授级教师）

知识管理视角下的有效教学支持系统

余 凯

作为高校研究人员，笔者在北京几个区县进行有效教学项目实验时，着力为各实验学校建立了内生的可持续发展的教学支持系统，提高其课程和教学领导力，奠定了学校教学持续提升的工作基础和机制，促进了学校的内涵发展。通过几年的工作，一个值得注意的现象出现了。我们发现，中小学校的组织学习有其自身特点。一些学校往往简单地以其他某些学校为榜样，学习和模仿可见的经验性知识，通过进一步探索，形成模糊的共享观念。这些模糊的、零散的经验性知识和共享观念很难转化为明晰且系统的操作性知识和实质理论，而后者恰恰对于教师的专业化成长及有效教学具有实质意义。这种状况影响了教师共享智慧的丰富性和有效性，也无法为教育教学提供有效的支持系统。

近年来，"最佳实践"（Best Practice）在美国学校改进中广泛流行。"最佳实践"是将教育教学中某种技术、方法、过程、活动或机制，通过优化，形成比较标准的、系统的行动方案，从而为教育教学改进带来更多的确定性和有效性，它为我们思考教学支持系统带来了新的方向：教学支持系统应是基于教育教学实践，充分调动学校各有利因素，建立系统的有组织的教育教学机制和环境，促进成员相互交流、共享教育教学智慧的系统。教学支持系统归根结底应是学校的知识管理问题。

教学支持系统的目标，是在学校内外建立支持教师专业发展和学生发展的系统，促使学校持续改进。这是一个既有内部凝聚系统又与外部和谐共生的生态系统，是包括课堂观察与诊断、教学评价与改进、教学研究、教学团队建设和知识管理等在内的互相支持的生态系统。教师教学知识的生成、共享和管理，促进专业发展共同体建设的管理文化，鼓励学生以较高成就动机和参与意愿投身学习的学校氛围，都是教学支持系统不可缺少的部分。对该系统各个维度进行研究，无疑具有一定的理论价值和现实意义。

一、 教学支持系统的制度和组织

备课组和教研组是教学支持系统的核心组织形式。如何充分发挥备课组和教研组这一中国特有的教学组织的独特作用，值得我们研究和探索。彼得·圣吉在《第五项修炼：学习型组织的艺术与实务》中提出"学习型组织"的概念，显示以个人主义价值观为核心的西方社会已意识到组织学习的重要性。对于一向强调集体主义的我们，更应该不断创新备课组和教研组的制度和组织建设，深入改进组织学习的实践效果。

但笔者在调研中发现，备课组和教研组成员之间的交流更多为非正式交流，教师们虽然有积极合作的意愿，却不认为合作对教学改进有较大的助益。这提示我们，学校管理者在为教师提供教学支持系统时，不能只关注教学资源配备、教学信息的供给和环境资源的整合，应同时强调教学信念的支持及团队精神的发挥，锻造一种合作的学校文化，以更好地发挥教学支持系统的组织潜力。

二、 教学支持系统的机制

教学支持系统的机制是指来自学校、校际合作机构等社会正式组织以及个人间的各种正式交流渠道，这种正式的交流和支持渠道具有规范性、边界明确、相对稳定等特点，能够推动中小学教师专业发展长期、有序地进行。目前具有以下几种形式。

1. 校内的"教师领导"

迈克尔·波兰尼（Michael Polanyi）在其著作《个人知识》一书中将知识分为易于表达或编码的显性知识和不易清晰表达的隐性知识。由于教师知识的不确定性，教师智慧更多的是以个人经验为依托构建起来的，教师之间最明显的差异是教师的隐形知识，即教师在不断反思中逐渐生成的具有较强情境性与针对性的独特知识。教师中的带头人通常是在经验基础上取得成果的教师，他们在学校中担任正式管理职位或教学团队领导，并承担着部分教学任务。他们通过提供优秀的学科教学促使学校改进和绩效水平提高，观察同伴教师的教育教学情况并提出反馈意见。实践证明，教师得到的最佳支持来自学校的教学团队领导和其他骨干教师。

国外的研究也表明，教师领导者能促进教师之间进行更广泛的分权与合作，减少教师对于改革的疏离感。一些学校建立了非制度化的适度宽松的"名教师工作室"等，解决了知识管理在实践中难以运用的问题，使得年轻教师可以在实践中了解、模仿并创新，实现真正意义上的"学会"，其他一线教师也会避免因理论与实践脱节而走的弯路。通过利用学校内部的专家及其专长，能明显提高学校教学改革成功的概率。

2. 非正式关系网络

国外研究表明，当教师充分地共享彼此的工作经验并共同学习时，学校的教育质量就可能会得到较大提升。在学校里，加强自上而下的科层结构不一定能增加改革成功的机会，教师间更愿意通过强有力的非正式关系网络，获得专业和情感上的支持，这种关系网络往往存在于教师之间的讨论、相互观察以及合作教学之中。当教师们就他们的实践经验进行对话时，有意义的实践反思和学习就发生了。非正式的教师人际关系网络丰富和完善了学校业已存在的断断续续、未成规模、未有规范的教师沟通渠道，从而推动制度和组织层面正式交流途径的健全。学校领导需要利用这一类型的活动，调动教师的积极性，使教师在切身体验中，实现自身实质性成长并提高教学的有效性。

3. 校际课程和教学改革联盟

大学的教学理论专家常常并不了解单个学校在改进过程中面临的错综复杂的问题，也不能提供学校需要的关于教学和课程问题的所有答案。这意味着学校和教师需要自行寻找有效的解决方案。成立校际课程和教学改革联盟，按照学段和学区建立工作坊，组织校际活动，分享和推广教学创新成果，实现学校之间的知识互补，这对于学校的持续改进有着重要的意义。学校可各自选定学科重点建设课程，通过重点学科建设，辐射学校其他学科课程教学的发展。学校之间通过交流，吸收其他学校重点学科的优势。这种分工协作，不仅可以促进学校做精做好自己的教学建设，而且可以更好地吸收联盟和工作坊间其他学校的成果。

4. 教师行动研究

行动研究有利于有效教学及教师专业发展，如带题授课和同课异构，可以让来自不同的学校、年级、学科的教师，实现教学智慧共享。由于这种正式的交流是在独特的学校环境中成长起来的，是能够直接服务于学校教师和学生发展的重要手段，所以，它可以形成内在的、可持续发展的教学支持系统。

5. 专家现场指导

教育专家走进教育现场，不仅可以使专家的理论知识更加"接地气"，实现理论在现实中的真正价值，而且学校通过专家指导，可以不断实现自己实践经验的升华，为有效教学提供理论指导。一位教师说："我们在课堂上理解不精、把握不准、关注不到的东西，无论是内容的还是方法形式的，无论是优点还是不足，都需要第三只眼睛来帮我们发现，来启迪我们反思。"

三、　教学支持系统的技术维度

教师作为成人，其学习方式明显区别于儿童，在对新的教学方式的学习过程中带有大量的前经验。如何使其形成有效的教学诊断能力，真正给予其最需要的支持，一直是中小学教学改革的难点。在一些学校提升项目中，教学专家创制了教师流动和巡回路线、教师提问、学生投入状态、教师反馈情况等观察诊断工具。以教师提问观察工具为例，该工具以美国课程学家布鲁纳的研究为基础，将一节课中教师所有的问题分为知识性问题、理解性问题、应用性问题、分析性问题、综合性问题、评价性问题等，将学生处理问题的方式分为讨论、探究和思考等。这种基于定量观察的教学诊断工具，能直观地呈现教师提问对于激发学生思维的价值，为专家针对教学问题提出策略性建议提供了有效的思路。

四、　教学支持系统的文化维度

学校氛围是激励教师创新知识、共享知识的基本保障。学校安全的心理氛围、开放的心态、民主的管理、参与的机制会促使教师自愿并乐于分享自己的成果，并在分享中不断修正。在这样一个学习社群中，教师不再是单兵作战，而是有了同行者、聆听者与互助者。另外，教师对于同伴群体的开放也至关重要。开放不仅意味着开放自己的课堂，也意味着教师们理解同伴的批评是基于善意、追求共同提高的诤言。只有建立在高度信任基础之上的开放才能实现真实而有效的交流讨论。另外，学校氛围是否鼓励教师尝试失败也是重要的影响因素。学校氛围允许和鼓励失败，教师则会做出更多、更大胆的尝试，创新的机会会大大增加。反之，学校不鼓励教师尝试失败，则教师的课堂就会变成展示课而非真实的课堂。这种课堂不但不利于教师教学，亦不利于孩子的发展。

在这个意义上，开放、民主、参与、合作、沟通和团队，应是学校文化的重要关键词，也是建设教学支持系统的基本保障。学校领导需要通过有效的教学支持系统，切实为合作的发生提供氛围，为合作的正式化提供平台，为合作的有效性提供保障。

（本文作者系北京师范大学教育管理学院副院长）

以教师的文化自觉成就"有文化"的课堂

程红兵

教育就是文化的传承，课程改革就是要更好地实现文化的传承。课堂教学一旦失去文化，所剩的就只是知识的位移、技能的训练和应试的准备。教师的文化自觉决定课堂教学的成功，决定课改的成功，教师应该以文化自觉成就"有文化"的课堂。

一、 教师的文化自觉决定教育的内涵：追求"有文化"的课堂

当下很多教师特别热衷于研究教学方法、教学模式、教学技术手段与学科教学的整合，却把一些不该丢的东西丢掉了。教师的文化缺失，导致教学只能停留于技术、方法、方式上的更新，教师的人文思想变得不重要了，教师的世界观从教学中消失了，教师的哲学思想贫乏了，教师的个人品格在教学中缺失了，教师的课堂没有了自己人格的气息。

有文化的课，应该是目中有人，即有学生的课，是激励学生、为了学生发展、关注学生的健康心理和健康人格成长的课；有文化的课，应该是心中有数、考虑学生差异的课；有文化的课，应该是手中有法，能够根据学生的差异采取有效教学方式的课。

有一次，我到一所农村初中去听课。那位数学教师不是特级教师，也不是学科带头人。但是在课堂上，她让成绩最差的孩子进行板演，让成绩中等的孩子纠正错误，让成绩最好的孩子解说原因、介绍更加简便有效的解题思路和解题方法，这样就覆盖了班里所有类型的学生。在她那里，"让每一位学生都得到发展"不是一句空话。我认为，这种课就是目中有人、心中有数、手中有法的课。

1. 目中有人，理解学生的需求

有文化的课要理解学生的需求，要知道学生有什么想法、有什么要求。孩

子们希望在课堂上听到三种声音：一是掌声，他们希望听到来自教师或是同学深刻而精辟的见解，让他豁然开朗、有所感悟，让他不自觉地鼓起掌来；二是笑声，他们希望课堂生动而精彩，有吸引力、有魅力，让他产生兴趣；三是辩论声，他们希望课堂能够激发自己探究的欲望，让他们参与，让他们表达自己的观点。

2. 心中有数，理解学生的期盼

什么叫好教师？好教师就是在课堂上显得比平时更漂亮的人。教师们可能不会想到这样一种评价方式。但是，孩子们是喜欢看到一个神采飞扬、精神抖擞、充满活力、充满激情的老师，还是喜欢看到一个面容憔悴、无精打采的老师？毫无疑问是前者。孩子们说："老师，你微笑时最美。"正如一句西方教育谚语所说："教师就是面带微笑的知识。"对于不同的孩子来说，教师所教的知识与技能有一天可能会忘掉，但是教师在课堂中的一个细节、一句话语、一个动作可能会让他们终生难忘。

3. 手中有法，改造我们的评价

"有文化"还体现在对学生的评价上。现在很多教师的评语一是公式化，写德智体美、优点、缺点、希望；二是脸谱化，千人一面，没有个性；三是公文化，语气冷漠。评价的目的是为了促进学生发展。因此，教师应该站在孩子的角度去评价。教师的评语应该具有亲和力，如同促膝谈心；应该针对孩子的个性特征，写进孩子内心；应该语言活泼，具有感染力。

例如，江苏常州市第一中学的殷涛老师这样给孩子们写作文评语：这分明是一位思想者智慧的闪光，让我看到了你的激情与睿智，佩服！（思想深刻）……也有曲径通幽式评语：文笔令人拍案叫绝，如果再能打开思路，在形式上做一番加工，定会锦上添花（文笔较好，但形式落入窠臼）……还有哲理式评语：与其在黎明前诅咒黑暗，不如在黑暗里迎接黎明（劝勉学生直面逆境）……

二、　教师的文化自觉成就优质的学校文化：涵养"有文化"的学生

文化是一种价值取向。不一定在乎学生是否有高分，但一定在乎学生是否有教养；不一定在乎教师是否有高学历，但一定在乎教师是否有高学养；不一定在乎学校是否有现代化的设备，但一定在乎学校是否有良好的文化。现在，我们不断地在形式上做文章，可是却把一些更重要的东西忽略掉了。学校文化

要打破虚假的繁荣，必须深入价值层面、思想层面、精神层面。

学校文化的关键是教师文化。如何以教师的文化自觉成就优质的学校文化，进而涵养"有文化"的学生？作为教育者，我们应该追问三个问题，一问价值层面——为什么，二问事实层面——教什么，三问技术层面——如何教。

1. 为什么而教——回归原点，探寻价值

文化的核心即价值，价值是附着于外物、附着于行为、附着于语言的内在的形而上的东西。价值追问要求我们从终极上思考：为什么存在——人为何而存？物为何而在？为什么而做——言为谁而发？行为谁而做？价值的缺席是最可怕的缺席，是灵魂的缺席，一个缺乏组织灵魂的学校将会是一盘散沙。因此，作为教师，我们要问问我们的教学是为谁而教，是为教师而教？为学生而教？为学校而教？为政府而教？

我们来比较两道历史题。中国教科书上的题目是这样的：甲午战争是哪一年爆发的？签订的叫什么条约？割让多少土地？赔偿多少银两？同样是这件史事，日本教科书上的题目是这样的：日本跟中国100年打一次仗，19世纪打了日清战争（我们叫甲午战争），20世纪打了日中战争（我们叫抗日战争），21世纪如果日本跟中国开火，你认为大概是什么时候？可能的远因和近因是什么？如果日本赢了，是赢在什么地方？输了是输在什么条件上？试分析之。

从这两道题目的对比中我们可以看出，我们的题目是在培养学生的记忆力，而他们的题目是在培养学生的思考能力。

我们应该回归教育的原点，认认真真地从价值层面上来思考一些问题，这样才能进行一些调整，以适应未来社会的发展需要。

2. 教什么——价值参与，构建人文课程

课程从本质上说不是价值中立的，不是一种纯粹的知识活动、一种简单的知识选择、一种单纯的知识组合；而是价值参与，体现为一种价值判断、价值赋予以及一种文化主体的自觉。

我曾在一篇文章中推荐了美国的语文教材。它的编写体例是以美国历史的发展为线索，将文学学习和历史学习完全融合在一起，并且将学生的个人成长和国家发展联系起来。这样的编写方式不是为语文而语文，其背后所反映的是一种全人教育思想。

上海建平中学也在语文、数学、英语三大主学科上重构了建平课程。比如，语文必修模块教材分为成长系列、文学系列、文言系列、"大家"系列、知识系列、写作系列。其中，成长系列包括自我、自然、社会，即把与孩子们成长有关的内容按照主题进行分类，以常态化阅读作为学习方式。

3. 如何教——以"学"为核，积淀文化底蕴

今天的课堂上充斥的几乎都是考试题。我们该怎么教？我认为，教师教的重心应在于教学生如何学习。

(1)促进学生进行有价值的思考。

教师要在课堂上促进学生进行有价值的思考，最终使孩子们养成一种思维习惯，这样，以后面对具体的现象和事物，他们就会用比较的眼光甚至是文化比较的视野来看待。比如，有一位英语教师在课堂上根据学生热议的"蓝色妖姬"，展开了一场围绕"blue"的探讨，不仅使学生记住了单词的意义，而且引发了关于文化的思考。这样的课就是好课，是"有文化"的课。

(2)语言达到三个境界。

教师的语言应该达到三个境界。第一境界是老师想得清楚，说得明白，使学生听得懂、说得出；第二境界是老师讲课声情并茂，传神动听，使学生身临其境、如见其人、如闻其声；第三境界是老师讲课话语有限，其意无穷，使学生充分想象、思也无涯。

(3)传递对学科的热爱，使学生产生学习动力。

教师应该在课堂上传递对于学科的热爱，使孩子在耳濡目染中产生强烈的学习动力。我在上海浦东新区听一位地理教师上课，看到这位教师用粉笔在黑板上画出中国地图和亚洲地图时，我跟所有的孩子一样目瞪口呆。与使用投影仪相比，这样的课堂带给孩子的是完全不同的感觉。教师向孩子们传递着情感，传递着他对这个学科的由衷热爱，而这正是学科素养的核心要素。

教师有了文化底蕴，我们的课堂也就有了文化味道。

4. 课程改革为什么而改——文化再造，使课堂学习增值

在课程改革中有这样一种思潮，就是让学生热闹起来，好像课堂越热闹越好，但是，我们应该注意一个问题，即学生该听的听了没有，该说的说了没有，该想的想了没有，该做的做了没有。课改的问题归根结底是文化再造的问题。现在的课改存在一种文化性的缺失，导致我们只是在技术、工具、模式的层面上徘徊，只遵循技术的逻辑、工具的逻辑、形式的逻辑。这使得课程改革浅表化、简单化、形式化、口号化，导致教育的异化，使课程改革走入困境。

我们应该思考：课程改革为什么而改？改的意义和价值何在？华东师范大学崔允漷教授提出，课堂转型就是让学生的学习增值。课堂学习的"值"包括四方面：一是动力值，即学生想学习的愿望；二是方法值，即学生会学习的方法；三是数量值，即学生所学到的知识与技能；四是意义值，即学生学到的东西是有意义或受用的。

三、 教师的文化自觉成就教师自身的发展：历练"有文化"的教师

可以说，我们的教育界从来没有像今天这样活跃、多元、繁荣、芜杂，在这样的现状下，我们该如何提升教师的文化自觉？

1. 判断力＋定力

(1)教师应该保持基本的判断力。

今天的教育界不缺乏知识，但是我们把很多宝贵的常识丢在了一边。面对现状，教师需要保持清醒的头脑。比如，什么叫作"把课堂还给学生"？教师应该将抽象的话语演变成一个个具体的内容，什么时候该还，什么时候不该还，什么时候用什么方式还，这些都是有讲究的。李海林老师曾经说，什么是学生已经懂的(检查)？什么是学生不懂，但自己看教材可以懂的(概括与提炼)？什么是学生不懂，看教材也不懂，但通过合作学习可以弄懂的(讨论与交流)？什么是必须教师讲的(讲授与阐明)？什么是教师讲了也不懂，必须通过实践才能懂的(活动设计与示范)？

(2)教师应该保持基本的定力。

上海宝山区的王天蓉老师是获得上海市教育科研成果一等奖的一位一线教师，她曾说，一个课题要做多久？如果这个课题是你的教育理想，那么就可以成为一个终生的课题。的确，如果一个人一辈子老老实实做一件事情，把这件事情当成你的教育梦想，把所有精力都投入其中，那你一定能把它做好。

2. 阅读＋思考

通过何种方式提升教师的文化自觉？我唯一的建议就是"阅读＋思考"。让读书学习成为一种习惯，是教师的一种责任、一种情怀、一种追求。教师应该培养自己良好的阅读习惯：一读教育经典，真正的经典永恒而平易；二读教育报刊，了解同行在思考什么；三读人文书籍，拓展自己的人文视野；四读中学生写的和为中学生而写的书，走进学生的心灵。

美国学者阿莱克斯·斯坦迪什说：教学是一门技术，需要教学理论、哲学、文化的支撑。如果教师没有很好地掌握和理解教育理论、儿童心理学、教育哲学、教育历史以及学科知识，那么他们是不应该进行教学的。

同时，教师不能只关注教学的技术问题，还应该思考教育的根本性问题，

如教育的价值取向、文化指归、哲学意义以及终极目标。这些将最终决定教师的教学行为、教育话语和教育细节。

3. 共同遭遇＋共同研究

校长培养教师最好的方式就是共同遭遇。校长要摆正自己的位置和心态，要始终把自己定位为一名教师，和教师共同遭遇问题，共同研究问题，共同解决问题。问题解决得好，思考得深，教师就会脱颖而出。教师的成长不是一个命令、一个报告、一个规章制度就可以实现的。教师的改变需要校长伴随。校长要与教师交流分享自己的思想、实践以及解决具体问题的案例，与教师一同成长。

4. 学习"大家"风范

于漪老师是上海著名的特级教师，在她身上，有一种"大家"风范。这种"大家"风范体现在：开阔的视野、独立的见识、宽广的胸怀、自由的心态。于漪老师有独立的话语思想和话语方式。她的教育思想是：胸中有书，目中有人（教育观、学生观）；要有所为，有所不为（教学目标）；教在今天，想到明天（着眼未来的教育）；身上要有时代的年轮（与时俱进）；立体化施教，全方位育人（缘文释道，因道解文；文道统一，以道育人）；教学不是一次完成的，有着连续性、层次性、阶段性、复杂性。于漪老师即体现了中国教师所独有的风格、气派与情怀。

教师应该有科学正确的价值判断、持之以恒的教育信仰、坚定不移的文化追求、庄严神圣的教育承诺、始终如一的实践探索、习惯如常的教学行为，最终体现在学校课程、教育行为和教育细节之中，成为这所学校的文化传统。

（本文作者系上海市建平中学原校长、上海市浦东教育发展研究院原院长，广东省深圳市明德实验学校校长）

"友善用脑" 乐学会学

周之良

近几十年来，教育发展出现了一个重要趋势，即从重点研究如何教，转向重点研究如何学。这个转向很重要，也很艰难。因为"重教轻学"的倾向久成传统，学校变成了"教校"，教学变成了讲学，上课变成了听课。现在要纠正它，需要从理念到方法进行细致、全面的更新。

那么，如何指导学习呢？

学习是有思想的劳动。研究学习要从人的心理和生理两个角度入手。现代科学已经给我们提供了新的理论和方法，特别是脑科学的发展，使人眼界大开。20世纪后期，研究者们就曾预言，21世纪将是"脑的世纪"，所以我们要了解脑、保护脑、开发脑，打开人脑这个"黑箱"。正是吸收、运用了这些新的研究成果，新西兰教育家克里斯蒂·沃德创立了"友善用脑"的教育理论，使教师、家长、学生耳目一新，使学习变成愉快、高效的活动。其中的新观点颇多，以下几点可能是最基本的。

一、 树立保持大脑健康的理念

人脑具有神奇的功能。它有千亿以上的神经细胞、数千米的神经网络，指挥着人的一切活动。它的重量只占人体重量的 2.5%，但是，脑的血流量占心脏输出量的 20%，需氧量占全身的 20%～25%，葡萄糖消耗量占全身的 65%。由此可见大脑任务之繁重。善待大脑，保持大脑健康，是人正常活动的前提。

有科学家研究了一个有趣的课题："大脑喜欢什么?"他从初步取得的成果中发现，大脑爱好"燃料"(包括营养、空气、水、香味等)、空间(包括物理空间、心灵空间)、均衡(包括手脑并用、左右交叉等)、节奏(包括劳逸结合、循序渐进等)、情感和激励(具有重要的调节作用)、新奇和质疑(具有激活大脑的作用)、链接和分类(更适合大脑网状结构的工作方式)、色彩和形象(更具有敏感性、深刻性)……这项研究仍待继续。综合已经提出的见解,我们可以看出,人脑经常与外界和人的身心进行着对话交流。可以说,它是有灵气、有情义、有个性,也是有脾气的——善待它,就可能事半功倍;虐待它,就会遭到反抗!

"友善用脑"理论明确提出"我们是自然的一部分,活动要反映自然的规律","教不等于学,学习必须通过学生独一无二的大脑来完成"。

所谓"友善用脑",首先是要创设有利于大脑工作的环境。其中,重要的是"学会放松"。比如,创造好的课堂环境,听节奏舒缓的音乐,调整呼吸和姿势,冥想,喝清水,做脑保健操等。也就是说,我们要从改善客观环境、身心条件、活动方式等方面入手,维护和促进大脑的健康。在这个前提下,我们组织的学习活动才可能是高效的。

关于脑保健操,国外已有多种方案,比较普及的是"手指操"。我国中医也有多种醒脑之术,如拽耳朵、揉"翳风"、敲额头、刮眼眉、掐"睛明"、点"百会"、揉"四神聪"、干梳头、捏"十宣"、按"内劳宫"等。

对于大脑,我们既要用,更要养。善待大脑,大脑才可能正常工作;粗暴地对待大脑(如体罚和变相体罚、恐吓施压等),大脑就会"罢工",拒绝处理信息,或者为了应急而产生有害的化学物质,使身体受损。"友善用脑"理论运用神经生理学的知识进行分析,得出了"压力是学习的障碍"的结论。

我们或可借用民间俗话来总结一下,就是"善有善报,恶有恶报"。这是规律,不得违背。

二、 调动多种感官参与教学

人有多种感官,所以接受和处理信息的能力很强。可是当教育变成单纯的讲课以后,学生使用最多的就只是听觉了。这种"静听教育"是低效的,不利于学生成长。

"友善用脑"理论倡导多感官教学,把信息变成动作、形象、活动,运用身体的所有部分来接受信息,最大限度地激活大脑。很多实验学校据此进行改革,使教学内容活动化,如动口交流、动手制作、动情表演、联动创新……课堂变样了,学生的学习热情和学习效果也明显提高了。

多感官教学的效果如何?我们或可借用"学习金字塔"的实验结果来说明。美国缅因州贝瑟尔国家培训实验室(后改为弗吉尼亚州亚历山大国家培训研究所)研究过一个"学习 24 小时后平均保持率"的课题。结果是这样的：听讲，能够保持 5%；阅读，保持 10%；视听结合，保持 20%；示范，保持 30%；讨论，保持 50%；实践练习，保持 75%；向他人讲授或立即应用，保持 90%。

把保持率排列起来，形状有如金字塔。上部的四种"接受式"学习，保持率都比较低；下部的三种"参与式"学习，保持率都在 50% 以上。事实证明，参与程度与保持率是正相关的关系，参与程度越高，保持率也越高。

其他的心理实验也证明，人能够记住的是"所听到的一点，所看到的一些，所做过的大部分"。美国少年科技馆就把这三句话刻在大门口，以鼓励参观者积极参与。

这些都与"友善用脑"理论提出的"深刻的感官体验造成深刻的记忆"的观点是一致的。多感官教学与现在热门的"体验式学习"，有许多共同之处。

心理学中还有一个重要观点：成功的体验能激起再次参与的愿望。多感官教学在提高理解与记忆效果的同时，还能够增强学生的学习快乐度，使学生乐于"再次参与"，变厌学为乐学。这正是广大师生梦寐以求的！

三、 用思维导图开发形象思维潜能

形象思维与抽象思维都很重要，相较而言，形象思维的历史更久，效果更佳。人类在有文字之前，已经有了岩画。孩子很小的时候就能认识父母，已经具有形象识别的能力；后来学习文字，仍要与形象相伴，图文并茂可以提高学习效果；再后来，不知从何时开始，孩子们进入死记硬背的时代，形象思维受到不同程度的抑制，怵学、厌学的情况也相继发生。

背诵也能有一定效果。可是我们分析发现，易于背诵的多是托物言志、借景抒情之作，如"床前明月光""牧童遥指杏花村""小桥流水人家"等。说来说去，人还是形象思维的能力较强。

近几年，很多教师在教育改革中重提"教学形象化"，教学课件声情并茂，取得了一些成绩。"友善用脑"理论则更进一步，把思维导图引入教学，引导学生自己"把想法画出来"，把枯燥的信息变成彩色的、易记的、有高度组织性的图画。实验证明，形象记忆在记忆速度、记忆容量上都远远超过符号记忆，记忆难度明显降低。把思维导图作为一种学习方式，能够更充分地发挥学生的主体性，更有效地提高学生自主学习的能力和学习效率。

"友善用脑"思维导图具有以下三个特点。(1)概括性。概括性是思维品质的基础。画图的过程就是对知识进行概括整理的过程，练习提炼关键词和核心

概念。(2)有序性。思维导图也可以说是路线图或检索系统，制图需要把知识结构搞清楚，进行有序排列，而大脑本身就是放射性立体结构，"喜欢"建立连接的。(3)形象性。要选择最能表达内容的形象和色彩，使知识更富有情趣与活力，从而加深记忆。由此看来，思维导图并不是简单地画一幅画，而是对知识加深理解，并进行再创造的过程，是形象思维与抽象思维共同作用的结果。不论画成什么样子，只要自己明白、喜欢、有成就感就好。"有成就感"就能激发学生学习探索的积极性。

四、 强调以学生为中心

"友善用脑"理论是以学生为中心的教学体系，是以人本主义为基础的。它提出的"学生是天生的学习者""发展学生所有制""最有效率的老师是懂得如何帮助学生自己把握和安排学习过程的老师""培养成功的学习者"等观点，都体现了尊重人、推崇人、弘扬人生命存在的意义和主体独立自觉价值的人本主义思想。

人本主义以"人"为世界观的中心。受其影响，教育界相应地形成了主体性教育思想。

例如，法国启蒙思想家卢梭就主张自然教育和自由教育，认为教育要适应人的天性，发展人的独立判断能力、独立精神，使手脑并用、身心两健。美国民主主义教育家杜威提出了"儿童中心论"。他说："这是和哥白尼把天文学的中心从地球转到太阳一样的那种革命。这里，儿童变成了太阳，而教育的一切措施则围绕着他们转动。"他反对脱离实际，积极主张"做中学"。我国教育家陶行知努力推进民主教育，主张把学习的基本自由还给学生，进行"六大解放"——解放学生的眼睛、双手、头脑、嘴、空间、时间，实行"教学做合一"。他认为，民主教育是教人做主人，使民众和学生自动、自觉，走上创造之路。当代人本主义心理学家马斯洛、罗杰斯等人认为，学习是自我挖掘潜能的自我成长、自我实现的过程，所以要以学生为中心，突出学习者的中心地位；要让学生觉察到学习内容与自我的关系；建立和谐、关爱、理解的氛围；从做中学，实现知行统一。

经过几代人的努力，现在，主体性教育思想已经相当完备了。

我国历史上也曾有人倡导人本思想，但是在长期的封建社会中并未能形成传统。直到现在，教改的难点仍是主体性的迷失。坚持"以人为本"，继续推进教育民主化，依然任重道远。

教育民主化是个漫长的过程，其中包括改革教育管理制度、培育民主作风、转变教学方式——后者可能是最深层次的教育改革。联合国教科文组织编写的《学会生存》中指出："学习者变成了学习主体，教育的民主化才是可能的。"

把主体性教育落到实处，教师先要转变角色，从"演员"转换为"导演"，做学习的组织者、引导者与合作者。教师要思考和探索三件事：了解主体的特点和需要；激发主体的积极性；因学施教，引导学生自主成长。

（本文作者系北京师范大学原党委书记）

第二篇

体验学校课程变革的力量

三级课程整体建设的北京实践

杨德军 王 凯

基础教育课程改革(以下简称"课改")的主要特征是课程体系的重构,但就近几年的实践来看,各地在三级课程管理上主要采取的是"分而治之"的方式,在课程建设上则主要采用"还原论"手段,拼盘式构建三级课程体系,分层次推进课程实施。究其原因,是因为部分地区和学校,对于三级课程的性质、内在联系、相互协调仍缺乏整体把握,对于三级课程的整体建设缺乏客观认识。北京市在课改初期也存在上述问题,先后经历了拼盘结构、课程综合化两个阶段,但在课改中期,北京市率先提出了三级课程整体建设的思路,研究制定了行动框架,并在实践推进中取得了显著进展。

一、 三级课程整体建构的背景

北京市是在对课改初期所经历的上述两个阶段之局限进行深度反思的基础上,提出三级课程整体建设的思路的。前两个阶段的大体情况如下。

1. 拼盘结构式的学校课程建设思路

新课改最显著的变化之一就是将以往大一统的课程体系变为三级课程体系。改革初期,北京市很多区县和学校对三级课程的认识还是比较模糊的,在课程建设中所秉持的观念主要是"分而落实观",即根据权力主体划分国家课程、地方课程和校本课程,然后分开实施、逐一落实,结果呈现出来的是一种"课程拼盘"。

2. 课程综合化的建设尝试

随着课改的深化,学校逐渐认识到,教育要追求人的独立价值,就必须面向"人"的整体成长。整体性的人,需要整体性的课程。当前大多数学校的课程体系都是按照管理权限来划分的,课程门类之间存在壁垒,影响完整性培育。因此需要推进课程设置的整体性和综合化,使课程逐步走向融合。课程综合化强调各学科领域之间的联系和一致性，防止各领域间彼此孤立、相互重复或脱节。课程综合化趋势，主要表现在重新审视传统的学科分类体系、软化学科界限、改变单纯以学科的逻辑来组织课程内容的做法，强调以学习者的经验、社会需要和问题为核心，进行课程整合。就课程综合化的基本形式而言，各国普遍以"学习领域"取代"学科"概念。

3. 拼盘结构与课程综合化的局限

不管是拼盘结构还是综合化尝试，虽然都初步解决了一些实际问题，但是也都存在严重局限：一是片面性。拼盘式也好，综合化也罢，其课程设计的出发点是相对单一的，或是简单落实，或是单纯服务于学校课程门类内容间的相互关系。所以，在具体设计中，重点关注的是"外来"课程的"本土化"和对国家政策的简单适应，造就的也只能是片面化的课程体系。二是控制取向。虽然打破了国家课程一统天下的束缚，但秉持的依然是一种控制取向，只是控制方增多了而已，由原来的"国家取向"变为"落实取向""内容取向"。在这种取向的框架中，课程建设还是流于表面，专注于单一维度，而没有实现学校课程的一体化构建。

二、 三级课程整体建设的理论框架分析

鉴于拼盘式和综合化的片面性，北京市逐渐认识到，应通过"理论梳理—制度构建—实践跟进"的行动框架，实现市、区、校在课程建设上的三级联动和学校课程体系的结构性变革。

三级课程整体建设的理论构建是核心问题，其实质是对三级课程整体建设本质的追问。我们认为，三级课程整体建设从本质上讲就是学校全部课程的一体化构建，是以人的整体发展为基础的课程结构的重整和创新，是基于人的整体发展需要而将国家课程、地方课程、校本课程统整成一个有序而高效的学校课程体系。

国家课程、地方课程与校本课程，这是从课程设计、开发和管理主体来区分的三种类型。课程结构就是课程类型、课程内容、具体科目等要素经过有机整合所形成的形态。每一类要素组合方式和组合比例的不同，意味着将形成不同的课程结构。课程结构不仅取决于组成课程的各要素的性质，而且取决于这些要素间的组合方式。构成要素相同而排列组合方式不同，课程结构就会产生很大差异。因为要素间组合方式的改变，意味着各组成要素在整体结构中的地位发生改变，课程的整体关系会因之发生结构性变化。因此，三级课程在推进

中既独立又联系，因不同的育人目标而独立，又因皆为课程结构的关联要素而联系。

从课程结构层面对三级课程进行组合性研究，是确保三级课程整体有效推进的理论支撑。这种研究主要关注以下三对关系。

1. 比例关系

比例关系，是课程结构内各要素间组合方式中最重要的方面，它直接影响课程的结构状况、功能性质与水平。新一轮课改为地方、校本课程提供了16％～20％的比例空间，但如何在现有的空间内，基于区域、学校的实际，重新规划、调整、设定最佳的三级课程比例关系，成为三级课程整体建设的首要问题。其实，这种比例关系还可以深入到三级课程内部，比如，研究学科课程与活动课程的比例关系、必修课与选修课的比例关系等。上述比例关系的任何变化，都将直接影响课程的功能状况。

2. 空间关系

空间关系，主要是指相邻课程成分和课程要素之间在课程目标和课程内容上的横向组合关系。这种关系如果是相互协调的，那么课程各成分、各要素间就能形成功能耦合，产生"1＋1＞2"的整体效应。相反，它们可能相互制约，既可能产生功能矛盾，也可能限制某些成分和要素功能的形成和释放。当前，在三级课程的部分内容中，割裂、重复、交叉现象较为突出。例如，"北京的中轴线"分别出现在国家课程的数学、品德与生活、音乐、综合实践活动中，也出现在地方课程和校本课程的"传统文化"等课程中，重复交叉问题严重。这是因为在三级课程整体推进中没有处理好它们之间的空间关系。

3. 时间关系

时间关系，既表现在同一学段各类课程或活动项目的开设顺序上，也表现在同一课程不同学段的前后衔接上。三级课程的整体建设不是齐头并进，而是要通过时间差，实现各自的有效衔接。

三级课程整体建设的核心是基于区域教育实际，实现对课程结构的重构和创新。课程整合、国家课程校本化等整体推进举措皆生发于此。

三、 三级课程整体建设的制度化推进

1. 初步构建阶段

随着理论研究的逐渐成熟和实践典型案例的不断涌现，北京市教委于2009年7月下发《北京市教育委员会关于加强义务教育课程管理，推进课程整体建设的意见》，对北京市义务教育阶段三级课程整体建设提出了完整框架，明确提出三级课程整体建设的本质是以人的整体发展为基础的课程结构的重整和创新，是基于人的成长的综合性特征而对课程的整体性构建；强调要基于学科又跳出学科，从整体思考教育目标的达成和课程构建模式。可以说，这是从课程入手，实现整体育人的系统探索。该文件的下发，标志着北京市义务教育阶段三级课程整体建设的制度构建初步成型。

2. 继续深化阶段

为了更好地使学校贯彻三级课程整体建设思路，2010年10月，北京市教委下发《北京市教育委员会关于做好2010—2011学年度基础教育课程教材改革实验工作的意见》。文件进一步明确，要建立和充分发挥市级三级课程建设示范基地学校的作用；鼓励和支持学校进一步加强校本课程的开发，推进学校特色课程建设。2011年10月下发的《北京市教育委员会关于做好2011—2012学年度基础教育课程教材改革实验工作的意见》再次对各区县、学校作出明确要求：要切实树立课程整体建设、协调推进的意识，坚持走三级课程整体建设的可持续和内涵发展之路。

以上文件从制度层面对区县、学校的研究和实践工作进行了界定和指导，构成了最基本的制度保障。

同时，北京市着力统整各种专题教育。在三级课程框架中有一类较为特殊的课程，即由教育部规定的各类专题教育（如环境与可持续发展、毒品预防、安全教育、预防艾滋病、健康教育、礼仪教育等）。北京市以"贯彻纲要、取其精髓、整体规划、为我所用"为思路，围绕"人文、科技、绿色"，将专题教育进行了统整，将其作为市级地方课程，进行了"六合一"教材编写，统一安排课时。这样就将北京市的地方课程分为两个层面：一是市级专题教育层面，二是区县地方课程层面，使专题教育很好地纳入三级课程框架中。

四、 三级课程整体建设的三类经验

北京市许多中小学基于对三级课程整体建设的思考，确定了适合本校的实

践主题，取得了较好的成效。仔细梳理北京市各学校现有的经验我们可以发现，所有经验均在上述课程结构创新所设定的三对关系框架内。

1. 第一类经验：基于学校办学理念，重构三级课程比例

其核心是三级课程在学校层面的重构。不少学校认识到，以管理权限为划分标准的、立体式的、层次分明的三级课程落实到学校中必须要进行扁平化处理，因为课程落实到学生身上并无三级之分。重构是由基于管理向基于受体（即学生）的再组织。所谓扁平化，即科学地将三级课程加以统整，使其成为一个有序而高效的学校课程结构；所谓基于受体，即将课程结构视为学生认知、技能、方法、情感态度价值观等在学校环境内的全面映射。在这方面较为成熟的成功案例有：清华大学附属小学（以下简称"清华附小"）的"1＋X课程"、中国人民大学附属小学的"七彩课程"、北京市延庆县第三小学的"灵动课程"以及北京市朝阳区白家庄小学的"主题课程"。

2. 第二类经验：跨越边界的课程整合

跨越边界的课程整合，主要解决的是三级课程相互割裂、重复、交叉，未能形成完整协调的整体等问题。它主要涉及课程结构空间关系的创新。对此，北京市的主要要求可以归纳为"五性一化"：规范性、协调性、整合性、选择性、均衡性和特色化。规范性，指国家课程、地方课程和校本课程必须齐全完备；协调性，指课程之间的互补；整合性，指课程之间的融合互通；选择性，指适应学生的个性发展和全面发展；均衡性，指学校课程体系中的各种课程类型、具体科目和课程内容应保持恰当合理的比重，学习领域或学科与活动的规划设计应体现全面、均衡的原则，课时安排应体现均衡性，而不是简单的平均分配；特色化，指突出学校的发展目标和办学思想，适应本校学生的特点和学校实际，不仅体现国家基础教育课程改革的基本要求，而且体现鲜明的学校特色。

当前，北京市的课程整合可以分为两大类：学科本位的课程整合与儿童本位的课程整合。

学科本位的课程整合又可以分为两类：一类是超越不同的知识体系，以关注共同要素的方式来安排学习的课程开发活动。这里的共同要素指的是相似目标、类似内容和大致实施方式。如北京第二实验小学的品德与心理健康课程的整合实践。另一类为超越不同的知识体系，以互为载体的方式进行的课程开发活动。如北京市海淀区五一小学、北京大学附属小学和北京市上地实验中学开展的信息技术、毒品预防和思想品德互为载体的课程整合。

还有一种是我们常常忽略的，即以儿童现实的直接经验、需要和动机为出发点进行的课程融合。这种融合实际上是对现有课程的拓展和创新，是将游离在原课程体系之外的儿童的经验和需求融进了新的课程之中，故可以称为"儿童本位的课程融合"。其成功案例有北京市东城区黑芝麻胡同小学的媒介素养课程整合实践等。

3. 第三类经验：基于学生实际，重构课程顺序

学校基于学生实际，对课程内容进行研磨和重新组织，打破既有的实施顺序，如白家庄小学以主题课程打破学科壁垒，形成新的教学秩序，取得了良好的效果。

白家庄小学围绕"尊重规律、尊重环境、尊重文化、尊重人人"四个领域的课程目标，结合国家、地方、校本课程中的相关内容，进行删减、整合、创生，使散点知识系统化。即围绕同一主题，选择相同或相近的内容，确立不同的侧重点，对不同学科的课程进行顺序组合创新，形成"线性必修"和"线性必修与并开选修相结合"两种课程形态，在同一时间段内给同一个班级的学生进行联动授课，将三级课程作为一个有机整体，全面、协调、有序地实施，形成了课程合力。

从几年的经验看，"理论—制度—实践"已经构成了一个良性的循环。三级课程整体建设已经成为北京市基础教育课程改革纵深、创新发展的重要把手和着力点；已经深入到每一所学校，成为其课程建设的核心；已经成为提升校长的课程领导力、教师的课程执行力的重要载体。

（本文作者分别系北京市教育科学研究院基础教育课程教材发展研究中心主任、副主任）

以"考改"促"课改": 透视北京市课程改革的
整体趋势

刘春艳

近年来,北京市着力推进教育领域综合改革,提出以"两个杠杆"撬动"两个突破",其中之一即是以入学改革和考试评价改革为杠杆,撬动素质教育与减负问题的突破,带动首都基础教育在更高的起点上实现新发展。本文仅以北京高考数学题目在难度、区分度、文理科试卷的相似度等方面的变化为例,从应用性、探究性、发展性等方面入手,分析北京市高考题目的变化,从中透视北京市课程改革的整体趋势。

一、 应用性:呈现真实情境,关注生活实际

对数学中的"注水与放水"问题,很多人一定印象深刻。有人提出疑问:"怎么会有人一边注水一边放水?这不是没事干吗?而且还浪费水资源。"更有人把此类问题称为"最无聊的数学问题"。那么数学教师为什么会不厌其烦地把这类问题教给一批又一批的学生?其实人们不愿看到的踩踏事件、北京故宫旺季强制限流、希腊银行业非正式限制提现等,都与数学中的"注水与放水"问题有关。由于高度的抽象性和严谨的逻辑,数学天生就令人生畏;加上教学和考试过程中存在某些问题,数学的"高冷"更让学生怕而远之。

应用的广泛性是数学重要的特征之一。数学家 A.D. 亚历山大洛夫认为:"数学生命力的源泉在于它的概念和结论尽管极为抽象,但却如我们所坚信的那样,它们是从现实中来的,并且在其他科学中,在技术中,在全部生活实践中都有广泛的应用:这一点,对于了解数学是最主要的。"

笔者曾经问高三学生:"学数学有什么用?"有的学生说:"学数学不仅对数学考试有用,而且对物理、化学考试也有用。"我追问:"数学在生活中有什么用?"学生想了想回答:"买菜算账。"可见,数学的应用性在中学生心目中的地位和作用是很有限的。导致这样结果的原因是多方面的:有的是教师对这个问

题不重视；有的是由于"相应的素材太少了"，使得应用题的编造痕迹过重，学生不感兴趣，甚至怀疑数学的实用价值，"注水与放水"也就成了最无聊的数学应用问题。

近年来，在北京高考数学试卷中，命题人不仅增加了应用问题的数量，更重要的是，其选择的应用问题的背景材料真实可信、来源广泛(见表1和表2)。

表1　2014年北京高考数学试卷题目的背景资料来源

2014年题号	文科(8)	文科(14)	文科(18)	理科(8)	理科(16)
背景	试验数据	流水线工序	课外阅读时间	学生成绩	篮球比赛中的投篮

表2　2015年北京高考数学试卷题目的背景资料来源

2015年题号	文科(4)	文科(8)	文科(14)	文科(17)	理科(8)	理科(16)
背景	教师分层抽样	汽车耗油量	考试成绩排名	超市购物	汽车燃油效率	病人服药后的康复时间

这些题目呈现的情境是具体的、真实的：有学生日常生活学习的情境，有社会情境，有科学情境。学生在解答过程中，首先要读懂题意，其次要充分调动已有的知识、技能、思想方法和经验，整个思维过程都是开放的。这不仅很好地考查了学生应用数学的意识，而且也考查了学生应用数学分析和解决实际问题的能力。

除了这些题面上显现出来的应用题，有些更复杂的"纯数学题"也是来源于生产生活实际。例如，2014年北京数学高考理科卷压轴题，背景是多工序流水线优化问题，目标是找到产品加工的适当顺序，使得总加工时间最少。同年文科数学第14题，就是这个流水线优化问题的一个简单的例子。总体来说，优化问题是一类非常有意义的实际问题，对于培养学生用数学的眼光观察问题，用数学的方式思考问题，用数学的方法解决问题，具有非常重要的导向作用。

二、 探究性：增加开放性问题，关注思维发展

新课程标准"倡导积极主动、勇于探索的学习方式"。近年北京高考数学试

题加大了探究性问题的力度。尤其是后两道大题，设问的方式更为开放，打破了试题结论必须唯一的结构，通过解题思路的多样化、答案的多元化，更加全面地考查学生思维的深度、广度和灵活度。例如：

2014 年北京卷文科第 20 题第三问：过点 A(−1，2)、B(2，10)、C(0，2)分别存在几条直线与曲线 $y=f(x)$ 相切？（只需写出结论）

2014 年北京卷理科第 20 题第三问：在由五个数对(11，8)、(5，2)、(16，11)、(11，11)、(4，6)组成的所有数对序列中，写出一个数对序列 P 使 $T_5(P)$ 最小，并写出 $T_5(P)$ 的值。（只需写出结论）

2015 年北京卷理科第 19 题第二问：y 轴上是否存在点 Q，使得 $\angle OQM=\angle ONQ$？若存在，求点的坐标；若不存在，说明理由。

2015 年北京卷文科第 20 题第三问：试判断直线 BM 与直线 DE 的位置关系，并说明理由。

学生在解决这些问题时，需要经历独立思考、自主探索、实践检验等过程。在这个过程中，学生要在掌握扎实的基础知识和基本技能的基础上，灵活运用数形结合与转化、函数与方程、分类讨论等数学思想方法，充分调动已有的数学基本活动经验。

对于这样的问题，我们可以从结论入手，继续向下追问，也可以反思题目的已知条件，寻求问题的本源。如对于 2015 年北京理科第 19 题第二问，我们还可以进行更深层次、更多元化的思考：证明两个角相等还有什么方法？轴上是否存在点 Q，使得 $\angle OQM=\angle ONQ$？如果已知条件中的点 P 不是椭圆的顶点，结论还成立吗？对于任意的椭圆，或者题目的背景换成双曲线，结论还成立吗？……

这些问题，不仅给学生留有更大的思考空间，而且为教师教学提供了更丰富的素材，更重要的是带给教师对教学的深入思考。数学课堂教学的创新不是追求形式上的"热闹"，而是通过有意义有价值的开放性问题的引导，不断激发学生的潜能，让学生真正经历思维上的探究过程。在这个过程中，学生收获的不仅仅是具体的数学知识和方法，更是学习能力的全面提升。这与《国家中长期教育改革和发展规划纲要(2010—2020 年)》中提出的"深化考试内容和形式改革，着重考查综合素质和能力""倡导启发式、探究式、讨论式、参与式教学，帮助学生学会学习"，是一致的。

三、 发展性：降低题目难度，关注学科素养

近几年，笔者常常听到关于高考题目难度降低的议论。高考难度降低了，

对中学数学教学有何影响？我想通过我亲身遇到的两个事例来说明。

一次，我听一位特级教师在一所比较好的学校给九年级学生上课，他选的一个例题就是 2014 年北京高考理科数学第 8 题：学生的语文、数学成绩均被评定为三个等级，依次为"优秀""合格""不合格"。若学生甲的语文、数学成绩都不低于学生乙，且其中至少有一门成绩高于乙，则称"学生甲比学生乙成绩好"。如果一组学生中没有哪位学生比另一位学生成绩好，并且不存在语文成绩相同、数学成绩也相同的两位学生，那么这组学生最多有（A）2 人（B）3 人（C）4 人（D）5 人。或许是特级教师引导有方，这节课学生们讨论得非常开心。只用了不到半节课的时间，多数学生就能够清楚地得出正确结论。

还有一次，我把 2015 年高考理科数学压轴题进行了简单的改编，去掉"集合、元素"这些初中生没有学过的概念和符号，在保留题目原意的基础上，用初中阶段的数学语言进行描述，请一位刚刚参加完中考的学生来做。学生觉得题目不难，甚至可以得到第三问的最终答案。

是不是高考难度下降了，除了必要的高中知识（如集合），初中学生的数学能力就达到高考的要求了？或者说初中生到了高中，主要训练做题的速度就可以了？我仔细观察了第二例中那个学生的解题过程。可以看出，他在读懂题意的基础上，通过代入完全可以做对第一问；第二问是证明题，他进行口头的说明，但是条理不够清楚，他更不知道如何进行书面表达；第三问，他能有意识地从特殊情况入手，在多次反复列举、观察、归纳、概括的基础上，通过猜想得到最大值。

通过研究 2015 年这道高考压轴题的参考答案，我们可以更清楚地看出命题者的用意。这道题需要学生用准确和清晰的数学符号语言进行有条理的、严谨的推理证明。这就需要学生能有意识地对整个猜想的过程进行深入、自觉地反思和提炼，从对结论的关注转向对过程的思考；然后，在对过程的步步追问中，抓住主要矛盾，体会问题的本质，再通过类比推理得到一般性的结论；最后需要用数学的文字语言、符号语言、图形语言进行形式化的表达。在这个过程中，既需要学生具有非常严谨的逻辑思维能力，较强的分析问题、解决问题以及表达交流的能力，又需要学生能够掌握用于计划、监控和调节的各种元认知策略。可见，高中对学生的数学核心素养提出更高的要求。这正是数学对高中生和初中生要求的区别所在。

数学以严密的演绎思维、逻辑推理为研究方式，在培养学生思维能力上发挥着其他学科不可替代的作用。M. 克莱因曾说：在最广泛的意义上来说，数学是一种精神，一种理性精神。这种精神的形成，源自教师在教育教学中对学生多年的培养。近几年北京市数学高考题的变化，正在引导中学数学教学朝着这一方向努力。

（本文作者系北京教育学院数学与科学教育学院副教授）

"开放性科学实践活动"： 北京初中科学教育新举措

张 毅

"到大学实验室里动手实验学习，这种形式特别好"，"在这里学习跟学校完全不一样，没有课堂上拘谨的气氛，活动也是开放的，有什么问题都可以随时和老师、同学交流……"很多学生这样表达自己参加活动的收获和感受。

自 2015 年 9 月开始，北京市新入学的初一学生都要走出校园，走进高等院校、科研院所、科普场馆与博物馆等 200 余家资源单位，参与一门新课程——初中"开放性科学实践活动"（以下简称"科学实践活动"）的学习。学生们在自然与环境、健康与安全等多个领域的 1000 余个活动项目中自主选择，完成每学期五个活动项目、每次两小时的科学实践活动，以培养其创新精神和实践能力。

近年来，北京市在探索人才培养模式转型，促进中小学生创新精神和实践能力培养方面进行了大量探索与尝试。如让高中生"在科学家身边成长"的"翱翔计划"、将科技资源转化为创新教育课程资源的"雏鹰计划"等，由此积累了丰富的人才培养经验。"科学实践活动"是北京市在充分考虑国家及地区教育综合改革背景下，结合已有工作经验，根据初中生的成长特点和发展需求而进行的又一次人才培养方式创新的开拓性实践。

一、 活动定位：构建开放的教与学模式

1. 对接考改，适应国家和地区教育发展新要求

进入 21 世纪以来，国家提出了一系列加强教育发展的政策措施。北京市也陆续出台《北京市中小学培育和践行社会主义核心价值观实施意见》《北京市落实教育部〈义务教育课程设置实验方案〉的课程计划（修订）》《北京市初中开放性科学实践活动项目方案（草稿）》等文件，提出"全面实施初中'开放性科学实践活动'"，在中考时分别计入物理、生物（化学）的原始成绩。

2. 定位"初中"，促进小学、初中科学课程有效衔接

为培育中小学生的科学素养，在我国现有的课程体系中，小学三至六年级开设了综合性的科学课程，涉及物质科学、生命科学、地球与宇宙科学以及技术与工程等多个领域。进入中学阶段，科学课实行分科教育，主要包括生物学科(七、八年级开设)、物理学科(八、九年级开设)和化学学科(九年级开设)。在初中七、八年级开展"科学实践活动"，可有效促进小学、初中科学课程的有机衔接，加强学科间的联系与整合，促进义务教育阶段九年一贯的课程设置和整体实施。

3. 聚焦"开放""科学""实践"，激发学生创新潜能

"科学实践活动"的"开放"定位于三个层面：第一，开放的理念，即教育者以开放的胸怀和眼界推进项目的实施；第二，开放的资源，即充分利用社会资源，构建广义的教育资源供给；第三，开放的课程，从课程形式、组织，到课程实施、评价，注重为学生个性化的学习和发展服务。

"科学实践活动"不仅强调聚焦"科学"领域，引导"动手"实践，而且更加关注的是"科学地去实践"。项目以提升学生科学素养，促进学生成长发展为导向，强调实际参与，基于亲身体验产生实际获得，激发学生的创新潜能，发挥学生的创新潜质，着力培育创新人才。

二、 实践操作：闯模式、建资源、探路径、广实施

"科学实践活动"开创性地探索了以"任务单"为核心的教育教学形式，并通过多种举措形成了独具特色的实践操作方式。

1. 闯模式

(1)以学生实际获得为目标。

学生是公共教育服务的最终体验者。改革要取得成效，就要将"以学生为本"落到实处，要使各项改革举措既符合学生的成长规律和认知特点，又能不断提升学生的实际获得感。"科学实践活动"通过扩展广义的教育资源，构建开放性的教与学模式，为学生提供更精准、个性化的活动，注重让学生在实践中体验、验证、探索。

(2)以"任务单"为实施载体。

"科学实践活动"采用"主题课"的形式，围绕自然与环境、健康与安全、结构与机械、电子与控制、数据与信息、能源与材料等多个领域，以"任务单"为载体，有效推进活动项目的开发和实施。资源单位针对每一个活动项目，需要

编制相应的"项目方案"和"任务单"。"项目方案"是从组织者视角出发的课程供给方案;"任务单"是从学生视角出发的课程实施与参与载体,是活动项目立项评审的重要依据,它既是记录学生活动过程和结果的工具,又是资源单位和学校共同评价学生活动情况、认定学生学分的唯一凭证。

如中国人民公安大学"科学探案"团队基于"观察""试做""巧做""创意""创作"五段式结构,率先开发了承载师生共同"探索"充满"奥秘"的未知过程的"创案",即"探—秘—案"系列任务单。北京市中医研究所等很多项目团队也基于自身特点和学生需求开发了充满个性的"任务单"。

(3)以协作模式推动实践。

在项目实施过程中,课程开发团队以"科学实践活动"为依托,结合自身优势,建立大中小学纵向衔接,学校与科研机构乃至社会的横向联合协作体,共同推进活动资源的征集、活动项目的开发、课程的实施、问题的梳理、经验的总结等,探索人才培养创新模式和长效机制。如北京大学成立"初中开放性科学实践活动'地球科学虚拟仿真协作体'",门头沟教委成立"开放性科学实践活动协作体",北京师范大学亚太实验学校成立"科学探案与中医药文化协作体"等,尝试探索基于协作模式的"科学实践活动"实施路径。

2. 建资源

(1)资源征集。

北京市教委定期面向社会发放《关于征集初中开放性科学实践活动资源单位和活动项目的公告》,对于申报资源单位应具备的专业能力、场地设施、人员水平、接待能力等条件进行具体规定。具备相关条件的高等院校、科研院所、科普场馆与博物馆、企业、教育系统重点实验室、社会团体等单位可申报开放性科学实践活动的资源单位,成为活动项目开发和实施的主体。按照项目规定,每个活动项目单次接待人数以 20～30 人为宜。同时,鼓励不同界别和行业的单位打破壁垒,与教育团队联合建立"初中开放性科学实践活动协作体",探索以协作体模式联合申报。

(2)项目评选。

申报单位提交的活动项目需要通过材料核验、现场评审、实地考察等环节。材料核验是评审工作人员对于申报单位提交的活动项目的专业契合性、资源匹配性、任务单规范性等基础信息进行核验;现场评审是评审专家在对材料进行"会议评审"的基础上,针对材料中不能完整呈现或存疑的内容,以面对面"问询"沟通的方式对资源单位进行评审;实地考察不只是对活动项目的评审,还是对申报单位的实地勘验，是对申报资源的综合考量。

（3）多元评价。

对于已经纳入项目资源库的活动项目，通过建立多元评价机制，即专家评、学校评、教师评、学生评等多种途径对其进行评价，促进其不断优化、改进和完善。同时，对于不能满足学生实际需求的活动项目建立淘汰机制；对于不能保证活动质量的资源单位，采取警告、约谈、取消资格等手段，以保障项目的健康发展和良性运行。

3. 探路径

（1）区域先行先试。

2015 年 8 月，"科学实践活动"在门头沟区先行先试。8 月 25 日，市教委在门头沟大峪中学召开北京市初中"开放性科学实践活动"项目研讨会，就项目的实践模式、组织形式和实施方式等进行交流与研讨。中国人民公安大学刑事科学技术学院、北京市中医研究所、中科院软件所、中科院心理所等高校和科研院所，以及金山软件公司等企业，协同门头沟区大峪中学、琉璃渠中小学劳动艺术教育基地、雁翅中小学素质教育基地等单位，就"锁的开启秘密""油水混合不再难"等十余个活动项目进行了现场教学研讨。

（2）市、区、校共实施。

为保障"科学实践活动"的顺利实施，北京市建立了市—区—校三级组织管理机制，市教委面向全市印发《关于做好初中开放性科学实践活动实施工作的通知》，要求各区县、学校结合实际，制订"科学实践活动"工作方案，方案应涵盖整个工作流程，明确具体措施和责任；要求学校应开设科学实践活动指导课，指导学生选择活动项目。对于学生的选课情况和参与情况，学校应高度关注、全程追踪、实时指导、全面服务，及时解决学生在选课、实施、认定等环节中出现的具体问题和困难。

（3）线上线下互动。

依托"北京市初中实践活动管理服务平台"（kfsj. bjedu. cn，该平台集中了信息发布、资源征集、项目管理、学生选课、考勤记录、任务单上传、项目评价等多种功能），科学实践活动采取线上线下有机互动的方式，由资源单位授课教师、学校教师、学生一起，构成课程准备、实施和评价的"共同体"，共同完成穿越时空、跨越边界的科学实践。

课程准备环节，学生在网络平台上选择课程后，个人页面出现"小蓝旗"表示课程选定；资源单位教师可从平台看到选课情况并做好相关课前准备。课程实施环节，学生到达授课地点，资源单位授课教师进行考勤记录，并实施活动；学生们在主讲、辅讲五位教师的指导下，以"任务单"为主线，历经80分钟以上的动手实践，记载120分钟活动成果的任务单经教师现场拍照，同步上传，学生携"任务单"甚至还有自己的小作品离开。课程评价环节，学生在网络平台完成评价，也可对"任务单"进行补充，或上传其余的学习成果，或将自己的感受经历分享给同伴。只有完成评价后，学生个人页面上的"小蓝旗"才会变为"小红旗"，标志着这次课程完成。资源单位授课教师可及时获得学生的评价反馈，对课程进行有效修改、完善，与学校教师、学生实现线上线下的有机互动。

4. 广实施

(1)全市推行广覆盖。

2015—2016学年度第一学期，"科学实践活动"面向全市近8.9万名七年级学生全面推行。经专家评审，遴选出的210家资源单位、851个活动项目，共开课1.5万次(其中自主选课近7000次，集体选课8000余次)，学生们完成了近43万张任务单，100%参与了对活动项目的评价。从近43万人次的学生评价反馈看，学生满意度在4分以上(5分满分)的达97.8%。

2015—2016学年度第二学期，学生对于活动项目可以随选随上，截至2016年4月20日，已有95.0%以上的学生人次数预约课程，23.0%以上的人次数完成课程。

(2)多措并举全参与。

针对个别学生因病、事等各种原因无法按时完成五次课程的情况，我们采取了多项应对措施保障全市七年级学生的全面参与。例如：残障学生不方便亲自前往资源单位授课地点上课的，可请资源单位送课到校，或请其所在学校利用《北京市初中开放性科学实践活动项目手册》自主开设课程，确保每一名七年级学生都能平等地参与到活动中。

三、 问题与思考：直面三大矛盾

在实践推进过程中，我们也遇到了一些现实的问题，主要表现为以下三方面的矛盾。

1. 资源供给与学生个性需求的矛盾

伴随首都基础教育深化综合改革的不断深入，教育基本公共服务实现了三个转变，即管理导向向服务导向转变，学科导向向学生导向转变，结果目标导向向发展目标导向转变。这种转变使得现实教育中资源供给与学生个性需求的矛盾更加凸显，即要求进一步提高基础教育供给端的质量、效率和创新性，更加贴近学生生活，从单一的学校好资源向学区资源、社会资源转化，以更加丰富、多元的广义资源供给满足不同学生个性发展的需要。

2. 教育服务与教师专业发展的矛盾

在开放的教育教学理念下，教师与家长、社会人士等共同构成服务学生成长的统一战线，要求以适切、专业的教育服务尊重和助力学生的成长。"科学实践活动"的实施开阔了学生的眼界，提高了学生的动手实践能力；同时也要求教师在教育实践中走出惯有的思维模式，发现学生兴趣倾向，帮助学生匹配资源，通过提供更专业的教育服务推动学生自主成长。

3. 聚焦初中与培养体系搭建的矛盾

真正构建开放性的教育模式，为学生成长发展提供个性化的学习服务，必须有长期保证项目正常运行并发挥预期功能的制度体系，即建立"科学实践活动"的长效培育机制。从项目的长远发展来看，需针对小学、高中的科学课程设置特点，纵向衔接小学、初中、高中整个基础教育阶段，建立保障项目发展的连贯的制度体系。

（本文作者系北京教育科学研究院北京青少年科技创新学院办公室主任）

在"森林课堂"中自然探究：安徽合肥包河区的区本特色课程

李　琼

自 2014 年以来，每到春天，陪伴着春姑娘的脚步，安徽省合肥市包河区的中小学生就会带着笔记本，背着相机，拿着测量仪，欢快地走出教室、走进包河，感受大自然的馈赠，探索大自然的奥秘……由包河区研发的本土化的区本特色课程"森林课堂"的实施，以学生为本，以教材为媒，以体验、探究实践活动为主，让八万多名中小学生亲近自然，拓展视野，陶冶情操，磨炼意志，丰富知识，培养了科学品质和实践能力，也培育了他们热爱祖国和家乡的美好情感。

在研发、实施"森林课堂"区本特色课程实践中，包河区有效建设课程推进机制，借助六个整合策略，创生了丰富的课程资源，形成了卓有成效的区域推进地方课程的模式与策略。

一、课程研发：凝心聚力，阐释综合实践教育内涵

自 2013 年开始，包河区积极研发"森林课堂"地方课程，希望通过区本特色课程的有益补充，推进全区中小学的内涵发展。

1. 构建高素质研发共同体

研发团队由包河区教育体育局局长挂帅，区教研室主任具体负责，区地理、生物、科学、美术等相关学科教研员领衔牵头；遴选了小学语文、科学、品德、美术、音乐，中学地理、生物、化学、物理等一批优秀的一线教师和校长参与；同时邀请了省市有关课程专家和台湾嘉义大学教授担任导师，形成了多学科一线优秀教师和县区学科教研员为研发主体，课程专家和大学教授为指导团队的研发共同体。同时，包河区还开展了提高研发人员课程建设理论水平和课程开发能力的专项培训。

2. 明确课程基本理念和目标

经过头脑风暴和反复研讨，包河区明确了"森林课堂"地方课程的性质是环保类综合实践课程，确立了主体性、开放性、整合性、实践性、生活性、教育性六大课程基本理念，确定了课程总目标，即通过区域内各中小学的有效实施，引导学生走进自然，走向社会，通过自主、合作、体验、探究等实践活动，引领学生感受自然之美，体悟人与自然的和谐，体验知识的形成过程，培育学生热爱大自然和魅力包河的情怀，培养学生综合运用所学知识发现问题、解决问题的能力，增强学生的环保意识和社会责任感，提升学生的创新能力和科学素养。并进一步将总体目标细化为七个具体目标。

3. 挖掘地方资源，精选研学主题

在开发课程时，研发人员一方面通过系统研读《包河地方志》和区域政府网站、近年政府工作报告，全面掌握包河区的历史渊源、发展战略和地域特色，以及区域经济、文化、社会事业发展状况；另一方面采取走访和实地考察策略，系统了解包河区的整体发展思路和生态文明建设相关政策，以学生、教师、家长、校长和研发者等不同人员的视角，丈量路程，感受美景，挖掘课程资源。

经过大量的调研和实地考察，研发人员结合学生的年龄特征和实际水平，选择确定了主题内容。其中，小学选取了小脚丫走包河、巢湖研学记、走进家门口的著名学府、新能源汽车就在我们身边等十个研学主题；中学精选了凸显鲜明地方特色的八个主题内容，如滨湖湿地——"合肥之肾"、南淝河——合肥的"母亲河"、斛兵塘——合肥历史的"地标"等，这些内容从森林、湿地、河流、农业、交通、城市建设、餐饮、建筑等方面切入，从自然到人文，从历史到未来，围绕人地关系的主线，全景式展现环保类综合实践教育的丰富内涵。

4. 螺旋提升，精心编写教材

在研发课程、编写教材的实践中，我们形成了"精心编写—多方论证—多校试用—及时反馈—修改润色—再实施反馈—再反思修改"的螺旋式提升研发策略。在教材编写中，中学版围绕精选的八个研学主题，每个主题分知识、实践和练习评价三个模块。其中实践模块是教材主体，分为活动前准备、活动中实施、活动后展示三方面。活动后展示以"收获园"栏目呈现活动成果，并要求撰写"我的'森林课堂'实践报告"。小学版围绕十个研学地点，提供了详细的学习攻略。每个研学地点安排两项主题活动，每个主题活动再依据小学生的特点设计若干小栏目，学生可通过资料学习和问题探究的形式开展实践学习。主题

活动后授予"森林勋章"进行评价。

二、 课程实施：全方位整合，彰显地方课程的育人功能

我们通过"六个整合"策略，推动"森林课堂"地方课程卓有成效地实施。

1. 与国家基础课程整合，实现多学科融合

包河区"森林课堂"区本特色课程融合了基础课程的多学科知识，其中，小学版主要融合了语文、思品、科学、美术等学科内容，中学版融合了生物、化学、地理、语文、物理等多学科知识。在具体实施中，学校可以把有关内容进行分解，让相应学科教师承担教学任务，这样既节约了时间又避免了简单的重复；也可以根据研学主题，综合组织开展研学活动。比如，包河区第四十八中学滨湖校区八（1）班在开展"合肥滨湖国家湿地森林公园"研学活动时，与生物、地理等学科整合，制定了两个研学目标：一是认识植物叶的结构特点；二是探究湿地的空气质量。

2. 与学校特色课程整合，凸显办学特色

我们倡导"森林课堂"与学校特色课程整合，培育、彰显学校特色。比如，包河区屯溪路小学将"森林课堂"融入学校"博雅趣情"课程体系之中，作为"情课程"模块的重要内容，培养具有"博雅精神"的英才少年，凸显学校的办学特色。包河区青年路小学将"森林课堂"纳入学校"萃美"课程体系之中，使其成为学校"成长体验课程"中的一大板块。

3. 与学校文化建设整合，重构课程文化

在北京师范大学专家团队的指导下，包河区中小学将地方课程与学校文化建设进行整合，丰富了学校课程文化的内涵。比如，包河区徽州小学将"森林课堂"与学校"徽文化"特色有机结合，利用地方文化资源，丰富具有"徽文化"特色的校本课程。如组织一、二年级学生参观安徽省博物院，让孩子们走进安徽，了解安徽；三、四年级学生到源泉徽文化民俗博物馆，参观有代表性的安徽文物和徽派建筑，兴趣盎然地参加"一起做糕饼""一起拓年画"等活动，亲身体验安徽的独特风俗文化。

4. 与学校活动整合，丰富研学内容

在课程实施过程中，教师可以打破《森林课堂》教材内容的先后顺序，将其与学校重要的学生活动整合，适时地调整、丰富"森林课堂"各站点的研学内容。比如，可以由学校统一组织，与学校的春游、秋游、工业游等活动整合，

引导学生开展探究、体验活动；也可以由班主任或科学、生物、地理等相关学科教师联合，指导学生开启自然之旅；年龄比较小的学生，还可以由家长带着，开展亲子研学活动。

5. 与互联网技术整合，突破学习时空

包河区利用区智慧资源云平台，创建了"森林课堂"板块，共享电子教材、课件、培训资料等相关主题资源，及时分享各个学校的研学计划方案、推进策略和特色成果。同时，包河区组织开发了"森林课堂"APP学习平台，学生利用手机、平板电脑等终端，可以随时随地实现在线学习，可以通过平台的趣味性探究题目的解答，评价自己的研学效果；教师可以通过平台对参与"森林课堂"学习的学生进行实时点名、签到，进行过程管理，可以及时分享"森林课堂"的教学经验和反思。

6. 与课题研究整合，深化课程内涵

当前，日常教学中还存在少数校长教师认识不到位、个别学校将"森林课堂"完全等同于春秋游活动、部分教师指导缺乏针对性、一部分学生不会探究等问题，致使地方课程的育人功能和补充作用大打折扣。

怎样解决这些问题？区教研室牵头选择、确立了"包河区有效推进区本特色课程'森林课堂'的实践研究"课题开展系列探索。我们首先从全区遴选了在课程建设方面肯钻研的优秀一线教师、有关学科教研员和部分校长，成立了14个"森林课堂"主题研究小组，围绕每个研学主题，通过问卷调查、课例研究、研学活动设计、课程拓展、户外研学等专题，探索解决各中小学实施区本特色课程中遇到的突出问题。此外，我们还建立了包河区有效推进区本特色课程"森林课堂"实验校，每个实验校结合学校实际，选择建立"森林课堂"实验基地，广泛吸纳资源，进一步丰富完善区本特色课程的内涵。

三、 难题破解：五环相扣，研磨地方课程的真滋味

1. 预设性"备课"，解决好前置问题

"森林课堂"具有内容的开放性、过程的实践性、空间的开阔性、选择的多样化、课程的创生性、现场的复杂性等特点。因此，研学前要结合具体研学主题，按照一定的步骤，做好充分细致的预设和准备。

比如，包河区谢岗小学开展"合肥王小郢污水处理厂科技实践活动"时，按照"七步法"解决好前移问题，把好"备课"关。其中，现场备课这一步最关键。即班主任或科学教师等要预先实地考察、踩点。需要注意的是，现场备课时，

教师要善于"就'地'取材""因'地'定教"，即教师需要根据活动地点的现有事物与环境，挖掘教育教学资源，安排教育教学内容，选择教师引导和学生探究的方法，结合学生实际，设计出科学、适切的研学活动最佳线路图。

2. 创生性设计，解决好现场探究体验问题

我们通过"任务驱动—寻找方法—收集资讯—运用资讯—表达资讯—展示评价"的六步探究轨迹，开展研学活动。在此基础上，各学校还可以结合各自校情、班情、学情，进行创生性的安排。

比如，包河区葛大店小学组织学生走进"合肥粮仓"东大圩，走进了身边的葡萄园。分工合作的研学小组向葡萄园主抛出一个个问题：为什么别家的葡萄要套袋，你们家的却不要？葡萄上为什么会有一层白白的粉末？为什么大圩的葡萄会那么甜……孩子们在调查中思考，在访谈中追问，在了解中探求。

3. 延伸性表达，解决好后续问题

基于"森林课堂"实施的研学活动如烹饪佳肴，既要激发食材（研学站点）本身的"真味"，又要提供外加（探究延伸）的"佐料"，让不同的味道相得益彰；既要对自然科学知识进行探究，又要对蕴含其中的精神旨趣有充分的研发和表达，才能为学生提供亲近大自然的"多元途径"，方能研得"森林课堂"的"真趣"。

一方面，每次户外实践课都有确定的活动主题，师生围绕活动主题，开展多角度、多方面的研究，形成一系列研究成果；另一方面，由于户外实践内容的开放性和学生的差异性，学生在研学时，往往会有许多与主题无关的意外收获。因此，户外实践课后的作业，也就会各具特色、异彩纷呈。教师要允许学生"跑题"，鼓励学生有个性的自主表达，欣赏学生独特的作业成果。学生完成"作业"后，学校、教师应想方设法创造学生展示与评价的机会，多举办体验交流、成果分享与个性作业展评活动，促进学生互相激励、共同分享、协作共进。

4. 整体性策划，解决好跨学科教师协作问题

"森林课堂"是实践性综合课程，需要多学科教师合作实施教学。班主任应是班级研学活动的第一责任人，相关学科教师是不可或缺的指导教师。

比如，包河区青年路小学在组织研学活动前，各年级组按照各自预设站点，策划年级方案，分学科开展合作教学。如语文教师开设"我给研学的建议"口语交际课；中队开展"环境保护之我见"主题队会；美术教师教授"研学手抄报""自然笔记"的设计技巧；信息教师传授最基本的图片加工、动画制作的方法，为研学成果的呈现、研学作品的发表提供技术支持。研学后，学生以小组为单位整合、优化研学资源，形成作品，《包河公园读写绘》《观鸟自然笔记》等相继诞生，并汇编成学校独有的《神奇校车研学手记》系列手绘书。

5. 多维性奖励，解决好评价问题

我们建立了多维评价奖励机制。每学期区教育体育局组织开展"森林课堂"研学系列成果评比活动，内容包括研学活动优秀设计方案、研学活动典型案例、研学活动总结反思、研学瞬间精美照片、"森林课堂"精品录像课、优秀研学探究实验报告、研学创意作业等。区教研室和各学校还会定期开展"森林课堂"经验分享会，促进资源共享。我们还充分利用包河社区和研学站点资源，发挥《包河区中小学"森林课堂"研学护照》的签到、评价功能，学生每到一个研学站点，就能盖上一枚特色印章，激励学生深入探究学习；"森林课堂"专属APP、"森林勋章"使得学习评价活动更为及时和有效。区教育体育局每年拿出60万元专项经费，对取得优秀成果的学校以奖代补，对成果丰富的教师和学生给予表彰。

（本文作者系安徽省合肥市包河区教育体育局教学研究室主任）

浙江杭州二中： 基于学生发展核心素养的课程建构

叶翠微

现代学校发展的逻辑告诉我们：基于每个学生成长的课程一定是"前置而内生"的。所谓"前置"，就是课程的设定既要符合国家意志的刚性要求，又要顺应时代发展的基本走向，这是课程设定的基本前提。所谓"内生"，就是课程的呈现必须符合人的成长规律，必须把握学生的"最近发展区"，进而自洽于学校的文化与传统。这两者的契合，便构成了课程建构的逻辑前提。因为课程的"前置而内生"，学校才有存在的可能，学生才有学习的可能，教师才有育人的可能。我们如何建构"前置而内生"的课程呢？置身时代与学校发展的不同时期，建构的方法是不同的。就当下而言，学生核心素养的培养是课程架构的生命表达。如何设计和落实？我想离不开对三个问题的回答。

一、 价值选择：基于育人基本思考的课程架构

美国心理学家海姆·G. 吉诺特说过："希望你们帮助学生做一个有人性的人。"这给了教育人本主义的姿态。有鉴于此，浙江省杭州市第二中学（以下简称"杭州二中"）把学生核心素养的培养与关于学校育人的基本思考紧密联系起来。

1. 明晰办学理念

杭州二中始终关注人的"全面而自由"的发展，始终坚持"教育就是让学生成人"的育人思想。二中人认为：教育应该基于人的幸福，基于人的成长，符合教育的基本规律，符合时代发展的基本要求；学校的基本制度和运行机制要体现对"人的尊重"。由此，我们曾提出"追求卓越，创造一流"的育人目标。如今我们顺应时代发展诉求和学校发展定位，将"学生的卓越成长"作为我们的办学追求，提出办学理念：追求"高境界做人、高水平学习、高品质生活"的人生观，"思想解放、行为规范"的管理观，"开明、开放、开化，宽松、宽容、宽

厚，人性、理性、灵性"的文化观，"卓越的二中人、杰出的中国人、优秀的世界人"的成才观。

2. 明晰办学目标

杭州二中从自身的办学理念出发，基于未来社会对人才的发展要求，充分研读学校的历史和现状，提出了适切的办学目标："基于人的卓越发展，育走向世界的精英人才。"所谓"卓越"是指主动寻求更高目标，不断实现自我超越。所谓"走向世界"是指学校始终以一种开放的心态、行走的状态，走向日益美好的世界，走向融入了人类追求与创造的世界。所谓"精英人才"，我们有四个指向：第一，健全的公民素质；第二，卓越的学业基础；第三，突出的创新品质；第四，开阔的国际视野。具有杭州二中"基因"的精英人才，他们既是"卓越的二中人"，又是"杰出的中国人"，还应该是"优秀的世界人"。

在学校现代发展的大背景下，我们站在国家意识、社会意识和名校意识三个制高点上来重新审视育人问题。从国家意识层面讲，杭州二中要"为国育才"；从社会意识层面讲，杭州二中要"为民育人"；从名校意识层面讲，杭州二中还要"为校育师"。基于此，杭州二中矢志于为浙江省的优秀学生提供第一流的师资和育人环境，让每一位走进学校的学生都能够"全面而自由"地发展。

在未来的 10～20 年里，杭州二中力图在"浙江省优秀学生最心仪的理想高中""被浙江父老乡亲高度认可的、具有广泛美誉的现代学校"的基础上，努力成为"具有一定国际影响力的开放性学校"。

3. 明晰办学特色

为实现"基于人的卓越发展，育走向世界的精英人才"这一总体办学目标，杭州二中在课改的深化过程中始终强调"现代化""高端化""国际化"三个方面的建设。

"现代化"是现代学校发展的必然趋势。它包括"课程设置现代化""管理制度现代化""师资队伍现代化""设备设施现代化""德育管理现代化"五个方面。

"高端化"是现代学校的极致追求。我们以"自主化选择的课程体系""自主化学习的课堂教学""自主化管理的课外生活"这"三自主"为核心，建设具有高质量的教师队伍、高水平的课堂教学、高层次的学校文化、高档次的学生社团的高端化学校。

"国际化"是学校发展的战略选择，也是人才培养的必然需求。我校推进国际化进程的基本思路是，开阔国际视野，引进优质资源，拓展合作领域，提升合作层次，增强交流能力，扩大国际影响。我们还致力于打造学生成长过程的

"健康"绿名片、"人品"金名片、"学业"银名片，让学校始终浸润着浓浓的教育理想主义情怀。我们的口号是，让能飞的飞起来，让会飞的飞更高。

4. 明晰学校课程

基于以上思考，我们确立了学校的课程目标、课程思想和课程的整体架构。

课程目标："育走向世界的精英人才"。即通过我们的课程设计，培养具有健全的公民素质、卓越的学业基础、突出的创新品质、开阔的国际视野的精英人才。

课程思想：将"必备素养、学业基础、人格成长、智慧成长"融为一体，整体架构学校课程，促进学生"全面而自由"地成长。

课程架构："一体两翼三层四类"（见图1）。在这一架构中，"一体"指向作为学业基础的国家必修课程，此称"核心课程"；"两翼"中的一翼指向促进人格成长的"社会类自主课程"，另一翼指向促进智慧成长的"学术类自主课程"；"三层"是指"一体两翼"三大板块的课程，均按由低到高三个目标层次设计与实施；"四类"是指包含核心课程、社会类自主课程、学术类自主课程和以现代学生必备的基本素养为内容的"学校基础素质课程"的四个课程类别。

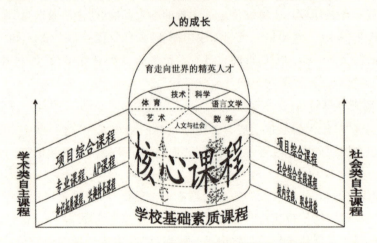

图1　杭州二中"一体两翼三层四类"课程结构图

二、 战略选择：基于外"塑"内"修"的课程设计

核心素养的培养作为教育的基本命题，既给了我们一个教我们如何行走的GPS，又给了我们一幅教育的"清明上河图"。我们如何抓住重点并将其落实到实践中？由此，我们形成了"两个任务"系列。

1. 外塑"高大上"任务系列

所谓"高大上"，就是以课程的"高端大气上档次"为追求，更好地满足每一个学生的成长需求。

我校的课程方案以国家教育方针为指导，以学校办学目标为追求，以人的"全面而自由"成长为使命，将目标分类、分解，再依据相应目标要求设计相应的课程项目，形成的课程构架目标明确、层次清晰。我校的课程方案重在体现层次性、选择性和开放性，较好地处理了若干关系。

（1）传承历史，注重实践。我校课程方案基于学校原有课程，通过目标再细化、资源再挖掘、课程再整合而形成。因此，课程基础扎实、课程条件成熟，便于分层实施。

（2）关注共性，尊重个性。我校课程方案不仅设置了"学校基础素质课程"，还在"核心课程""社会类自主课程""学术类自主课程"中设置了三级课程要求，以满足不同层次的学生成长的共性及个性需求（见表1）。

表 1　杭州二中课程设置

课程板块 （Ⅰ级）	课程门类 （Ⅱ级）	课程项目 （Ⅲ级）	课程目标 指向
核心课程	学科必修课程	数学	学科基础
	学科选修课程（Ⅰ）	语言与文学 人文与社会 科学与技术 体育与艺术	
学校基础 素质课程	主导性课程	晨会课程 主题教育活动 仪式教育 行为通则	人生必备素质
	生存性课程	应急自救 游泳课程 体育俱乐部活动	
	生活性课程	心理基础 现代礼仪 校内服务 社团活动 岗位体验 职业技能课程	
	发展性课程	生涯规划通识 大学专业设置	

（续表）

课程板块 （Ⅰ级）	课程门类 （Ⅱ级）	课程项目 （Ⅲ级）	课程目标 指向
学术类自主 课程	兴趣与拓展课程	知识拓展类课程 兴趣特长类课程	拓展知识 研究能力 创新意识 智慧成长
	专业与深度学习	专业课程 研究课程 AP课程 大学基础	
	项目综合课程	工程类项目课程 法庭与科学	
社会类自主 课程	校内实践活动	热点论坛 蕙兰学堂 仿社会组织活动 社团课程	社会意识 交往能力 领导能力 人格成长
	社会综合实践活动	志愿者服务 带课题社会实践	
	项目综合课程	领导力开发课程	

（3）动静结合，知行合一。我校课程方案特别注意个体学习与集体学习、感性体悟与理性思考、理论滋养与实践生成等学习方式在人成长过程中的不同意义，力图通过课程项目予以实现。

（4）预留"接口"，开放课程。我校课程方案充分关注社会教育资源在学校课程建设中的重要意义，设计了许多必须通过校际合作、校企合作、校政合作才能落实的课程项目，预留了足够多的外延式课程接口，为学生"全面而自由"的发展提供开放性课程构架保障。

（5）有增有减，平衡负担。我校课程方案充分关注到了课程类型丰富之后带来的学生负担问题，力图通过核心课程的分层为学生提供选择的自由，切实减轻学生的学习负担。此外还特意开设了AP等大学先修课程，力图让"能飞的飞起来，会飞的飞更高"。

2. 内修"精气神"任务系列

所谓"精气神"，就是以人内心的清澈、明亮和高远为追求，力求让每一个学生有真正的心灵生活，从有形走向无形，进而达成有形与无形的统一。比如，"让读书成为一种信仰"已成为杭州二中高常态性校园生活。2016 年 3 月，杭州二中向全社会发布了 60 本学生必读书目，涉及文学、艺术、哲学、历史、经济、政治、科学、数学等类目。

我们之所以作出这样的文化选择，就是要告知学生：学校不是功利场，学生不是刷题器，学习不是泡题海。阅读人类经典始终是最根本的校园生活。我们还告知学生：人的阅读是有层次的，一般来讲有 5 个层次：文艺类(1.0)，传统经典类(2.0)，文史哲美类(3.0)，思想建构类(4.0)，文化超越类(5.0)。人的发展同阅读的层次往往呈正相关。我们引导学生不断走向阅读的更高层次，从而拥有真正的人的心灵生活：做一个"全面而自由"的人。

三、 方法选择：基于不同"坐标点"的课程实施

基于核心素养的课程如何落地？不仅拷问着我们的教育情怀，也考验着我们的教育智慧。古人云："工欲善其事，必先利其器。"在课程建设中，我们尝试选择适当的方法维度，以保障核心素养课程的落地。

1. 在办学的历史坐标上寻根

在厚重的办学历史中去寻根问祖，是现代课程建构的灵感起点。我们要化"校史为神奇"。一个基于学生发展的课程，一定是一个历史演绎的课程。我们在建构课程体系中时常提醒自己：过于推倒重来或者过于标新立意，都是一种幼稚和无知。100 年前蕙兰学堂(杭州二中前身)的国文、科学、历史、体育等课程(见图 2)，不是仍然闪烁着时代的光芒吗？我们从中寻找杭州二中的课程根基，汲取课程建构的原动力。

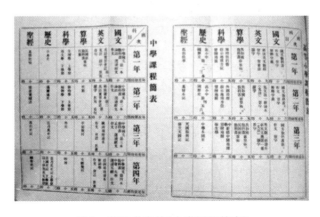

图 2　蕙兰学堂的《中学课程简表》

2. 搜寻并定位自己的"国际坐标点"

在教育国际化背景下，杭州二中始终在努力搜寻并定位自己的"国际坐标点"：从第一阶段的"二中看世界"，创办浙江省第一所真正意义上的国际学校——杭州国际学校，为在杭州的30多个国家的近500位外籍人士子女提供教育；到第二阶段的"世界看二中"，通过引进各国优秀教师，和世界顶级名校建立合作交流圈，将最前沿的国际理解教育带入二中；再到第三阶段"二中在世界中"，把二中学子送出国门，向世界展示中国。

教育的国际化是现代课程建构的基本参照。我们追求教育的国际化，一个基本的理念就是"要与世界名校同舞"。我们提出这个理念的目的就是要充分引进、感知、分享世界一流大学和中学的课程资源、课程形态以及课程效应，让杭州二中在对世界知名大学课程资源的借鉴中大步前行。

3. 在办学的现实坐标点上突破

现代课程建构必然要回应现实、超越现实。这怎么做？我们习惯从教育的原点起步，在现实中寻找突破。一是去功利化，不以分数论英雄。二是去低俗化，让教育有点乌托邦的浪漫情怀。三是去机械化，始终给学生成长预设"自由空间"。

2016年暑假，对即将升入高三的学生来说，是备战高考的日子，而杭州二中的两位"学霸"却赶赴上海，参加第31届全国青少年科技创新大赛。钱麒澎同学以"人脸跟踪和识别智能防盗系统"荣获全国二等奖。他是如何获得成功的呢？"我参加的课外补习班不多，所以课余时间比较富裕，基本上都用来琢磨这事。"对他来说，比赛拿奖是次要的，他的最大收获是学了一项技能。俞家琛同学凭"智能除臭机"拿到一等奖。完成这项发明要过好多难关，吃很多辛苦，但他认为："做有兴趣的事不会累，也不怕花时间。我已经想好了，读大学就选环境工程专业，现在是在做准备，不是比刷题、上补习班更有意义吗？"

我们历来主张教育要远离功利，自主、自由、自在，而这要落实在课程的意义追求上。我们一直认为：好的课程一定是以育人为根本的，一定会在育人的追求中不断自我完善，一定会彰显育人的成就并定格于学校的发展中。这样的课程一定是开放的、多元的、国际的、丰富的。正因为如此，我们追求的是"少谈第一，但求唯一"。我们信奉的是"成长比成绩重要，做人比做事重要"。学校支持学生寻找并坚持真正适合自己的目标，是为学生的一生负责。

这就是我们对课程建构的基本思考。

（本文作者系浙江省杭州第二中学校长）

江苏天一中学: 整体构建中学阶段英才教育课程体系

许 芹

江苏省天一中学自 20 世纪 80 年代开始，就积极探索拔尖创新人才早期培养的科学模式，在英才学生的选拔与鉴别、课程与教学、师资与管理等方面进行了卓有成效的研究与实践。在此过程中，学校逐渐意识到，我们并不缺乏成为拔尖人才的种子(潜人才)，但我们确实缺乏有利于种子萌芽的肥沃的"土壤"和有助于小苗茁壮成长的良好的"气候"。这种"土壤"和"气候"的实质，就是学校课程体系。

为此，我们深刻反思传统课程中存在的诸多问题，突破中考限制，以中学五年一贯制的系统思想科学安排各年级课程的设置与课时，明确由"知识导向"向"能力导向"转型的英才教育课程建设的基本理念，构建了以基础课程、拓展课程、研究课程为主体的立体多维的英才教育课程体系。

一、 明确英才课程设计的基本理念: 由 "知识导向" 向 "能力导向" 转型

天一中学的英才教育大致经历了四个阶段: 其一，个体培养探索阶段(1980—1992 年)，从七年级或高一开始，确定早慧少年作为教育研究对象，实行"导师制"辅导培养；其二，群体培养实验阶段(1992—2001 年)，实行集中办班培养；其三，整体改革实验阶段(2001—2010 年)，学校成立了少年部，在课程改革、教师发展等方面取得了突出成绩，学校拔尖创新教育研究成为江苏省政府"六大人才高峰"资助项目；其四，试点学校实验阶段，2011 年，学校成为"江苏省普通高中创新人才培养试点学校"，对课程进行整体设计和系统建设，努力探索拔尖创新学生培养模式。

在探索过程中，我们深刻认识到，许多学校的课程设计缺少对不同学生兴趣的关注、对个性发展的"量身定制"，学生的学习缺乏选择性，课程体系还远

未实现从知识体系到能力体系的转型。为此，我们设计了《拔尖创新人才培养课程方案》，明确了由"知识导向"向"能力导向"转型的课程目标："以'为学生提供更加自主、个性化、更多选择的成长环境，提供更加有利于学生全面发展的资源、支持和机会，让学生在新的教育文化中脱颖而出'为基本思想，通过'拔尖创新人才培养课程'的建设，让学生的潜质得到充分且全面的发展。"在课程体系建设中，尤其注重培养目标与课程功能的一致性。

1. 打好英才人格根基，凸显课程的价值性、人文性与情感性

我们进行英才教育的目标是为21世纪培养创新型拔尖人才奠定基础。学生只有具备良好的思想道德品质和健康心态，才会将个人的价值与祖国的昌盛融为一体，才能成为一个真正的"人才"。所以，我们在进行课程设计时，十分注重课程建设的价值性、人文性、情感性，努力让每一个孩子成为"积极的生活者"。我们特别强化了责任感、团队意识的培育，十分关注学生思维习惯、生活习惯、学习习惯的培养，在培养学生应具备的多种基本素养的基础上，更加凸显对学生以下四种品质的关注。

"卓越思维"：我们通过研究性学习、社会实践以及项目研究等课程设计，培养学生具有批判性思考、创造性思考、系统性思考、预见性思考等创新思维能力。

"宏观视野"：我们力图通过课程设计，引导学生广泛阅读，形成广博的认知领域；引导学生关注多元文化，增强国际理解，丰富自己的价值体系；引导学生积极参与社会实践，在实践中整合知识与经验，加深他们对自我以及周围世界的理解。

"积极人格"：我们希望通过课程的学习，每个孩子都具有"经营幸福人生的能力"，都成为"积极的生活者"；通过课程实践，每个学生都始终拥有美好的愿景，始终保持卓越的沟通能力，始终保持积极向上的心态。

"济世情怀"："重点中学的孩子要具有推动社会进步的能力。"我们希望通过课程设计，培养学生具有高度的爱国心和献身精神，培养学生对人类的关爱、对人类命运的普遍同情以及强烈的道德感，培养学生正直、诚信以及对国家与社会发展的责任感。

2. 研究超常学生特质，增强课程的综合性、丰富性与选择性

超常儿童具有特殊的兴趣、爱好和强烈的好奇心与求知欲，创造性强，思维活跃。我们对学生的人格特质测试等研究显示，我校少年班学生在"聪慧性""自律性"等维度上明显高于普通班学生：在"聪慧性"方面，他们思维敏捷、正确，抽象思维能力较强；在"自律性"方面，他们自我控制能力强，在交往中能细心观察别人的特点，并按自己的想象，合理支配自己的行为和情感。超常儿童对"综合要素"知识的接受程度也远远优于对单一知识的接受程度。要实现英才发展的培养目标，不仅要看国家课程校本性实施的水平，而且要看学校为英才学生提供了多少优质的校本课程。因此，在深入研究英才学生的群体特性和个体特征的基础上，我们注意课程设置的弹性和选择性，打通初中高中阶段课程界限，整体安排课程内容；增强课程内容的丰富性与综合性，注意对学生思维能力的开发和实践能力的培养。例如，我们按照人文学科群、自然科学群、艺术学科群对课程进行综合，这一综合不是各科知识的简单堆砌和模块的叠加，而是在综合分析、分类基础上的重新组合。我校与英国斯伯丁文法学校合作的风力发电研究、与瑞德克里夫大学校合作的月坑研究，融合了多学科的知识，培养了学生的多种能力，体现了学科的综合性。

3. 着眼英才终身发展，提高课程的系统性与创造性

我们的课程改革，应注重培养学生"可持续发展能力"和"高尚、完善的品格特征"。所以，我们在进行课程设计时，充分考虑孩子"可持续发展的学力"，在基础学力的基础上，注重发展性学力和创造性学力，注重学生态度、习惯、视野和知识的综合涵养，在学校课程文化中真正体现出基础教育的本义和超常教育的追求。

我校少年班学生不用参加中考，这使我们得以用五年一贯制的系统思想科学安排各年级学科课程的开设与课时分配，优化学习过程。我们对五年的课程进行了内容重组和学科综合，删除了一些繁旧及重合的知识，关注学生的生活经验和学习兴趣，精选学生终身学习必备的基础知识和基本技能。在此过程中，我们强调各个学科领域之间的联系和一致性，避免过早地或过分地强调各个领域的区别和界限，防止出现各个领域之间彼此孤立、相互重复或脱节的现象。

二、 构建英才教育课程体系：由"一刀切"走向立体多维

基于上述思考，我们摒弃了传统学校"一刀切、齐步走、标准化"的课程设置与课程实施模式，构建了立体多维的课程结构，进行英才教育课程体系的系统性建设。

1. 基础课程：渗透创新能力培养内容

基础课程面向全体学生开设。所有的学生都要学习所有的课程内容，并达

到国家对学生素质发展的基本要求。基础课程内容包括学科课程（针对现有的课程标准进行内容拓展）、综合实践活动（包括研究性学习、社区服务与社会实践等，并渗透社团学术活动课程）、学校德育课程（让学生在生活情境中感悟、体验、熏陶、成长）、学生发展指导课程（培养学生具备初步的规划人生的能力，形成成长的内驱力），以及学校艺术、健身、劳动课程。

在这些课程中，我们通过各种方式渗透学生创新能力培养的内容。例如，我们在传统的语文、数学、英语等国家课程的基础上，对部分内容进行增删，如语文增加课外阅读量，外语除了国家基本课程外，还增加了新概念英语的教学。

2. 拓展课程：帮助学生发现多元智能

拓展课程面向全体学生开设，所有学生都可以根据自己的兴趣、爱好、特点自由选择其中的部分课程。课程内容包括校本选修课程（增强课程的多样性和选择性，增加学科前沿发展的课程内容）；分学科基础课程（含学科拓展、学科竞赛、活动技能、体育艺术、学生社团等）；名人课堂课程；专题综合课程；文化浸润课程（组织拔尖学生海外修学旅行、交流互访、短期培训、课题研究，感受世界顶尖学府的独特文化，拓展全球视野）；学校"三节"（科技节、艺术节、体育节）、社团活动课程（强调学术取向，项目研究）。

这类课程更关注学生的个性成长，通过各种平台帮助学生发现多元智能，并在各类活动中发展自己的特长。例如，教师顺应超常儿童的好奇心和求知欲望，从广度或深度上进行拓展延伸。文科课程主要以现代科技的新走向及社会实践性内容为主，理科课程主要以现代科技的新走向和实验操作性内容为主。

3. 研究课程：发掘、培养和发挥英才学生的优势潜能

研究课程面向具有创造潜质的学生，让他们进行兴趣和任务驱动下的体验式、探究式研究，激发他们的科学精神，增强创造性思维和创新能力。课程内容包括课题研究课程、创新实验室自主研究课程、创新思维训练课程（如创新思维训练课程以及各类创新思维活动）。

例如，在课题研究课程中，我们结合研究性学习、综合社会实践、学生社团等活动，强调将问题探究与学科学习相融合，让学生基于某一问题"看得远、想得深、做得新"。在创新实验室自主研究课程中，我们以"创新实验室"为主要平台，开发学科资源，让学生在动手实践中，最大限度地提升自己发现问题、解决问题的能力。此外，让一部分拔尖学生进入高校、企业实验室，参与科学研究项目，体验科学研究氛围，熟悉科学研究流程，提升科学研究能力。

三、 思考英才教育课程的价值所在：为英才成长构建"创造性环境"

1. 中学英才教育课程的核心目标是培养学生的创造性人格

崇尚科学、热爱真理、执著追求是英才的核心特质，更是英才成长的恒久动力。中学的英才教育目的并非只是培养学生的某种能力，而是培养学生的创造性人格。学校要为学生搭建观察、思考、探究的各种平台，让学生能够大胆地质疑、勇敢地否定、深入地探究。

2. 富有创造性的学校文化是最富有生长力的英才课程

英才的培养绝非只是开设几门课程，创新拔尖人才的培养要贯串于学校教育的各个环节，在学校文化的孕育中生成。学校文化就是能够诞生"爱迪生们"的环境和"土壤"。学校应该成为孩子们做梦的地方，对学生的培养，要从呵护他们微小的念头开始，惊喜于他们小小的创意，并不断地为他们的思想注入新鲜的原动力。如此，"每一个孩子都是一座金矿"就必将成为事实。

3. 英才课程需要借助研究的力量不断完善

近些年来，我们一直遵循"重点突破、循序渐进"的原则，以"课题引领，研究推动"为工作指导思想，通过"中学超常教育课程改革的研究""资优教育'丰富教学模式'的本土化研究"等课题，逐步对创新拔尖学生的课程建设与课堂教学等进行系统性的研究。此外，学校积极参与世界天才儿童大会、亚太超常教育会议、中国人才研究会超常人才专业委员会的各项活动，与国内众多名校进行了长期的项目研究合作，使得英才教育课程日益成熟。

4. 英才教育的系统推进需要科学规范的试点探索

拔尖创新人才培养是一项探索性工作，需要有科学、规范的实验。以便在实验中积累经验、摸索规律，形成拔尖人才、各类个性人才的培养模式。我们希望在若干有条件的省市，组织国家层面的试点学校，积累和形成拔尖创新人才培养的系统课程。组建全国"拔尖创新人才培养协作组"，发挥试点省、试点学校的协作功能，互通信息，互通资源，优化这种探索性实验。也要成立由高校专家、科学家组成的研究指导团队，规范性指导科学实验。

5. 要为英才教育建立良好的社会支持系统

培养英才必须要有宽松的环境。英才培养的课程建设更需要整合各种资源，形成全社会的合力。学校管理者的使命就是为创新拔尖人才的成长创造一种尊重个性、宽松自由的发展空间，从传统的"有效管理"走向学生"行为自律、学习自主、个性自强"。优秀教师要善于发现创新拔尖人才的个性优势，善于保护创新拔尖人才的灵性，善于提供有助于学生个性发展的服务。

（本文作者系江苏省天一中学副校长）

北京师大附中： 构建全人格教育课程体系

王莉萍

20世纪20年代，鲁迅先生曾在北京师范大学附属中学（以下简称"北京师大附中"）做过一次演讲，题为《未有天才之前》，其中有这样一段话："不但产生天才难，单是有培养天才的泥土也难。我想，天才大半是天赋的；独有这培养天才的泥土，似乎大家都可以做。做土的功效，比要求天才还切近……"

时隔近百年，鲁迅先生的话语依然引人深思。教育的过程与育苗相仿，为学生提供成长的沃土最为重要。北京师大附中自建校起就勇于担当培育英才的重任，追求"做好一方沃土"的办学理想。

做好一方沃土的核心是做好学校的课程建设。林砺儒先生在担任北京师大附中校长时提出，中学教育是全人格教育，要使中学生人格独立，健全发展。高中新课程改革以来，北京师大附中在继承中创新，构建起由"基石课程""志趣课程""卓越课程"组成的全人格教育课程体系（见图1），以实现学校"全人格、高素质"的育人目标。

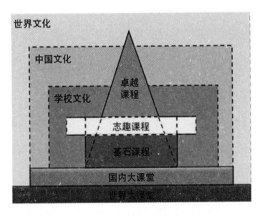

图1 北京师大附中全人格教育课程体系

一、 "求同存异"的人生"基石课程"

人生"基石课程"基本涵盖了所有的国家必修课程，包括语文、数学、英语等 13 个学科以及综合实践活动。国家课程虽然属于共同修习，但学生的发展方向、学业水平和能力各不相同，所以在课程实施时要兼顾差异，为学生提供多个版本。我们首先将国家课程分成"国内升学"和"国外升学"两大方向；其中，"国内升学"又分为"侧文"和"侧理"。每一类发展方向还需要进一步细分，于是，各学科在实施"基石课程"时就形成了适合各类各层学生的学习版本（见图 2）。

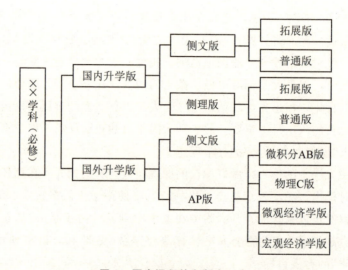

图 2　国家课程的多版本开发

任课教师将学科课程的内容适度压缩或扩展，确立每一方向、每一层级版本的主干知识、核心概念、基本思想和重要方法，并使不同层级的课程顺畅衔接。

例如，英语组高度整合教材单元内容，保留思想性强、语言或内容好的阅读和听力文本；保留部分难度适中的词汇练习；对语法项进行补充拓展；对写作任务进行改编取舍。分层一、二班一般用 4～5 课时完成一个单元，同时教师尝试各种特色授课，如分层一班尝试"学生主讲"，侧重培养学生的自主学习能力。分层三班一般用 10～12 课时完成一个单元，课堂以教师引领为主，细致落实语言知识、技能、策略等。在此基础上，教师还要以教材单元话题为核心，补充与课本有密切联系的泛读材料，学生通过阅读，可以再现重点词汇，并加深对话题的理解。为了巩固学习效果，同时培养学生的写作能力，教师在教学中还会加入"课文改写"和"单元串讲"等内容，从教师示范开始，让学生结合单元话题，用新词进行再创作。

不同水平的学生可以进行选择性学习。如上所述，完成一个单元的学习任务，一、二班会比三班少用 6～7 节课的时间，这两个班的学生可以利用这个时间，在《空中英语教室》《Advanced 彭蒙惠英语》中遨游，也可以选读教师精心挑选的"TED 演讲""经典短篇小说"等。

二、"学有所长"的"志趣课程"

每个学生的天赋、特长、志趣都不一样，这就要求我们提供更加丰富多样的课程供学生选择。目前我校已有 80 余门校本选修课，这些课程往往是"基石课程"的延伸、拓宽和综合，凸显与学生自身经验的联系，目的是提高学生解决实际问题、综合性问题的能力。

基于智能类型，结合目前我国大学的专业分类，我们将"志趣课程"划分为"语言文学""数理科学""历史文化""经济""健身技能""艺术技能""信息科技技术"，以及德育的"人格塑造"八个领域。这些课程既能满足学生发展个体专项智能的需求，又能满足学生及早体验未来大学专业的需求。下面介绍两个比较典型的"志趣课程"案例。

1."中学伦理学"："面对伦理抉择，你将何去何从？"

传统的思想品德教育往往带有浓厚的说教色彩，难以引起正处于叛逆期的中学生的共鸣。为此，我校开设"伦理学"系列课程，选取与生活相关的主题或问题，通过师生探究，渗透道德教育，让学生的内心自然生成道德认识和道德自律。

"中学伦理学"是我校精心打造的第一个"全人格、高素质"品牌的系列课程，属于"志趣课程"中的"人格塑造"类课程，包括"生命伦理学""伦理学""生态伦理学"。

"生命伦理学"由若干个专题组成，追踪学生一生可能会陆续碰到的生命伦理问题，包括基因隐私权、辅助生殖技术、克隆人、器官捐献、干细胞研究、人类瘟疫、艾滋病、毒品的诱惑、转基因食品、动物福利、脑死亡、安乐死、可持续发展等主题。教学环节包括问题探讨、知识储备、伦理思辨、价值取向、实施拓展等。"生命伦理学"是一门德育与智育交融、文理交叉、理论学习与实践体验相结合的校本课程，它使学生尊重生命、呵护生命、崇尚道德，目前已正式出版校本教材《中学生命伦理学》。

"伦理学"课程包含"导言""善""责任""爱""诚实""良心""正义""智慧"八个部分，结合当前的道德伦理热点问题，通过对伦理学理论的学习探讨，引导学生审视自我，并在与同学的思想碰撞中，确立可能的善的实现途径，培养有道德、有良心的中国学生。我们已编写了校本教材《人的善——伦理学导读》。

"生态伦理学"是运用生态学和伦理学的综合知识，研究生态的伦理价值和人类对待生态的行为规范的一门科学。我校的"生态伦理学"课程以一个人的一天生活为线索，将生态伦理问题贯串全课程，开设的专题包括生态常识、生态安全、生态价值、生态哲学、生态美学、生态文明等。本课程现已完成一轮教学实验。

2."时文时评自主研读"："时文时评，我有我观点"

在语文教学中老师们发现，学生普遍忽视现实生活，阅读视野狭窄，思想认识幼稚偏激，而教材中的文章又重经典轻时文。于是，"时文时评自主研读"课程应运而生。

课程篇目内容主要来自《人民日报》《文汇报》《南方周末》等各大主流报刊。教师根据学生的年龄与心理特征，精心挑选文质兼美的时事报道和时事评论文章，加以整合、分类，构建丰富多彩的阅读主题，供学生进行自主研读、合作探究、个性写作和公共演讲，目前已形成12个研读专题，分别是TED篇、科学篇、幸福篇、家国篇、志趣篇、文化篇、创新篇、网络篇、影视篇、慈善篇、智慧篇、传统文化篇。

学生选择自己感兴趣的话题自由组合，运用"分类比较、整合提炼"的研读方法，准备演讲稿，进行课堂展示和交流，彰显自己个性化的选材立意和独特表达。教师对学生的课堂活动及时进行分析、评价、总结，注重开启学生的思路，激发学生"增强思辨力度，提高研读水平"的热情。

这一课程密切关注当下的新闻热点、焦点评论、思想交锋和文化思考。教师精心安排的各类新闻热点话题消除了学生的时代隔膜感，熟悉的生活事件引起学生的强烈共鸣，而现实性极强的话题又与学生的日常学习息息相关，学生有话可讲，有情可表。学生乐于尝试深度研读，在承继文化经典的同时紧跟时代步伐，扩大阅读视野，提升思想认识，增强社会责任感。

3."数学名著选读"："读名著，品数学"

数学是理科学生喜爱的科目，但大部分学生不知道数学领域中也有名著、有经典，有的学生甚至认为，数学书除了教材就是习题集，数学学习除了听课就是做题。

为了改变学生对数学的误解，我校开设了"数学名著选读"课。开学初，教师列出书单并附上指导意见，供学生自由选择。这些书包括数学人物传记、数学史、数学科普、数学方法和纯数学逻辑等类别。教师给出选读建议。每本书涉及的内容和难度不同，学生可以根据自身的爱好和数学基础自由选择，也可以选读书目外的书籍。我们要求每个学生每年至少选择一本书，利用课余时间阅读。书中的数学史内容，包括人物传记、名人趣事、名题趣题的来龙去脉等，这些内容在激发学生数学学习兴趣的同时，也会潜移默化地培养学生崇尚科学、追求真理的意识。

三、 促进特色学生成长的"卓越课程"

钱学森中学时代就读于我校，"钱学森之问"已成为中国教育人的共同追问。为让北京师大附中的毕业生中能够涌现一批各领域的骨干力量，甚至领军人才，我校开发了"卓越课程"。"卓越课程"面向特色学生，注重"学科学术力""实践能力与创新精神""国际化""领导力与合作精神"四个"卓越特质"的培养。目前，我校主要开发出面向钱学森班、国际合作项目班、科技特长生、体育和艺术特长生的课程。

1."学科学术力"课程

无论是"领军人物"还是"业务骨干"，都需要高水平的专业能力，因此，"卓越课程"必须着力于提升教学的学科学术性，使一部分知识、方法与大学接轨。例如，钱学森班的数学、物理、化学竞赛课程，数学小课题研究、数学论文撰写、物理学术力课程、英语 A 层课程、科技史、现代高新技术概论；国际合作项目班的 AP 课程；着力于科技人才培养的高校科研院所实验室项目；体育和艺术专业项目的个性化培训课程等。

如与大学接轨的"物理学科学术课程"的课堂上，学生首先会根据生活常识或收集数据分析这些问题所包含的要素，然后进行建模，使现实问题转化为物理或数学问题，接着，运用物理或数学方法解决问题。教师对学生的解决方案进行评价，从低到高，一共分为四个等级：有想法、较合理、可操作、有效简洁。对于这种培养方式，学生非常喜欢。

2."实践能力与创新精神"课程

我校"卓越课程"的实施注重实践性。在实践中，教师努力调动学生的思维，使其学以致用，增强体验，激发情感。创新的起点是"提出问题"，终点是

"解决问题"，而实践是发现问题的绝佳机会。因此，提供丰富的实践活动是培养学生创新精神的有效途径。科技、艺术和体育本身就是实践性学科，因此，我校特别为钱学森班和国际合作项目班设计了丰富的外出游学活动和校内实践课程，如钱学森班的"物理系列开放实验"和"化学自主探究实验"等。

为加强对特色人才的中国传统文化教育，我校以语文、历史、地理等人文学科为阵地，开设了"人文·科技·创新"综合实践活动游学课程，目前已形成"西安—延安""扬州—镇江—南京""安阳—洛阳"等三条文化游学路线。除了参观游览，课程还包括诵读相关美景的名诗名篇、做地质实验、研讨历史事件等学习活动。学生在游历山川、寻访古迹的过程中，感受文学意境，分析地质原理，思考历史事件，体味文化精髓；分科学习与综合学习相结合，知识传授与活动体验相结合，学生的收获超出了老师的想象。

"请你测量一根橡皮筋的劲度系数，不允许使用实验室中的正规仪器，可以使用学习用具及生活中的器具"。这是"物理系列开放实验"之一。在做这些创新性实验时，教师会要求学生分组，且各组方案必须不同；最后，会专门拿出一节课让各组展示。展示时，学生要讲清实验原理，演示实验步骤，展示先前获得的数据并进行误差分析。其他组可以质疑，展示组需要答辩，最后教师进行点评。为了探索形象思维对创新的启发作用，我们为钱学森班开设了"艺术实践与创作"课程，包括声乐、钢琴、绘画、陶艺、舞蹈和摄影六个模块。

3. "国际化"课程

未来的精英必定是国际化人才，因此，"卓越课程"必须坚持国际化方向，培养学生宽广的国际化视野、较强的跨文化沟通能力、较强的信息运用和处理能力；同时，还要使学生能经受多元文化的冲击，在做世界人的同时，保持中华民族的文化特性。

比如，我校开设了中西合璧的 SLD（Skill-building for Learning and Development）课程，旨在培养学生的创造性思维和批判性思维，为他们成为国际创新人才做好准备。课程由两个主题组成："个人和社会"（The Individual and Society）和"动物福利"（Animal Welfare）。教师选取与学生相近的生活材料作为研讨话题。学生通过学习，恰当地理解与人的身份相关的核心概念，同时思考自己的人生，为未来的选择做好准备。SLD 课程是全英文学习，学生必须学会利用国际网站搜索资料、获取信息，同时用英文表达自己的思想，在学习与交流过程中理解东西方不同的文化与价值观。

4."领导力与合作精神"课程

对学生领导力与合作精神的培养，需要形成一定的组织，通过开展活动或执行任务来完成。

我们在钱学森班开设了一个提升"领导力与合作精神"的实践课程——管理班级的"轮值双班长制"。每周由两位班长负责班级的日常管理，并组织一次自定主题的班会活动。班长所在的小组就是领导团队，他们通过协商，提出本届班委的日常管理方案，征得同学允许后实施。他们在组织主题班会时，要精心设计，调动同学参与，推动活动进程，以取得好的效果。通过实施"轮值双班长制"，每位同学都切身感受到班干部和班级普通一员在班级建设中的地位和作用，认识到在未来工作中领导力与合作精神的重要性。为了给学生提供锻炼领导力与合作精神的机会，教师还会在日常教学中经常设计有挑战性的学习任务，要求学生采取小组合作学习的方式完成。运动队、合唱团、舞蹈队、素描班、科技俱乐部、微电影社、轻音社等小组社团，都注重通过日常交往、参加比赛、开展研究项目或组织社团特色活动，培养学生的领导力与合作精神。

（本文作者系北京师范大学附属中学校长）

北京实验学校：让学生感受到课程之美

曾军良

　　教育的核心是育人，是让孩子成为一个充满快乐、富有智慧、对社会有用的人。当前很多教师的课堂依然停留在传授知识的"教"而非启迪心灵的"育"上。北京市立新学校（现已更名为北京实验学校）是北京市海淀区唯一一所集幼儿园、小学、中学于一体的公立学校，前身为著名的平民教育家、慈善家熊希龄先生在1920年创立的香山慈幼院。学校悠久的办学历史给学校带来了独特的发展机遇，但层级管理的传统管理模式也给学校发展带来了一定的阻碍。

　　2011年，我校提出了"课程育人"的理念，通过改变传统的教育教学管理方式，积极推进学校教育创新。首先，我们建立了"校务委员会"，汇聚集体智慧，实施民主管理，决策学校校级（幼儿园、小学、中学）层面的各项工作。其次，我们建立了以校级教育教学领导为年级主管领导的年级负责制。各位校级领导全面负责、整体落实学校的教育和教学思想；并结合年级特点和处室工作要点，在本年级富有创造性地开展工作。这解决了以往学校把主要精力放在毕业年级的管理上，对非毕业年级关注度不高的问题。最后，我们成立了"课程委员会"，对教育教学工作实施专业化的管理和研究，"课程委员会"由校长、教育和教学领导、全体教研组长、全体年级组长、教科室成员组成，成员要在"课程育人"方面成为探索者、引领者、示范者、指导者、推动者。在改变管理模式的基础上，我们开始积极推进学校教育教学改革。

一、 激励德育，唤醒学生的成长自觉

　　学校德育管理的重心不在于实现某种技术转型，而是要唤醒道德成长主体的内在自觉。我们丰富德育课程，创新实践活动，抓好常规管理，以激励为主线，最大限度地发挥德育的功能。

1. "人生规划教育"：激励学生自主发展

我校的"人生规划教育"已开展多年，并逐步形成我校有特色的德育课程之一。每个年级的"人生规划教育"侧重点不同。如高一年级的主要内容包括：(1)初步完成"我的职业生涯规划书"；(2)在军训中认识自我；(3)在研究性学习中，进行行业调查；(4)在假期社会实践中，对所向往的职业进行调查；(5)召开校园模拟招聘会。

2. 学生会、家长会、主题班会：学生成长的加油站

我们把"充满激励与表彰的学生会""充满理解亲情的家长会""调整情绪、珍惜时间的主题班会"，做成系列德育课程，让学生在持续被激励中不断成长。这使得我校学生在进入高三后，依然能持续保持一种饱满、高涨的学习热情，以昂扬的精神度过高三时光。

3. 导师制：让学生在集体学习中进步

班主任往往很难顾及全班每一个孩子，所以我们在开学第一天，就为学生分配导师，一个导师带十个左右的学生。第一周的班会，导师进入班级，进行第一次导师指导。每次大考后，导师都要召集自己带的学生谈话，对学生下一步行动进行指导与督促。这十个学生就是一个小集体，可以进行更有效的交流与学习。

4. 承办升旗仪式：让学生成为校园的主人

每周的升旗仪式是学校开展爱国主义教育的固定课程。如何把枯燥的升旗仪式变成学生喜爱、形式多样的德育课程？我们采取了班级或年级承办的形式，真正让学生成为升旗活动的设计者、组织者和参与者，收到了良好的效果。

5. 校园值周实践：提高学生的领导力

当我们用课程来规范值周活动的时候，我们发现值周的教育目的更加清晰了，值周成为培养学生领袖气质的有效手段，成为一个相对完整与规范的德育课程。我们细化值周的评价方式，通过自评、教师评和学校评，最后给予学生相应的实践活动学分。

6. 励志大讲堂：汲取成功者的力量

我们邀请著名的企业家、学者、艺术家等成功人士，走进学校，和学生面对面地交流互动，让学生品味他们成长、成才、成功的心路历程。如我们邀请了歌唱家刘和刚、京剧表演艺术家孙毓敏为学生作报告。我们还组织学生观看残疾人艺术团表演，倾听感恩教育大师一横的演讲。

二、"魅力课堂"，激发学生学习的"精气神"

我们一直在反思，我们的课堂最缺少什么？是缺少知识吗？是缺少方法吗？是缺少责任吗？似乎都不缺。课堂最缺的是激情、活力、兴趣、幽默、对生命的尊重，最缺的是学习的"精气神"，最缺的是一种推动学生生机盎然地去学习的力量。

为此，我们提出了打造"魅力课堂"的教学改进目标。我们提出，"魅力课堂"是基于尊重学生的美好天性，激发学生的精神动力，让学生感知快乐的心理体验，是努力让教学迸发五彩的魅力光芒，推动学生自主学习、主动发展、创新发展的改革行动。这样的改革更加关注过程的魅力，更加充满人性的温情。

高三的课堂最容易沉闷与紧张，而我校的高三课堂，因为有了"魅力课堂"的召唤，正在从"知识传授型课堂"向"自主合作探究型课堂"转变，课堂变成了阳光灿烂、灵性生长、青春飞扬的舞台。

1. 增加常规教学的魅力指数

（1）课堂要以中等生的理解为基础。平时的课堂面对的是中等生，授课要以大多数学生的理解为基础。各备课组经常在一起讨论教学内容、方法和进度，随时根据学生的学习情况进行适度的调整。

（2）再造教学流程，让教学设计更加凝练有效。学校通过对录像课案例的研究，对每一堂课、每一次作业进行观察和反思，研究究竟哪些环节是无效环节，哪些环节是低效环节，在此基础上研究如何改变与再造流程。

（3）限定各科作业时间，让作业不再是负担。为避免作业布置的随意性，我们对每天各科的作业时间作出具体限定。教师们在安排作业内容的同时要考虑到时间的要求，这样学生们也能在完成作业的基础上适当地安排自主复习。

（4）教师主动出击，"软硬兼施"巧答疑。高年级学生的提问主动性不是很强，根据这一情况，我们专门安排了答疑时间。每天中午和下午辅导课后，教师有 30～40 分钟的进班答疑时间，各学科根据分配的时段安排了"硬答疑"和"软答疑"。教师由坐办公室等学生答疑，变成了主动到教室找学生答疑，学生的提问热情被激发了，老师们也通过主动答疑发现了很多平时没有发现的问题。

2. 让测试与练习"可爱"起来

(1)每天一小时限时练习。我们在每天下午安排了一小时的限时练习时间，每天一科。教师根据学科特点，有目的地设计练习内容和形式。四十分钟练习，十分钟同学讨论，十分钟教师答疑。这样，教师不再忙于阅卷，学生也能就刚刚完成的练习展开讨论，及时记忆。

(2)根据目标分数进行考试命题。在每次测试前，学校都要给出目标分数，教师们要根据目标分数来命题。这样，教师出题就不再是试题的简单拼凑，而要在充分了解学情、研究题目的难度后才能准确地命题。

(3)重视考前模拟与考后讲评。我们在期中和期末考试前安排考前模拟热身，模拟考试的难度和相应的考试相当。每次考后，教师们利用试卷引导学生进行充分复习和练习，让学生通过试卷讲评课巩固知识、提升能力。

3. 在分层辅导中体现人性化关怀

(1)每周一次的学困生辅导。为不让一个学生掉队，学校组织教师每周一次给学困生进行特别辅导。这给予了学困生极大的信心，他们知道老师没有放弃他们，也就有了继续前进的勇气。

(2)每周五的学优生小组活动。学校将具有不同学科优势的学生组织在一起，每周五共同学习。小组活动时没有教师指导，但学生的探究热情很高。每个学生将一周来某一学科(自己的优势学科)的知识进行梳理、总结，在共同学习时与大家分享。小组的同学纷纷表示受益多多。

三、 "课程委员会"，为"课程育人"提供智力支持

"课程育人"需要优秀的师资保障。"课程委员会"在其中发挥了重要作用。"课程委员会"成员在日常工作中，首先要积极引领全体教师研究德育课程。在学科必修、选修课程上带领同行搞好德育课程开发与整合；积极带领本组教师开发校本课程，为学生提供丰富的课程选择。其次，积极推进常态课教学研究。全体"课程委员会"成员把听评课当做日常工作，积极主动走进教师的常态课堂。已往的听课、评课，更多地局限在教研组、学科组内部。现在的活动模式，一方面把年级组推向了教育、教学双向研究的角色，另一方面也为不同的学科之间尤其是人文学科与科学学科之间，提供了一个更好的交流与学习的平台。

由于改变了传统的听课即评价、挑毛病的评课模式，换之以激励、肯定、平等、民主、提建议的交流平台，所以老师们对于听课更加欢迎，甚至有时某

些地方没有讲好，还会说："我再试一次，改完后在下一个班再讲讲，您再指导指导。"我们积极推进常态课堂的改进工作，分阶段进行研究、反思、评价。

1. 研究常态课录像，进行自我诊断和反思

在教学科研处的统筹安排下，所有教师都要选自己的某一节常态课进行录像，然后站在局外人的角度来研究录像。教师要从课堂教学走向"课程育人"，要重点关注如何建立和谐的师生关系，如何将自信教育、激励教育带进每一堂课，在此基础上研究如何改变与再造教学流程。

2. 进行组内教研，汲取他人营养

在"课程委员会"的引领和指导下，我们积极推进他人诊断，即以备课组或教研组为单位，以同课异构和一课两讲的模式进行组内教学研究，在组内同行的共同诊断之后，再次进行课堂教学环节的深层次研究和思考。我们提出，听课时要有三个重点关注：关注问题的有效性和问题的质量、关注学生的回应、关注学生知识的生成，其实就是在关注教师的教学设计能力、设计目标的达成度、课堂驾驭能力。

3. 进行校级观摩与研究，展示合作探究成果

在前述研究、诊断的基础上，在"课程委员会"的引领和推动之下，我们积极推进课堂的校级观摩、研究，即以教研组为单位，呈现两节校级研究课，展示每个教研组在"课程育人"背景下进行课堂探究的初步成果。

（本文作者系北京实验学校校长）

清华附小： "1＋X 课程"的深度建构

成尚荣

课程世界应当是平的。所谓"平"，是指各种学科课程应当打开自己的边界，牵起手来，互相对话，这样的课程世界才是美好的。问题是，我们为什么要打开？以怎样的方式去打开？在这背后还有更深层次的问题：我们应该培养什么样的人？这是对校长和教师良知、勇气、智慧的考验。

清华大学附属小学(以下简称"清华附小")在窦桂梅校长的带领下，坚持做了这件事——"1＋X 课程"体系的建构，而且从宏观的把握到微观的具体实施，不断完善，不断深入，不断进步。可以说，清华附小在课程世界里进行了一次重要变革，深刻而生动，其目的直指学生核心素养。今天我们关注"1＋X 课程"，旨在关注其发展新视域，由此把握小学课程改革未来的走向。

一、 以核心素养为统领，竖起课程综合的"标的"

课程整合，包括综合课程开发，是课程改革的趋势。第一，课程的综合顺应着知识发展的规律：知识总是从综合走向分科，又从分科走向综合，每一次综合总有新知识诞生，知识总是在向前向上发展。第二，课程的综合有利于培养学生的探究能力和创新精神：探究能力、创新精神总是发生在知识的交叉地带，亦即课程的综合地带抑或边缘地带，课程的综合打开了学生的视野，为学生发展提供了新的平台。第三，课程的综合有利于学生过完整的生活：生活原本就是一个整体，过度的分科打破了生活的整体性，以致使生活碎片化。生活的割裂当然不利于学生的全面发展……

但这些总是就课程本身讨论，而没有真正走向学习者——儿童，没有深度地触及儿童发展的一些核心问题。比如，课程综合的最高立意究竟在哪里？课程综合的评判标尺究竟是什么？对这些根本性问题，其实我们的认识和理解并不是非常准确和明晰的。于是，在实践和研究中，难免存在以下一些问题，如课程综合的指向目标、综合的程度、课程综合中是否要坚守学科的独特价值等。正因为此，课程综合总是迈不开、迈不准、迈不大步子。我们应当寻找、明晰课程综合的评判标尺，竖起课程综合的"标的"。

正如《人民教育》杂志刊发的《走向核心素养》一文中指出的："以个人发展和终身学习为主体的核心素养模型逐渐代替传统的课程标准体系，改革的视点也从单一重视学科教学规律走向人的成长规律与教学规律的叠加和融合。"毋庸置疑，课程综合应当毫不犹豫地走向核心素养，唯此，课程综合才会有"魂"。

清华附小在以往研究的基础上，形成了一个新的命题："基于核心素养的'1＋X课程'深度建构"。他们通过反思，对原有的课程目标进行调整，初步拟定了"清华附小学生发展五大核心素养"。这"五大核心素养"具有以下显著特点。一是直接指向学生的学习和发展，体现了"以儿童发展为本"的核心理念。核心素养是关乎人、为了人的，人永远是目的。在每条核心素养的后面都站着一个儿童，站着一个大写的人。它超越了知识，超越了学科，更超越了分数，让儿童真正站到了课程的中央。二是形成了儿童整体发展的主要框架，以此可逐步构建一个体系。特别值得关注的是，将"身心健康"作为第一条，既符合小学生发展的特点，也符合人发展的规律。三是继承并弘扬了清华附小的办学传统，彰显了清华大学的文化印记。"五大素养"的每一条都与清华大学及其附小的历史相联系。"成志于学"，源于清华附小的老校名，取义自校训"立人为本，成志于学"；"审美情趣"，源于清华大学四大国学大师"至真、至美、至情"的美学境界。四是回应了世界教育改革和发展对人才的要求。"学会改变"既源于清华大学"人文日新""独立之精神、自由之思想"的理念，又与改革潮流相吻合，即主动适应，改变心智模式，超越自我，走向未来。

我们尤其要关注的还有两方面。一是关于"天下情怀"。对小学生提"天下情怀"是否合适？我认为，关键是对"天下"的理解。最近李克强总理在与文史馆员谈文论道时，谈到了"天下"。李总理说："'天下'，其实是每个人的'天下'，所以'天下兴亡'，才会'匹夫有责'。"可见，天下情怀是中华民族的优良传统，是中国人的家国情怀，是关心人类进步、世界发展的情怀，是"先天下之忧而忧，后天下之乐而乐"的社会责任感和时代使命感。这正体现了清华附小学生博大的胸怀和崇高的人生追求。二是对儿童自身关于核心素养的认知与接纳程度的关注。清华附小创造性地提出"儿童版"的核心素养（严格地说，所有的核心素养都应是"儿童版"的）："健康、阳光、乐学"，它们好听又好记、好记又好做、好做又形象，其实这六个字关涉学生发展核心素养的方方面面，内涵丰富，覆盖面很广。

清华附小的行动也告诉我们，学生发展核心素养并不神秘，我们也不是一切从零开始，只要心中有儿童，从学校的历史、现状和未来发展等几个维度，完全可以形成校本化的学生发展核心素养。

二、 以"跨界"思维为路径，明晰课程整合的形态

如前文所述，我们通过整合实现课程的综合，意在提高学生的核心素养。在此基础上，我们还需要再追问，课程整合后形成什么样的课程形态？这样的课程形态带来的根本性变化究竟是什么，它会让课程改革走向什么样的境界？

清华附小对此是有深刻思考的。首先，他们关注并思考了几件大事。一是关注了 2014 年诺贝尔奖的颁发，此届诺贝尔化学奖的得主竟然是一位物理学家。这折射的正是一种"跨界"现象，蕴含着深意。现代科学的前沿都是交叉的，简单的学科分类会给知识贴上标签，进而让人产生误解。"跨界思维""跨界研究"已进入国际性的评选范畴，并会日益鲜明。二是关注并思考了阿尔伯特·爱因斯坦。爱因斯坦不仅是科学家，而且是数理逻辑学家；是一位富有人文主义情怀的思想家，也是一位具有强烈正义感和社会责任感的公民。他说："如果一个人掌握了他的学科的基础理论，并且学会了独立思考和工作，他必定会找到自己的道路，而且比起那种主要以获得细节知识为其培训内容的人来，他一定会更好地适应进步和变化。"从基础理论出发，超越自己的专业，这就是爱因斯坦的科学精神和人生哲理，也许这正是所谓的"相对论"。三是关注了清华大学最年轻的教授和博士生导师之一、2015 年国际蛋白质学会"青年科学家奖"获得者颜宁。颜宁说，生物学的发展有赖于化学、物理等学科提供的工具，如此才会有"结构生物学"之美。

在关注和思考之后，清华附小的结论是："1＋X课程"追求的是跨界之美，是让学生成为交界上的对话者。而其实质是思维模式、思维方法的改变。因为科学不仅仅是一种知识，更是一种思维模式、一种思维方法；科学发明的基础是文化，让科学精神与文化紧密结合，这已成为当下以至今后科学界和教育界努力的方向。所以，交界上的对话者，实质是跨界思维者、跨界探究者，跨界之美实质是跨界思维之美、跨界探究之美。这不仅仅是科学界的事情，它必定影响并进入儿童社会和教育界，也必定会影响并进入课程和教学领域。

清华附小的"1＋X课程"带来的究竟是什么样的思维呢？我认为是杜威早就提出的"反省思维"。杜威认为人们的思维有各种不同的方式，其中"思维较

好方式叫反省思维","这种思维乃是对某个问题进行反复的、严肃的、持续不断的深思";反省思维在天赋资源方面让儿童有各种不同的倾向,"概括起来便是好奇心";在教育上的结论是,"疑惑是科学和哲学的创造者",尽管"疑问并不等于好奇,但好奇达到理智的程度,就同疑惑是一回事了"。其实,反省思维论述的正是源于疑惑的批判性思维,其中判断起着十分重要的作用。杜威还十分明确地指出,知识性学科可能无助于发展智慧。他一直强调"学习就是要学会思维,而反省思维可以在怀疑、批判、创造中使人发生超越。"交界上的对话者,便是以开放的胸怀接纳各种知识,又以批判性的眼光加以审视,进而产生新的想象。这样就跨越了学科边界,走向了创新。

清华附小的课程改革还启发我们,"1+X课程"是在为学生开门,而不是关门。打开学科边界,就是打开学科之门,一扇扇门被打开,互相呼吸,互相关照,互相支撑。所谓"+"绝不是简单的加法,而是丰富的乘法,其间有无限的好奇、无比的想象、无极的仁爱,等等,于是新的大门又一次被打开,学生又进入一个新的领域。这是多么神圣、精彩的时刻!

大数据时代的到来将会带来更广阔的跨界,"1+X课程"的意义、价值还会呈现新的境界。大数据不只是指信息量之大、之丰,更是指视野之开阔,它将带来大知识、大概念、大时代。大数据时代更需要信息、知识与能量的大交流,这样才会闪耀跨界之美。

三、 以主题教学为核心,确保基于核心素养的课程实施

围绕学生核心素养,"1+X课程"建构了学校课程体系,丰富了课程内容与资源。那么,如何让其落地?清华附小以主题教学来展开和推动课程实施。多年来,由窦桂梅校长推动创立的主题教学在挑战中前行、完善,在经受诸多考验中坚守、发展,其意义和价值也日益丰富和深刻。

1. 主题教学是一种理论主张

必须指出的是,主题教学不只是实施层面的,更不是操作、技术层面的,它是基于理性思考之后形成的教学主张,有着充分的理论意义。这一主张是由以下框架构成的。

其一,主题教学的宗旨。窦桂梅鲜明地提出"语文立人"的宗旨,即主题教学是为了育人,为了促使儿童语文素养以至整个素养的提升。鲜明的儿童立场,让儿童在主题教学中站立起来。一个个主题犹如儿童一个个前行的脚印,一个个主题好比儿童心灵中绽放的一朵朵智慧之花,一个个主题恰似儿童向

外、向前、向上攀登的支架。总之，一个个主题丰盈着儿童的心灵，强大了儿童飞翔的翅膀。进一步说，发展是最大的主题，这是主题教学最核心的理论主张。

其二，主题教学的理念。主题教学形成了"超越"的理念：立足课堂，超越课堂；用好教材，超越教材；尊重教师，超越教师。这三个"超越"以简明的语言，道明了传统与现代、课内与课外、教材与资源、教师与学生的关系。我们可以这么认识：主题教学之主题即为超越。我们应当承继，但更应超越，没有超越何来创新？何来拔尖人才的脱颖而出？我认为，这正是主题教学理论主张的崇高之处。

其三，主题教学的原则。主题教学坚持走整合之路，整合是主题教学的原则和策略。需要补充的是，整合的原则，解决了长期以来语文教学存在的"工具性与人文性割裂""教学内容支离破碎""学生学业负担过重"等问题，促使语文教学结构化，从整体上和根本上提高语文教学效益。主题教学这一理论主张具有结构性、整体性、统筹性等特点。

2. 主题教学是一种实践模式

一种理论主张必须有实践模式来支撑，并且可以在长期的实践中，经受住各种考验，被证明是行之有效的。清华附小在主题教学的实践中，解决了以下一些问题。一是整合类型。学科内的整合、学科间的整合、课内外的整合，这三种类型的整合覆盖了儿童的学习生活。二是整合课时。学校将原有的固定课时，调整为长短不一的"大、中、小、微"四种课时，这有利于学生学习不同课程。三是课程实施实行"三化"：课程标准清晰化——编制"学科质量目标指南"；课堂目标操作化——研发"课堂乐学手册"；学习过程自主化——凸显乐学单。四是课堂教学采用"预学—共学—延学"的教学程序。作为一种实践模式，主题教学具有目标明确、板块清晰、操作具体、检测系统健全等特点，体现了"理论化的实践"和"实践化的理论"等特点。实践证明，主题教学是可行的，是行之有效的。

3. 主题教学彰显了主题之智

主题教学像是一支火把，点燃了教学改革之火和教师创造之火。

其一，主题教学点燃了核心价值观。课程、教材本身是一种价值存在形态，但从价值走向价值观，需要通过教学去引领和转化。主题教学以关键词、意义群来呈现核心价值观，有利于核心价值观的培育和践行，而且我们可以这样判断：主题教学之主题往往是核心价值观。

其二，主题教学点燃了儿童的深度学习。深度学习是基于主题的自主学习、批判性学习，也是基于主题的创造性学习。主题教学以激情和智慧，去激发学生内在的激情和智慧，使其进入深度，进入核心，进入真正的学习。

其三，主题教学点燃了教师的创造性。主题教学给了教师巨大的空间，因此，教师成了课程、教材、教学的研究者与创生者。草根生命创造力的焕发，让课程成了最有希望的田野。

（本文作者系国家督学、江苏省教育科学研究所原所长）

东北师大附小：在比较研究中寻求学校课程的系统变革

熊　梅　王艳玲

课程改革是学校教育改革的核心与焦点。从 2001 年起，东北师范大学附属小学运用国际比较与行动研究相结合的课程研究方法，以教师团队领导的方式，推动学校课程改革，尤其在优化课程结构和教材的二次开发等方面取得了较好的成效。

我们选择与我国有相似的课改背景和课程文化的日本作为比较研究的对象，围绕小学课程目标、课程结构、课程内容、课程实施、课程评价等系统要素，展开多方面的比较研究；在此基础上，积极推进本土行动，努力实现学校课程的系统变革。

一、适当优化课程结构，提高课程实施效果

1. 适当调整课程设置

以道德学科建设为例。我国新一轮课改倡导小学课程综合化，新设了"品德与生活""品德与社会"两门综合课程，将传统的思想品德课与生活科、社会科的内容进行统整。但我们认为，就课程功能而言，生活、社会、道德三门课程，分别指向自立性、社会性和道德性的育人目标；将德育"一女嫁二夫"，不仅难以解决道德教育的实效性问题，而且可能导致道德教育被弱化和被边缘化，同时也会影响生活科、社会科课程的实施效果。生活科作为一门新兴的课程，在我国还是一个空白，需要做深入的研究与探索。

为了降低课程实施的难度，我们在比较借鉴日本小学课程设置的基础上，结合国内现有教材编写的实际情况，采取了渐进推进的方式，对"品德与生活""品德与社会"两个综合学科进行了重新调整，将其划分为生活、社会和道德三个学科，以凸显各学科的品性与特点，并加大对生活科和社会科的研究与实践力度。

调整后的课程设置情况是：道德科一至六年级每周一节，总课时数为210课时，与日本持平，比我国略高；生活科总课时数为175课时，其中一年级每周三节，二年级每周两节，总课时数比日本少32课时；社会科总课时数为320课时，其中三、四年级每周两节，五、六年级每周2.6节，比国家规定多40课时，比日本少45课时。

调整后，我校以上三门课程的总课时数为705课时，比我国"品德与社会""品德与生活"的总课时数多215课时，比日本这三门课程的总课时数少76课时。我们认为，增加总课时数，是提高这三门课程实施质量的基本保证。

2. 适当调整课时数量

没有一定的课时数量，就难以保证课程实施的质量。因此，在中日课时比较的基础上，学校对相关的工具类学科、表现类学科、综合类学科的课时进行了适当的调整。

(1)在工具类学科中适当增加数学学科的课时数。

日本经过十年课改，开始重视基础学力的恢复，表现之一即较大幅度地增加原来被减少了30％内容的国语、数学的课时数，表1即反映了日本2008年后课时调整的情况。我们在同时参照我国国家课程标准的基础上，适当增加了六年级数学科的课时数。

表1　语文、数学课时数比较

		一年级	二年级	三年级	四年级	五年级	六年级	总课时数
语文	中国	8 280	8 280	7 245	7 245	6 210	6 210	1470 （24％）
	日本	9 306	9 315	7 245	7 245	5 175	5 175	1461 （26％）
	附小	8 280	8 280	7 245	7 245	6 210	6 210	1470 （24％）
数学	中国	4 140	4 140	4 140	4 140	5 175	5 175	910 （15％）
	日本	4 136	5 175	5 175	5 175	5 175	5 175	1011 （18％）
	附小	4 140	5 175	5 175	5 175	5 175	6 210	1050 （17％）

(2)在表现类学科中适当调整体育学科的课时数。

在音乐、体育、美术三个表现类学科中，中日课时数比较接近。我国新一轮课改适当加大了体育学科的课时数，比日本的 597 课时多 33 课时，同时要求学校每天开展一小时"阳光体育运动"。

根据课改后面临的新情况，我校将体育学科的课内教学与大课间活动进行了整合。调整后的情况是：一至三年级每周三课时，四至六年级每周 2.6 课时，六年总课时数为 585 课时，比国家规定少 45 课时，比日本少 12 课时。但是，学校有效地将每天下午 30 分钟的大课间活动与课内教学有机结合起来，提高了体育教学质量。这样，每周体育课 3 课时，再加上每天大课间的时间，体育学科实际达到每周 6.7 课时。

(3)适当调整综合类学科的课时数。

促进小学课程的综合化是世界各国课程改革的发展趋势。我国新一轮课改虽然增加了小学综合学科的设置，但在课时数上与日本还有一定的差距。为此，我们适当增加了生活科、社会科的课时数，总课时数与日本接近。

学校借鉴日本课程改革的实践成果，适当减少了综合实践活动课时数，每周由三课时减少到两课时，总计为 280 课时，与日本持平。同时，为了提高学生的创新意识和实践能力，我们在借鉴日本相关经验的基础上，适当增加了科学学科的课时数，总课时数达到 390 课时，比国家规定多 40 课时，更接近日本理科课时数。

二、 注重优化教材体系，提升教材使用质量

没有优质的教材就没有优质的教学。近年来，国家倡导"一纲多本"，但就目前国内教材的情况来看，有些版本尚未达到国家课程标准的目标和要求，更难以称其为"优质的教材"，所以，学校需要对现有的教材进行改编与创新，这也符合新课改倡导的由传统的"教教材"走向"用教材教"的课程理念。为此，我校各学科均以一套国内较好的教材为蓝本，同时以日本东京版的各学科教材为比较蓝本，以学校各学科委员会为开发主体，改编学校现在使用的教材。这样的比较研究开阔了教师的视野，加深了他们对国家课程标准的理解，提升了研发教材的能力与水平。

在对中日教材进行比较研究中，教师们有很深的感触：一是日本的教材教师容易教，中国的教材教师不会教；二是日本的教材整体编写体系让教师一目了然，从整体内容设计到单元教学目标，都写得翔实、具体，易于教师整体把

握教材的内容体系，这是中国的教材较为缺乏的；三是日本的教材紧紧围绕课程目标并根据课时数和教学方法的要求选择内容，注重大单元领域内容的整体设计，关照低、中、高年段的系统性和衔接性以及学习的整体效果。这些特点成为我校调整教材内容时重点关注的方面。

自2005年始，我校首先从道德教材的比较研究起步，逐步推进到各学科教材的比较研究。以下以道德教材建设为例作出说明。

1. 完善道德教材的内容体系

我们将日本东京版道德教材"充实的心灵"与我国六个主流版本的"品德与生活""品德与社会"的教材进行了多方面的比较研究，其中，日本道德教材的内容构架对我们有很大的启发。日本从四个维度构建了道德教材的内容体系，即"与自己、与他人、与社会和集体、与自然"，这既关注了伦理道德，又关注了生态道德，对我们优化中国传统的伦理道德体系有很大的借鉴价值。我校也围绕这四个方面构建和完善了道德教育内容体系，并逐步开发了系列文本教材。

2. 探索"心灵对话"的道德教学模式

我校教师团队在行动研究中逐步探索出道德教学的基本规律，形成了道德教学的基本模式，即"心灵对话"教学模式。教师们自主开发了符合小学生实际的生活素材，让学生走进文本，搭建生生、师生心灵对话的平台，提升学生道德价值的选择能力与判断能力，培养学生的道德情感和道德实践能力。为了更直观地了解日本教师如何开展道德教学，学校每两年即派出一批教师，到日本的学校进行实地体验和学习，回国后再进行课堂教学的比较研究。经过几年的探索，"心灵对话"道德教学模式已基本成熟。

3. 探索"心灵笔记"的道德评价方式

学校在研究日本"心灵笔记"学生自我评价方式的基础上，研发了一至六年级学生"心灵笔记"评价卡片，使用后，得到学生的广泛认可。

历经几年的比较研究与实践探索，道德学科在如何"走进、丰富、充实"儿童的心灵等方面取得了突破性进展，成为学生最喜爱的学科之一。

三、 重点优化教材单元，加大二次开发力度

在优化教材内容体系的基础上，我们本着"整体规划、分步实施、量力而行、重在实效"的原则，按照赋权增能、团队领导的方式，组织各学科委员会

和骨干教师团队，有效利用寒暑假时间进行集中培训和研发，每学科每学期重点改编和完善 1～2 个单元，并在下一学期对调整后的课程内容进行进一步的实验研究。

1. 开发学科教材单元

每个学科的教材内容体系一般都是由一系列的教材单元组成的。我们在厘清学科教材内容整体结构的基础上，以某个教材单元为重点，先易后难，以相同的单元内容为起点，进行比较研究和研发改进，取得了初步成效。

如数学学科，我们首先将整个小学的数学内容进行梳理，确定了以"计算"单元为重点进行开发和改编的内容，并以"整数计算"为切入点，开始进行教材的比较与改进。以对数学内容的整体把握，以及对国内外多种版本教材相关单元编写特点的研究为基础，我们调整了"整数计算"单元在各个年级的具体内容及课时安排，重新编写了从"多位数加减法"一直到"多位数乘除法"的"整数计算"的单元内容。这样，使计算领域的内容在纵向衔接上更为顺畅。另外，我们在教材改编时，并没有在各个单元平均使用力量，而是关注了相似计算内容的重点和突破点。同时，改编的教材在更大程度上关注了学生的学习方式，设计了学生自定学习速度、进行自主学习和自主考评的诸多空间。

我们将个性化教学思想融入教材单元的开发中。学校与日本个性化教育学会已经进行了十余年的教育交流，从中受益匪浅。在这一过程中，我们越来越深刻地认识到，尊重差异、因材施教是个性化教学的本质特征，因此，如何从尊重和发展学生个性的视角对教材单元进行二次开发，是我校各学科在开展课程教材研究中重点探讨的课题。这将是我国小学课程走向自主创新的生长点。

2. 开发经验活动单元

生活科和综合实践活动体现了经验课程或者说综合课程的特点，而我国在经验单元开发方面还鲜有研究，因此更需要借鉴先进国家的经验。日本在生活科和综合性学习研究与实践方面都先于我国。他们在 1989 年即开始在小学开设生活科课程，综合课程改革的历史相对也比较长。所以，学校充分借鉴日本相关改革的经验，按照"发现问题—探究问题—展示交流结果"的编排原则，开发设计经验活动单元，每个单元大约 12 课时。这样，一、二年级 175 课时，共开发了 12 个大的主题单元，每学期安排三个左右的活动单元，每个大主题单元又由若干个小活动单元组成。这一探索弥补了我国相关教材活动单元学生体验不够充分的缺陷。

此外，我们还将国际理解教育作为综合实践活动的主题，按照国际理解教育的四大内容领域，开发了三至六年级的综合实践活动校本课程，收到了较好的成效。

（本文第一作者系东北师范大学附属小学原校长，贵州省贵阳乐湾国际实验小学校长；第二作者系东北师范大学附属小学副校长）

北京朝阳实验小学： 让学生找到知识结构中的"葡萄梗"

陈立华

随着课程改革的推进，各学科教材也做出了相应的改变，单从难易程度上讲，知识难度有所降低，学生接受起来应该更容易些，然而事实上，学生的学习并没有因此而变得轻松。究其原因，与我们对学生学习规律和教材内容的研究不足不无关系。我们平时把大多数的时间和精力用于研究教师"如何教"上，而对教师应该"教什么"、学生应该"学什么"和"怎么学"的关注还相当有限。

北京市朝阳区实验小学以马芯兰教学思想为指引，深入研究课程教学内容，突出知识结构教学，从课程整合、课时打通与共用等方面入手，整体设计各学科的课程改革方案，让教师在把握知识的整体结构的基础上进行教学，不仅解决了三级课程之间的交叉和重复问题，还很好地减轻了学生的课业负担，更重要的是帮助学生建立了整体的知识网络。

一、 发现串起各个知识的"葡萄梗"，凸显课程知识结构

学生的学习是怎样发生的？孔子提出，学习要"温故知新"，朱熹认为，学习要"循序渐进"，即要在旧有知识的基础上学习新的知识，要抓住新旧知识间的联系来促进知识的迁移。学习知识就像拎起一串葡萄，如果没有葡萄梗，那么这些知识只是一粒粒散落的葡萄粒。知识结构就像葡萄梗，最根本的作用就是把葡萄粒穿成一串，在各个知识之间建立起联系，从而使学生形成良好的认知结构。很多学生学习困难，就是因为在学习过程中找不到知识与知识间的联系，没有形成认知结构。因此，我们针对各个学科的学科特点，分解学科知识，整合学科重点，有计划地解决三级课程之间的交叉、重复问题。

以数学学科为例。在数学教学中，我们积极倡导高认知水平问题导引的教学思路，重视思维过程的训练，整合现有的教学内容，开展基于课程结构调整的教学改革实验。例如，在教学"乘数是一位数乘法"这一内容时，教师出示了

"27＋27＋27"和"27×3"两个算式，然后组织学生研讨。"27＋27＋27"是 3 个 27 竖式相加，这是学习一位数乘法的基础，还可以写成"27×3"这种形式，这两个算式表达的算理是一致的，只不过是写法不同，形式变了。通过这个算式的变化，新知识自然就形成了，为什么 3 乘 7、3 乘 2，这就是"为进而退"，退到了最基本的概念上。通过一位数乘两位数的研究，就可以迁移到一位数乘三位数、乘四位数和末尾有 0 的情况。学生掌握了这种基本的方法，在讲多位数乘一位数时，抓住知识间的这种关系，我们用一课时就讲完了，学生也并不觉得难。

二、 加强对概念的解读，发掘课程基本概念的本质意义

概念初步形成后，学生对概念的理解往往是不深入的，有的是较为片面的。因此，在以后有关知识（概念）的学习中，还要对基本概念尤其是核心概念进行多方面的运用和训练，让学生从知识的内在联系中，深入地掌握基本概念丰富的内涵和它的本质意义。例如，在研究整数乘法时，我们知道 27×3 得到 81 个 1，2700×3 得到 81 个 100，2.7×3 得到 81 个 1/10，不同之处就是计数单位不同，所以小数乘法才能按整数乘法去做，最终按照小数位数确定数的大小，也就是根据计数单位来确定数的大小，分数的道理也是一样的。这样就从整数到小数、分数，一通百通，解决了小学阶段所有有关乘法的问题。

这样抓基本概念的迁移可以节省大量的教学时间。"整数加、减法的竖式计算"这部分，教材要求 29 课时，而我们只用了三课时。同样的道理，"乘数是一位数乘法"这部分，教材要求 21 课时，抓住知识之间的联系进行迁移，我们只讲了一课时。而且，"乘数是一位数乘法"解决之后，后面的"乘数是两位数乘法"以及"小数部分乘法"分别讲一课时，就解决了；"除数是两位数除法"，教材要求 15 课时，而我们只讲了四课时，其中基本概念一课时、灵活试商三课时；共 12 册的"小数、整数、分数加减法计算"，教材要求 109 课时，而我们只讲了三课时；小学阶段全册"小数、整数、分数计算"部分，共能节省 165 课时，如表 1 所示。

表1　计算教学内容及授课时数对比表

教学内容		实际课时	教材要求
整数加、减法的竖式计算	整数的竖式计算（不进位、不退位）	一课时	29课时
	进位加法	一课时	
	退位减法	一课时	
乘数是一位数乘法		一课时	21课时
乘数是两位数乘法		一课时	
除数是两位数除法	基本概念	一课时	15课时
	灵活试商	三课时	

三、　寻找课程知识结构中的关键节点，提取数学"58节"精华课

如何引领教师掌握知识结构、通过教学优化学生的认知结构？仍以小学数学为例，很早以前，我校老校长马芯兰老师就梳理出小学数学知识的结构图，以此为基础，我们对知识结构中的重要节点进行了梳理，最终提取出58节精华课。这58节课分布于六个年级的教学中，每个年级8～10节，每个学期4～5节。这样的梳理为教师的教学提供了较强的可操作性。通过开展学科纵向和横向教研活动，我们还梳理出58节精华课之间的联系，研讨每节课的教学设计。这样大大有助于学生建立整体性的知识体系，优化认知结构。

教师课上讲清概念间的联系，课下还要布置有针对性的适量作业。学习同一知识的不同阶段，作业量也要不同。如有关计算的作业我们一般这样安排：在讲清概念和计算方法后，每天早上安排四道基本练习题，课堂上留出做两道题的时间，把练习计算的时间化整为零，放到平时的教学中去，大概七天后，随着时间的延续，每天逐渐减少练习题的数量。

四、　打通各学科课时安排，满足不同学习者的课程需求

在课时得到大量节省后，我们整合学科总课时安排，设立必修、选修、拓展内容，满足不同学习者的需求。我们在课程改革中强调四个转变：课程设置关注人的发展，由知识向能力转变；课时长度立足实际需要，由平均向按需转变；课程目标突出能力培养，由单值对应向多元对应转变；课堂教学强调因材

施教，由"漫灌"向"滴灌"转变。

这四个转变体现在各个学科之中，每个学科都以此为核心，在本学科中思考课程怎么设置，怎样在课堂上培养学生这些方面的能力。例如，在低、中年级，我们开设了"艺术、科技、生活"选修课程，在高年级开设了"数理、国学、修养"选修课程（见表2）。通过模块式、菜单式的课程内容建构，我们为学生提供多元化的选择空间，努力实现国家课程校本化。

表2 课程设置与课时安排一览表

类型	课程内容	课时设计	具体安排
国家课程执行类	语文、数学、英语、体育	40分钟/课时	日课程表
	美术、音乐、科学	60分钟/周课时	
	品德与生活、品德与社会	30分钟/课时	
	信息、综合、劳技	40分钟/课时	
国家课程拓展类	体育健康活动课	40分钟/日	课间操
	数学思维训练课	40分钟/周	每周五第一节
	语文综合性学习实践课	40分钟/周	每周三第一节
	第二外语活动课	40分钟/周	外语一课时
校本课程选修课	二至四年级艺术科技生活选修课	80分钟/周	每周二下午第二节＋管理班
	校内外综合实践学习成果梳理课	半日/月	月实践活动日或展示开放日

（本文作者系北京市朝阳区实验小学校长）

北京八中："超常"开发人才"富矿"

王俊成　何　静

国际竞争表面上是经济和科学技术的竞争，但归根结底是人才的竞争，特别是拔尖创新人才的竞争。自20世纪五六十年代起，世界主要发达国家和重要的发展中国家纷纷开始制定英才教育法案，实施精英人才培养计划，建立英才教育体系。1978年3月，中国科技大学创办中国第一个大学少年班；1984年，天津实验小学创建了中国基础教育阶段第一个超常教育实验班；1985年，北京八中开办了中国第一个中学超常教育实验班（以下简称"少儿班"），陈曦、包志强、尹希等人就是北京八中少儿班毕业生中的杰出代表。

30多年来，北京八中很少主动对外宣讲少儿班学生的培养情况，外界对其情况所知甚少，这使得少儿班难免被蒙上了一层神秘的色彩，表扬鼓励钦慕者有之，批评质疑甚至习惯性抵制者也有之。实际上，超常教育是对超常儿童进行因材施教的教育探索，是开发人才资源中的富矿，对国家的人才培养具有战略性启示，不仅会为智力超常儿童的发展提供更多可能，也为基础教育的整体发展提供了宝贵的借鉴，应该引起国家和社会各界的高度重视。如何为具有不同潜能的儿童提供更适应其身心发展的教育选择，才是我们真正应关心的主题。少儿班31年持续不断的改革探索，为当前的教育改革带来诸多启示。

一、启示一：教育改革要以人为本，才能保证正确方向

少儿班建立之初，我们就对要"培养什么样的人""怎样培养这样的人"两大核心问题进行了深刻讨论，最终确立了"使超常儿童潜能得到最佳发展，成长为基础扎实、素质全面，具有创新精神的优秀高中毕业生"的培养目标，遵循"以体育为基础，德育为核心，培养创新精神为重点，为培养在世界范围内具有竞争能力的一流人才打基础"的理念，在实践中开展了很多创造性的工作。

1. 基于学生潜能探索独特育人模式

无论国外的成功经验，还是当前的行为学及神经学上的证据都表明，超常儿童这一特别群体确实存在。北京八中少儿班的诞生，就是源于教师们对超常儿童潜能差异的观察与思考。教师们经常发现有些聪明的学生在课堂上"吃不饱"，现有的统一的教学速度和深度远远不能满足他们的需要，长此以往，不但会延误他们的成长，还会造成人才资源的浪费。

为此，北京八中经过反复探索，确立了少儿班的整体育人模式。少儿班的招生对象为年龄在 10 岁左右，具有小学四、五年级文化水平的智力超常儿童；儿童入学后接受四年的弹性学制，即在四年中完成小学五、六年级（两年）和中学（六年）共八年的全部课程，毕业时成为德智体美全面发展的优秀高中毕业生。在 2003 年以前，少儿班每两年招一个班；2004 年开始每年招一个班，每班人数在 30 人左右，截至 2016 年，共招收 23 个班，已有 19 个班的学生毕业，共培养了 585 名优秀少年高中毕业生。

2010 年，北京市教委基于国家人才培养战略和教育创新的总体规划，又批准北京八中创办智力优秀学生综合素质开发实验班（以下简称"素质班"）。素质班招收小学四年级学生，用 7 年时间完成小学五、六年级和中学共 8 年的课程，每年招一个班 30 多人，截至 2016 年已招收 6 届共 208 名学生。

少儿班和素质班作为把智力超常学生集中起来进行加速和充实教育的两种育人模式，在潜质甄别、课程设置、教育教学、考核评价等方面进行了系统改革，共同完善、丰富了北京八中超常教育的内容，也满足了不同学生的个性化发展需求。

2. 构建适宜的超常儿童培养方案

少儿班学生在 14 岁左右参加普通高考，还纷纷考上清华、北大等重点大学，其中有 10 届学生高考成绩超过了当年北京市高考成绩最好的学校。但少儿班培养的不是昙花一现的人才，而是"经久耐用"的人才。因此，在教育教学过程中，少儿班始终坚持以人为本，注重学生的全面发展，通过开展丰富多彩的课程，实施高效优质的教育教学，使学生不仅成绩优异，而且身体强健、社会适应良好，具备可持续发展的巨大潜能。

少儿班学生在刚刚入学时，多项体能指标甚至低于同龄人。学校创造性地为少儿班增加了"自然体育课"，使体育课时大大超出普通班。学生们经过 4 年的学习和锻炼，毕业时的体质已超过北京市同龄人的平均水平；很多人还养成了终生运动的习惯，坚持参加游泳、马拉松、攀岩等体育项目。

学校为少儿班学生制订了专门的德育工作计划，配备了双班主任，并注重通过社会实践活动，提高学生的社会认知能力，开阔学生的视野，陶冶学生的情操；同时对学生进行爱国主义教育，培养学生们的家国情怀，使学生懂得如何回馈社会、反哺祖国。少儿班(1)班毕业生陈曦，拥有数十项国内外专利，是国际公认的力学界新一代领军人物之一，他一直和国内很多大学、科研机构和企业开展广泛的有实质性的产学研一体化合作，在国内建立了自己的实验室和研究所，为中国培养顶尖的跨学科青年人才。

由于在校学习时间缩短，少儿班学生毕业后的职业生涯开始得较早，有更加充分的时间获取丰富的职业经验，一些早期毕业生已经成为其所在领域的领军人物。少儿班毕业生大多家庭生活幸福，因为男生有足够的时间磨炼成长，女生能在硕士(21岁左右)博士(24岁左右)毕业后，工作好几年，仍然是年轻力壮时顺利成家生子，事业和家庭双丰收。

二、 启示二：教育改革要坚持科学精神，才能不断超越

改革者只有具有科学精神，才会运用科学的方法，遵循教育的规律，追求教育的真理。例如，北京八中超常教育从创建之初，就将科学研究放在重要地位，依托国内外顶尖专家和科研机构，开展科学的超常儿童鉴别与研究工作。

1. 依托顶尖机构建立超常儿童鉴别体系

超常儿童的先天素质确实与普通儿童有所差异。如何将超常儿童从同龄人中识别出来，对其进行有针对性的培养，并持续关注其日后的发展，一直是社会各界关心的重要问题。

31年来，北京八中一直坚持与中国科学院心理研究所、北京市教育科学研究院等单位密切合作，潜心研究超常儿童鉴别和培养的科学规律，形成了一套比较完善的超常儿童鉴别方法。我们采用"多途径、多方法、综合评价"的方式，通过初试、复试、试读三个阶段，对学生的先天素质、学业水平、学习能力、发展潜能等多方面进行综合评价和选拔，保证选拔过程和结果的科学性。

其中，初试、复试为笔试，初试主要包括语文、数学和思维测试，主要考察学生的基础知识和一般认知能力；复试主要包括语文、数学、英语和思维测试，主要考察学生的知识运用技能和高级认知能力。初试和复试后，我们还要对学生进行最后一轮的选拔——试读。这是我校创立的动态考察方式，采用封闭式夏令营的考察方法，通过课堂学习、自学、文体活动、才艺展示等方式了解学生各方面的才能和行为习惯等，时间约为7天。从2007年开始，我们还

对进入复试阶段学生的家长进行问卷调查，了解家庭的教育观念、教育方法、亲子关系及家长的人格特征等，为学生入学后的管理工作提供参考。

2. 与国际同行切磋互动，优化甄选培养机制

北京八中少儿班从创办之初，就不断学习国际上先进的超常教育理论和实践经验，保持与国内外同行们的交流切磋。1991年，少儿班牵头成立中国中学超常教育协作组，每年召开研讨会，由协作组的每个学校轮流坐庄进行研讨。从1993年起，北京八中超常教育开始走出国门，走向世界，参与亚太地区和世界超常教育同行们的学术交流，截至目前共派出24个超常教育代表团，有171人次参加了共计12届"世界超常儿童教育大会"和12届"亚太地区超常儿童教育大会"，在这些大会上共宣读了108篇科研论文。北京八中因此得以与国内外最新超常教育理论和实践接轨，不断优化改进甄选培养等运行机制，并在国内外超常教育界产生了很大影响力。

3. 依托专业人士跟踪研究超常儿童成长轨迹

社会各界一直十分关心少儿班学生毕业后的发展情况，希望了解这些学生在日后的学习和职业生涯中是否依然保持其卓越发展态势。从1998年开始，少儿班依托中科院心理所、苏州大学和原北京市教科所的科研人员，对少儿班第一至第九届200多名毕业生进行追踪调查，对学生成长过程进行及时监控和干预，使学生的成长轨迹更加顺畅。对学生的追踪调查包括身体素质、学业成绩、竞赛成绩，以及大学和工作后的社会适应性等。调查研究结果显示，少儿班学生在大学学习及工作中基础扎实、能力突出，具有良好的心理品质和社会适应性。仅以少儿1班为例，9人在大学或研究机构担任教授或研究员；19人在金融、计算机、通信、网络等行业任职（其中7人自己创业），从事高管、高级分析师、科技研发等工作；4人是建筑设计师，1人是医生。他们在各自的领域里发展良好，卓有建树。此外，学校主持的"超常儿童鉴别与培养""超常儿童的跟踪研究"等课题曾4次获省部级奖励。

三、 启示三：教育改革要坚持实践取向，才能推陈出新

教育改革一定要来源于实践，服务于实践。因为根植于实践，所以在31年前，北京八中就敢为天下先，做了中国"第一个吃螃蟹的人"。少儿班在课程与教学中的探索，尤其体现了这一点。

1. 短时高效完成国家课程计划

少儿班是老师们在实践中发现有些孩子"吃不饱"，想着怎么帮助这些孩子

"吃饱""吃好"，才在实践中诞生的。为了让孩子们"吃饱"，少儿班首先对课程设置进行了改革，在国家规定的初高中课程基础上，以教育部教学大纲为依据，制定了与之相适应的超常班教学大纲，变初高中两个教学循环为一个教学循环。少儿班对初高中教材进行统筹整合，主要有两种方式：一是不同学段相同知识点统一整合，如初高中物理学科的力、光、热、电等知识点统一讲授；二是按学科知识递进层次进行螺旋上升式的渐进教学，如数学，起始阶段为小学和初中衔接性的知识，之后按照初高中教材的知识点循序渐进、精讲精练，使课程内容更加精当高效，以保证在不增加学生学习负担的情况下，让学生4年完成8年的学业，全面发展，卓越高效。

2. 创造性开发校本特色课程

除调整学科课程的设置外，少儿班针对超常儿童信息需求量大、接受能力强等心理发展特点，开发了包括自然体育课、研究性学习、综合实践活动等特色课程，实现教育内容的多元化、社会化和时代化。例如，由杜家良老师独创的自然体育课，每周拿出半天的课时，组织学生到大自然中开展丰富多彩的体育活动，如远足、爬山、游泳、跳水、滑冰、划船、骑独轮车、骑自行车等。课程以自然环境为依托，以体育活动为载体，旨在全面提高学生的综合素养，达到"锻炼身体、亲近自然、开阔视野、磨炼意志、团结合作"的目的。31年来，这门课是少儿班孩子们最喜欢的课程，也是家长们最满意的课程。

3. 探索更适合超常儿童的教学方式

为了让少儿班的孩子们"吃好"，北京八中的老师们在教育教学理念和方法上不断创新，如采用以学生为主的"引导—探究式"教学模式等，在不增加学生学习负担的前提下，培养学生的自学能力，达到优质高效的目标；同时由于减少了单调重复的练习，保护了学生的学习兴趣，学生极少出现厌学现象，能够生动活泼地学习、健康快乐地成长。

少儿班选拔了一批热爱教育、热爱学生、经验丰富的优秀教师承担创造性的教学工作。例如，数学特级教师王春辉就是一位教学非常优秀又幽默的好老师，学生们一上他的课，都会变得特别爱学数学，甚至梦想毕业后当数学老师；经验丰富的语文特级教师刘运秀，深受孩子们的喜爱，她上课效率高，还会不时给孩子们讲一些自己的小笑话，让孩子们在笑声中收获，在愉悦中成长；物理老师赵大恒和陈爱峰等，简直是学生们心中的"男神"，他们的物理课对学生来说不是复杂抽象的负担，而是包含着精彩的推理和解答问题的乐趣。卓越的师资队伍，保证了少儿班教学的优质高效。

　　只有关注学生的全面发展、终生发展，为每个孩子提供适合的教育，才是教育改革的根本目标，才能达到改革的良好效果。从学生的喜爱、家长的认可和毕业生的良好发展来看，北京八中少儿班 30 多年的教育改革是经得起实践和时间考验的，是有特色、有价值的。陶西平先生曾说："30 年来，八中超常教育有了不少理论成果，也积累了不少实践经验，多年来一直代表我国参与超常儿童教育的国际研究，受到国际超常教育界的重视，是我国基础教育富有实效的重要的研究课题之一。"

（本文作者系北京市第八中学校长、教师）

北京实验二小： "主题研究课"的创建与实施

李　烈　华应龙

有大视野，有跨学科的综合思维，学生才会有创新，才会有志存高远的人生。为拓宽儿童的视野，提升其综合素质，北京第二实验小学总结多年来开展主题教育与综合学习的经验，将两者加以整合，创造了新型的综合课程——主题研究课。经过几年的实践探索，这一新型课程逐步走向成熟，成为学校"双主体育人"的重要实践方式。

一、 主题研究课：立足于"植根"的课

2013 年年初，北京第二实验小学教育集团各校和"李烈校长工作室"的校长们，与教育部、北京市、西城区有关部门的领导和专家齐聚一堂，一起研讨学校已经开创三年多的主题研究课。大家对学生们的研究视角、展示出来的研究能力惊讶不已。

上学期，四年级确立的研究主题是"水"。有一组学生把水的研究和学校倡导的"不喝碳酸饮料的建议"结合起来。他们先选取本校 30 名同学作为样本，对小学生喝碳酸饮料的情况进行了调查。调查表明：三年级以下学生经常饮用碳酸饮料的比例为 53%，三年级以上比例为 100%。有了这一数据，学生们的兴趣更浓了：看来，这是同学中普遍存在的问题；那么，学校为什么建议小学生不喝碳酸饮料呢？

学生们把各种饮品的成分收集整理成表格，以便于比较。比较之后，有的学生认为，碳酸饮料为身体提供了很多能量，应该多喝；也有的学生通过查资料，得出一个基本结论：小学生在长身体阶段需要大量的矿物质和不饱和的脱氧核酸，这些从饮用水中都可以得到，而饮料中所含的成分主要是能量和糖，喝多糖的、高能量的饮品势必造成富营养状况，最终会因为肥胖和缺少运动而影响心肺功能。

不同的声音引发更深入的研究。有的学生做了小实验:"我剪了个指甲,把它放进喝剩下的可乐中。第二天,我惊奇地发现,指甲的颜色竟然变了。三天后,指甲竟然'找不见'了——原来,指甲已经变得又小又薄,我把饮料全倒掉才发现了它。这是什么原因?会不会是饮料中的某种成分与指甲起了化学反应?于是,我迫不及待地上网去查。果然,可乐中含有磷酸,而磷酸属于强酸,对物体有腐蚀作用。所以我觉得喝碳酸饮料对人身体一定有不小的危害!"孩子们自己调查研究后,自觉提出不能再喝碳酸饮料了。

学生们精彩纷呈的研究故事,让我们想到了明朝哲学家王阳明《传习录》中的一个故事。有一天,王阳明和他的学生外出游学,到了一个叫"禹穴"的地方,看到田间的禾苗,王阳明深有感触地说:才几天,这禾苗又长得如此高了!禾苗为什么又长高了呢?他的学生范兆期在旁边说:"此只是有根。学问能自植根,亦不患无长。"我们的主题研究课就是这样一门立足于"植根"的课。

二、 主题研究课:对人的发展的深思和教育价值观的重建

教育价值观是教育的根基所在。学校改革与创新的首要任务是教育价值观的澄清、反思、重建与坚守。我校对主题研究课的实践探索始终伴随着对人的发展的不断思考以及教育价值观的重建。

1. 观照认知与德行的和谐发展

我们始终认为,如果说"人"字的"一撇"是一个人的认知系统,由知识到认知,然后到方法、能力,最后落脚点是思维方式的话,那么"一捺"便是人的德行、情感以及社会性的发展。这两个方面相互支撑,才能培养出顶天立地的人。我国有重视德育的优良传统,但今天众多的主题教育周而复始,内容、形式单一,注重成人的权威训导,忽视儿童的独立思考以及他们对价值观的自主分析、判断、选择与自觉践行的过程,教育效果不十分理想。基于此,主题研究课赋予主题教育以自主学习、独立思考、主动探究的新内涵,让儿童通过研究性学习,不断拓展、深化对主题内涵的理解,在探究性的实践中,既增长见识,又加深对自然、社会和人生的理解。

近年来,我校每个年级的学生围绕特定的主题,如"故宫""四合院""非遗""眼睛""水""规则""合作""责任"等,进行自主探究学习,从根本上改变了过去主题教育中单一的成人灌输的状况,唤醒了儿童的道德自觉。如北京 2012 年"7·21 特大暴雨事件"引发六年级的孩子们对四合院排水系统的研究。他们重点对在特大暴雨中经受住考验的故宫博物院的排水系统进行实地考察研究,为先辈们非凡的创造力感到骄傲,同时从中受到启发,尝试设计四合院的排水方

案，释放出自己的创造潜能。

2. 观照纵向思考与横向拓展的有机结合

长期以来，我国中小学课程设置以分科课程为主，按照知识系统进行纵向的"条状"学习，学生的学科基础知识比较扎实，长于对某一方面的问题进行深入的思考，但缺乏横向思考、综合思考的能力，思维角度比较单一，易受某些思维定式的束缚，创新能力不足，特别是不足以面对现实生活中的复杂问题。这样的发展是不健全的。因此，从这个角度出发，我校鼓励学生对自己感兴趣的话题进行跨学科的自主学习，开展"学科沙龙"活动，搭建不同年级的学生参与交流的平台，实现对学科界限的超越。为了引导师生从多视角去关注事物，我校先开设了综合学习课，后来将综合学习课改为主题研究课，由年级任课的全体教师和学生一起，围绕主题，进行多层面的系列研究与交流，旨在培养孩子对任何一个事物、任何一个问题、任何一个现象，都能够多角度地、多面向地、立体地、多元地、系统地思考，提升综合能力。

我们创造性地引导学生填写"任务单"。从研究角度、研究过程、启发或收获等方面，记录语文、数学、科学、美术、音乐、劳动、京剧等学科的研究过程。

三、 主题研究课：以行动方式的转变带动思维方式的转变

从根本上讲，思维的逻辑源于行动的逻辑，而行动的逻辑又不断向思维逻辑转换。人的思维方式与行动方式具有内在的一致性。因此，促进儿童思维方式的变革必须落实在行动方式的改变上。具体而言，课程与教学的变革，必须落实在儿童学习方式的改变上。只有改变了儿童的学习方式，才能改变其思维方式，改变其交往方式、生活方式，最终成就他的一生。

主题研究课通过走进社会大课堂的方式，转变学生的学习方式，具体过程如下。

一是规划与设计。在各年级组核心团队的带领下，师生围绕合议产生的主题，进行规划与设计。教师制订"活动方案"，明确活动目标、内容、指导方式及活动程序等。学生填写"任务单"，在大主题范围内，选择自己的小课题以及自己的合作伙伴，阐明选择这个主题的原因，确定研究方法，特别是分别从不同的学科角度对研究过程进行规划。

二是行动与反思。学生查找资料、调查、考察、制作、实验等，进行自主探究，并不断进行小结与反思，写下"我研究中的收获与感悟"。教师与儿童一起活动，适时进行指导，根据儿童的探究情况，对后续的活动进行具体的规划与改进。

三是交流与评价。组织进行小组内、年级内、全校范围内的学习成果交流，儿童选择适合自己的方式展示活动成果，教师设计孩子们喜欢的方式（如设计水滴印章等），对孩子的活动成果进行奖励，不断激发他们的积极性、想象力与创造热情。例如，五年级上学期研究的主题是"校园"。研究校园竹文化的学生提议改进竹子的介绍牌，不仅要有竹子的名称，还要有竹子的生长特点、精神内涵，有关竹子的成语、古诗，甚至可以印上郑板桥笔下的竹子；正面为中文，背面是英文。这样的创意让我们看到了学生在思维方式上的转变，从单一的学科思考到运用综合思维，融合语文、科学、书法、英语、美术等多个学科来解决问题。学生从事主题研究的过程就是其新的学习方式及相应的思维方式逐步建立的过程，具体体现为以下几点。

1. 以现实问题为学习的基点

主题研究课直接面对现实生活中的问题，如儿童青春前期的困惑、四合院的排水问题、污水净化问题、非物质文化遗产保护问题等。在主题研究活动中，现实生活问题成为学习的基点，它更强调学生自下而上地建构知识经验，更加注重社会实践中的学习。

2. 实现多学科的自然融合

主题研究课十分强调让每个孩子都对一个问题从不同的学科一一考虑、研究，不断拓宽思路，进行横向思考之后，再对自己特别感兴趣的话题进行重点研究。比如，在关于"水"的若干问题的探究中，儿童的思路不断拓展，他们将语文、数学、英语、科学、音乐、美术、劳技等多学科知识融入其中。孩子们想知道为什么雨水、海水不能喝？雨水与矿泉水、淡水与海水都含有什么物质？为什么水能奏出音乐？他们广泛收集带"水"的成语；用水浇蒜苗，观察其成长过程，列出统计表；收集有关雨水与矿泉水中物质含量的资料，对其进行比较分析；制作节水牌；查找资料，看水的三态用英文怎么说；用筷子敲击不同水位的杯子，比较声音有什么不同等。

3. 走进社会大课堂，实践"做中学"

学生面对主题研究课中的现实问题，不仅要分析问题，而且要尝试解决问题。孩子们走出教室，走进社区，大胆探索。在"非物质文化遗产"的学习与研究中，孩子们在操场上练习抖空竹、滚铁环、荡秋千；采访皮影艺人，亲手操纵皮影。在"水"的专题学习中，学生们制作净水装置、从事浇水劳动、尝试进行家庭用水的再利用、制作节约用水的宣传牌，还通过查找外文资料，看到不一样的水的世界。这样，寓学于做，活学活用。例如，在皮影戏的学习中，孩子们不只是玩皮影，体验乐趣，还探究皮影的光学形成原理。在解决现实问题的过程中，孩子们更深地体会到知识的价值。

4. 在共同学习中共同成长

在主题研究课上，同年级的孩子围绕同一主题共同进行探究、交流，彼此的思想、观点、技艺等相互补充，相互启发，相互碰撞。例如，六年级上学期的研究主题是"四合院"，学生们制作立体模型 45 个，创意四合院 147 个，编制小报 356 份，创编课本剧 45 部，相声 11 组，撰写论文 73 篇。全年级教师与孩子们一同学习，开放性的主题探究活动对每个学科教师都是一种考验和锻炼。教师、学生双向选择，还邀请家长参加研究活动，成人与儿童一同体验成长的快乐。参与主题研究活动的教师对孩子们的想象力与创造力无不感到惊叹，这也促使他们不断反思自己的角色定位，"有时甚至难以分辨到底是什么学科了"，"我们必须掌握更丰富的知识，打破学科界限，养成多角度思考问题的习惯"。

四、 对完善主题研究课的几点思考

经过几年主题研究课的实践，我们感受到多学科知识的融合促进了学生系统化思维的初步形成；社会、家庭、学校形成的教育合力，有效地促进了学生多角度思考；课内外学习活动的和谐，拓展了学生的视野，拓宽了学生的学习空间，培养了学生的研究意识和创新精神。但是，主题研究课的探究实践还需要有一个不断完善的过程。

一是主题研究课不能只停留在横向的、整体的、模糊的思考层面上。在主题探究过程中，还要进一步将横向思考与纵向深入有机结合起来，既要在整体把握的基础上，做更加深入、细致的分析，又要学会将各方面分析得来的资料、信息及时加以综合，不断突破已有思维的束缚，从根本上不断改善我们的思维方式。

二是作为一门课程，其课程目标、内容、实施方式及其评价等都还有许多需要不断完善的地方。譬如，我们通过三年的实践探索，初步形成了各年段主题研究课的学生发展目标，但这些目标很难说是十分清晰、层次分明的，我们还需要通过努力，形成具有本校特色的主题研究课的课程纲要和课程资源包。

（本文第一作者系北京第二实验小学教育集团总校长，第二作者系北京第二实验小学副校长）

北京小学： "四季课程"的整体构建

李明新

"四季课程"是北京小学以新的课程观为指导，以学校培养目标为核心，以提升小学生生命成长的质量为目的，以北京鲜明的四季变化和丰富的社会现实作为新的课程资源，对学校课程进行整体性规划而构建起的学校课程体系。在"四季课程"的酝酿、开发与建构过程中，我们深入研究学校课程改革的经验与问题，基于学生的生命发展节律与成长需求，围绕学校课程建设的核心命题，对学校课程进行了整体改进与系统变革，学校办学特色日益凸显。

一、 研究学校课程改革现状，明晰课程改革的出发点

"四季课程"的提出和实施，源于我们对北京小学办学理念、教学价值观、课程改革路径的整体思考。

多年来，我校在课程领域一直在进行多方位的探索。例如，我们调整了课时与课程安排，比较早地在研究小学生注意力及心理特点的基础上，将原来每天 6 节 40 分钟的大课，调整为每天 8 节。前 3 节课为 35 分钟，主要进行语文、数学的教学；后 5 节为 30 分钟，进行其他学科的教学。在新的课时体系下，我校保证学生每天都上语文、数学、体育各一节课，每周 4 天有英语课。此外，我们结合寄宿学校的特点，每天安排自习时间，以及兴趣小组、专业队等活动。

课时与课程安排的调整促使我们必须通过研究，提高教育教学质量。学校针对各学科的课程要求，制定了 12 字学科培养目标，如语文的培养目标是"喜欢读书，能说会写，一手好字"，逐步形成了"实"与"活"的教学思想，构建起"实"与"活"的课堂文化。在三级课程的建设中，我们尝试开发了"走进世博会""走进世界园艺博览会"等校本课程，积累了一定的课程创新经验，使校本课程建设初步显示出活力。

在取得成绩的基础上，我们也发现，目前我们的课程建设仍然与学校"以个性化教育的思想来创造适合儿童发展的教育"的办学理念、"基础扎实、学有所长、中华底蕴、国际视野"的培养目标、"面向学生、面向发展、面向全体"的素质教育理念有相当的距离；学校三级课程建设的力量分散、价值取向不明、课程开发较为随意等问题比较突出。

问题的主要原因是：其一，因为历史等多方面的原因，学校比较重视国家课程的实施，而相对轻视校本课程的管理与开发。学校没有专门投入精力与队伍对校本课程进行研讨，校本课程建设成了个别干部和个别教师的事。其二，现有校本课程缺乏独特性、层次性、多样性、整体性，品质、品位与学校的高水平办学具有一定的距离。

二、 聚焦学校与学生的现实需要，整体规划、系统推进"四季课程"

1. 明确课程开发理念与路径，规划"四季课程"发展

(1)明确课程建设思想，强调课程的务实性和生成性。

我们以"实"与"活"的课程建设思想来开发和深化"四季课程"。所谓"实"，指课程建设体现务实的态度，使学生在不同的发展阶段学有所得、学有所长，让学生获得实质性的发展。"四季课程"要回归基础、回归学生、回归全体。所谓"活"，指课程建设要目中有"人"，课程要充满生命的活力；要在生成中，使学生获得生动的发展。这种生成不只是课堂教学中的生成，而且是课程实施过程中全方位的生成，包括对资源的开发、方式方法的运用、评价的实施等。我们提出"用活资源""激活方式""盘活评价"的生成策略。

(2)组建课程开发团队，让课程开发变成教师自己的事。

其一，成立了以校长为组长的学校"课程建设领导小组"，成员包括学校各方面的负责人以及家长代表，以实现课程建设中的价值一致、组织保障、及时沟通、相互支持。

其二，成立了学校"课程建设专家指导委员会"，聘请课程、教学、德育、管理等方面的专家予以综合指导。

其三，组建"课程开发小组"。学校确定以三年级和四年级为课程改革实验试点年级，组建由校长、课程与教学主任、科研主任、德育主任为核心，以两个年级负责人和教师为组员的课程开发小组，明确每位教师的课程开发责任，让课程开发成为教师在日常工作中必须思考或落实的事情。

我们确定了课程建设研究的行动规则，把推进过程分为六个步骤：调研需求→研讨规划→审批调整→完善筹备→启动实施→评价总结。

（3）研究不同主体的课程偏好，强调"对象意识"和"目标意识"。

调研发现，学生对课程的需求与教师、家长的期待有很大的不同。学生期待的课程属于实践性活动课程，具有鲜明的个性化倾向。而教师和家长期望开设的课程多是学科课程，特别是奥数、作文、文学等。这种调研为我们进行课程开发提供了很好的基础。

我们继而组织干部教师围绕"创造适合学生发展的课程"进行深入研讨，大家达成共识，要创造适合学生发展的课程，就离不开对"学生特点""学生发展规律"和"生命成长需求"的深入研究。"适合学生发展"的课程理念关键在"适合"，它强调课程建设要有"对象意识"和"目标意识"。"对象意识"的增强必然使我们增强生命意识，"目标意识"的增强必然使我们进一步深化校本意识。

（4）以实验研究为支撑，提出三级课程整体推动的思路。

我们在适度突破学校组织制度的前提下，以实验研究为支撑，实现对学校课程建设的整体推动。

我们通过分析学生的年龄特点、成长现状和发展需求，初步形成了学校课程建设的整体蓝图及课程结构，即落实国家课程、融合地方课程、创新校本课程。我们将"社会需求、培养目标、学生的兴趣和教师的特长"进行四位一体考虑，将其与三级课程建设紧密结合，对学校各类课程进行规划、选择、改编、整合、补充、拓展、新编等不同程度的开发与建设，对课程结构进行校本化改造，努力实现"尊重学生的兴趣、促进教师的发展、深化学校的文化、满足社会的需求"的四位一体的课程开发目标。

2. 顺应学生成长的自然节律与生长需求，提出"2－1－2－1学程"

参照多方面资料，我们提出了"2－1－2－1"的四季学程（以下简称"2－1－2－1学程"）模式及其具体设计，即以一学年为单位，以学年中的四个季节为标志，将整个学年划分为四个学习周期，每个周期包括"两个月左右的基础性学科课程＋一周综合性实践课程"。

"2－1－2－1学程"的提出，一方面，是源于北京小学对培养学生综合实践能力与创新意识、创新能力的高度重视。综合实践课程的学习不能脱离学生的真实生活和学习实际。以常规课时为单位开展综合实践活动课程，师生局限在30～35分钟的时间内，很难真正展开充分的思考和实践探索，因此我们特地拿出一周的时间来实施综合性实践课程。

另一方面，是源于我们对学生成长规律与需求的研究与思考。我们通过充分研究小学生的身心发展规律，认为在每个学期连续四个多月的学科学习历程中，学生很难一直保持一成不变的学习状态。他们需要适时地进行学习目标、学习方式和学习内容的调整。

因此，我们决定，尊重生命成长的特点，打破目标、内容、时间和空间对于儿童学习的局限，以"四季"来划分学生的学程，称为"四季课程"。为了不与现行的学制和学期管理发生矛盾，我们没有在正式的学校文件中称之为"变两个学期为四个学期"，而是称为"不改学期改学程"，即改革学习的进程。

3. 进行课程的系统设计，精心打磨"四季综合实践课程"

"2－1－2－1"模式中的"1"，是指在春、夏、秋、冬四季各安排一次"综合实践周"。为更有效地整合科技、美育、体育、德育等育人资源，改变现有综合实践课程比较零散的现状，我们开发了"四季综合实践课程"，学年组全体学科教师共同参与，从不同的学科视角，整体设计课程内容与形式。这一课程是学校整体"四季课程"开发的重点，人们经常将该课程直接称为"四季课程"。目前"四季综合实践课程"的安排如下：

（1）秋季课程：北京的秋天天高云淡，适于孩子们开展既动脑又动手的活动。因此，我们将秋季的这一周设为"科技创意周"，让孩子们展开美好的想象，把上个学年所学的知识加以综合运用。

（2）冬季课程：北京的冬天是以春节为核心的季节，是老百姓享受中华传统文化节日的时节。学生应该在品味北京和全国各地传统文化中，感受中华文化的博大精深，做自豪的中国人。所以，我们将此周设为"传统文化周"。

（3）春季课程：春天万物复苏，这个时节适宜孩子走进大自然，呼吸新鲜空气，锻炼体魄，欣赏美景，抒发情怀。因而，我们将此周设定为"律动健身周"。

（4）夏季课程：北京的夏天十分炎热，孩子们在此时适宜静心读书；同时可以利用暑假走进社区、走进父母单位、走向全国各地、走向世界去体验生活。孩子们既要读书中的世界，又要"读"现实的世界，还要书写心中的世界。因此，我们将此周设定为"读书实践周"。

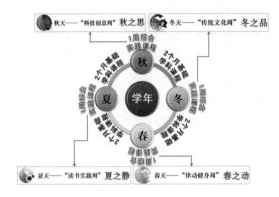

图 1   北京小学新旧学程对比

4. 以"四季综合实践课程"为基础，整体改进学校课程结构

我们按照"四季课程"的要求，进一步规划了学校的课程门类、内容，使学校课程框架逐步清晰，呈现出生本性、整体性、创新性、多样性、层次性的特点。如表 1 所示。

表 1   北京小学课程结构

基础性课程				个性化课程
国家课程	地方课程	校本课程		选修课
		必修课		
语文 1—6	写字 1—6	经典诵读 弟子规 1 孔子家语 2 朱子家训 2		探访北京的桥 益智游戏 梦工厂 巧夺天工 Let's party 光影世界 技术与设计 美食 DIY
数学 1—6		双向选择性数英课程		
英语 1—6				
体育 1—6	安全应急人民防空 2、4 健康 1—6	游泳课程 1—6		
科学 3—6	科学启蒙 1—2 环境与可持续发展 6	特色科学	快乐科学动动 3	
			塑料降解 5—6	
		寄宿晚课	科学拓展 4—6	

注：个性化课程选修课栏中"多彩生活自助园 4"为跨行内容。

（续表）

基础性课程				个性化课程	
国家课程	地方课程	校本课程			
		必修课		选修课	
信息技术 3—4					
音乐 1—6		寄宿晚课	少年影视 1—6 舞蹈 1—3 围棋 1—2 美工 1—3		英语魔方社团 小动物饲养社团 街舞社团 IT 小精英 新闻社 卡通世界社团
美术 1—6				少儿社团 5—6	
品生 1—2 品社 3—6	环境与可持续发展 3 毒品预防 5	寄宿晚课	生活自理 1—3 自主学习 4—6 阅读 3—6 彩虹心桥 1—6		
综合实践 3—6 （"四季综合实践课程"）				游学课程 5—6	澳洲文化

三、 精致规划课程安排，满足学生个性化成长需求

1. 全员研讨课程主题，细化课程规划与安排

学校领导及教学干部与三、四年级的全体教师在多次研讨的基础上，逐步确定了三、四年级的课程主题和课程规划；再由两个年级的全体任课教师共同参与，围绕年级主题开展课程开发，为学生为期一周的"四季综合实践课程"制定详细的课程安排。

如四年级"科技创意周"的课程主题为"生活中的奇思妙想"。它着眼于对学生观察生活的意识以及想象力的培养，努力让主题性综合性实践课程成为学生不断开阔眼界和彰显个性的学习平台、研究平台、展示平台和实践平台。

2. 关照学生个性化需求，让每个学生都有自己的研究主题

在为期一周的"四季综合实践课程"实施过程中，每个三、四年级的学生都拥有自己明确的研究主题。在三年级"秋天里的生命"实践探索后，学生们了解了很多秋天里植物和动物的生命特征，由此联想到可以将它们应用到人类服装

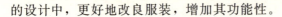
的设计中，更好地改良服装，增加其功能性。

3. 精心设计学习载体，及时发布学习成果

我们为学生设计了人手一本的精美的课程学习手册，及时有效地指导和评价学生课程学习的全过程；最后还以展览的形式向全校学生发布课程学习成果，进行课程总结。

为了丰富学生的课程体验，教师结合学生的学习需求开发了丰富的实践内容。大家边实践，边探索，边思考，边总结。在开发秋季课程取得经验的基础上，冬季和春季课程的开发思路又有所拓展。

"四季综合实践课程"把生命的成长与自然的成长有机融合在一起，学校课程的内容更有层次性。同时，学校也逐步从行政型管理向学术型管理转变，促进了班组建设和教师课程领导力的提升，促进了家校合作与家长作用的发挥，有利于综合性学习、合作性学习、自主性学习等学习方式的综合运用。"四季综合实践课程"实验的成功，极大地激发了教师参与课程建设的热情，许多非实验年级的教师也自发地尝试进行课程开发。

当然，"四季课程"的建设也反映出学校课程改革在办学自主权、社会支持、办学条件等方面的局限性，这些问题需要学校、教育行政部门、社会共同面对。

（本文作者系北京小学校长）

北京史家小学："无边界课程"带来无限可能

王 欢 王 伟

作为教育改革的重中之重，学校课程体系的重构，已成为每一位教育管理者的核心关切问题。

在义务教育综合改革中，北京市史家小学携手区域内的六所学校，组建了集"入盟入带一贯制"为一体的北京史家教育集团。为了适应集团化发展的新要求，我们努力构建了富有史家特色的"无边界课程"体系，希望以此为载体，为学生的发展创造无限的可能性。

一、 明确课程依据：国家要求、学生需求、学校追求

众所周知，党和国家以及北京市的相关文件都强调，要发挥课程整体育人的价值，通过构建开放性的教学模式、运用多样化的教学方式，促进学生健康成长。这些具有鲜明的价值取向的政策文件，要求学校课程不仅要传授知识、培养能力，还必须把社会主义核心价值融入到育人的全过程中，并转化为学生的自觉追求。

学生的需求决定了课程的根本价值。"为了孩子健康快乐成长"已成为现时代基础教育的价值追求，自然也应成为学校课程建设的基本指向。同时，我们还应从"身心智趣"四个方面进一步细化对孩子成长内在需求的理解。"身"是身体条件，"心"是心理基础，"智"是理性支撑，"趣"是感性依托；"身心智趣"四个方面互相联系、互相作用，在课程的整体建构中缺一不可。

在建设史家教育集团的过程中，我们既尊重各校发展的历史性，又强调区域发展的现实性，以"和而不同、共同发展"即"和谐＋"为集团理念，推动集团战略、机制、资源的共建共享。我们不断丰富史家小学"种子计划"的主体内容，使其成为集团发展的核心战略。这个"种子计划"在两个意义上使用：其一，我们把一个个学生视为一颗颗种子，为他们注入良好的成长基因，使其尽

可能丰满，尽可能充满活力，尽可能持续发展；其二，我们也把优质教育看作一粒鲜活饱满的种子，让它深深植根于每一个集团人心中，在高质量的均衡发展中促公平、增活力。

我们积极应对集团化改革带来的课程取向、课程总量和课程形态的种种改变，致力于课程体系的清晰化、课程价值的自洽化和课程实施的定向化，致力于在无边界的育人时空中，让每一个学生充分地舒展个性、绽放生命。

二、 建构"无边界课程"体系：培养"和谐的人"，给成长无限可能

1. 课程理念："给成长无限可能"

我们以"种子计划"为"无边界课程"的价值基点，确立培育"和谐的人"的课程指向，提出"给成长无限可能"的课程理念。我们认为，"成长"和"长成"有不同的含义。"长成"是一种自然状态；而"成长"则在很大程度上与教育有关，蕴含着无限的机遇和可能。作为教育者，我们应为孩子创造更广阔的成长空间，使孩子在"长"的过程中达到"成"的目标，体验生命成长的快乐与幸福。因此，"给成长无限可能"特指不让学校课程的局限禁锢学生成长的"无限"。

2. 课程目标：培养"独立思想者、终身学习者、世界参与者"

基于教育所承担的立德树人的根本任务，特别是培养有社会责任感、有创新精神和实践能力之人才的重要使命，参考国际课程较为关注的培养目标（独立判断的思想者、终生不渝的学习者、世界事务的参与者），依托史家小学20余年来和谐教育的丰富积淀，我们将史家教育集团的课程目标定位为：让每一名孩子成为有完全人格和价值伦理的独立思想者、有批判思维和创新精神的终身学习者、有社会责任和实践能力的世界参与者。这是我们在全球视野下，对培养"和谐的人"作出的更为具象和现实的表述。

3. 课程名称："无边界课程"

史家教育集团之所以将课程的名称定为"无边界课程"，是因为在我们看来，"无边界课程"的核心要义是突破时间、空间、人际、专业领域等各种教育要素的边界，按照"和谐＋"的现实需求，形成新的能力单元，并使之以更加灵活的方式发生聚变，进而使种子的生长迸发出更大的能量，为学生生命的成长创造无限的可能。（见图1）

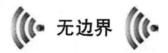

图 1　史家课程的"无边界"

4. 课程模型：让颗颗种子飞扬无界、成长无限

我们以蒲公英的种子为原型，具象地呈现史家"无边界课程"的模型。（见图 2）

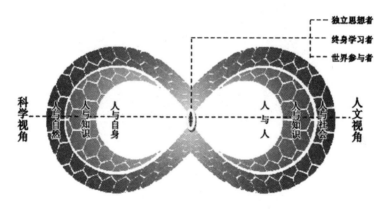

图 2　史家"无边界课程"的基本模型

如图 2 所示，这个内视与蒲公英种子同构、外观与无限大符号同形的史家"无边界课程"模型，寓意着个个学生、颗颗种子在无边界的课程时空中飞扬无界、成长无限。

我们关注学生科学素养与人文涵养的和谐发展，力图通过"无边界课程"既培养学生严密的科学思维方式和实事求是的科学态度，又培养学生积极的主体意识、人文情怀和丰富的想象力。我们还基于五大和谐支柱，以学生从自然人向社会人的转变为成长向度，在科学视角上依次串联"人与自身的和谐""人与知识的和谐""人与自然的和谐"，在人文视角上顺序衔接"人与人的和谐""人与知识的和谐""人与社会的和谐"。同时，五大和谐贯通培养"独立思想者、终身学习者、世界参与者"的课程目标，并最终指向培养"和谐的人"。

5. 课程框架：依托五大课程群，形成主体构架

史家"无边界课程"依托五大课程群形成主体框架。（见表1、图3）

表1　史家"无边界课程"的五大课程群

五大和谐	课程群	课程群价值
人与自身	青苹果中心课程群	实现人与自身的和谐，培养学生的生命意识和自主能力
人与人	传媒中心课程群	实现人与人的和谐，培养学生的责任意识和交往能力
人与知识	资源中心课程群	实现人与知识的和谐，培养学生的创造意识和表达能力
人与社会	史家书院课程群	实现人与社会的和谐，培养学生的规划意识和自律能力
人与自然	科技馆课程群	实现人与自然的和谐，培养学生的尊重意识和实践能力

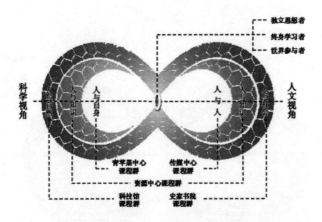

图3　史家"无边界课程"的主体框架

每一个课程群都包含若干个课程，如史家书院课程群包含"书院文化""传统经典""传统节日""文房四宝"等课程类别，其下又包含"古今书院""曲水流觞""九宫文化""古琴文化""古砚文化""古典建筑""青铜文化""兰亭笔会""中秋笔会""四大名砚""毛笔制作""墨砚使用"等课程内容，并配以"学生主讲""教师协助""家长助教""专家讲座""社团活动"等课程形式。

需要说明的是，在史家"无边界课程"中，课程群用来标示课程的主要属性，而非课程的单一归属。也就是说，具体的课程往往是"多栖"的，"跨群"已成为常态。这也体现了"无边界课程"的综合性和育人的整体性。

五大课程群的建立，旨在为学生提供更加切合其成长需要的"无边界课程"。课程群在实施方式上均为多师互联、多生互动、多课互构、多效互生。这样的课程架构为学科实践活动课程及综合实践活动课程的实施提供了广阔的空间。

三、 实施"无边界课程"体系：形态多样，评价跟进

1. 课程形态：基础性课程、多样性课程、自主性课程、开放性课程

史家"无边界课程"依次叠加、顺序呈现为四种课程形态。

一是1.0形态的基础性课程，表现为传统式的班级学习。我们通过创设民主和谐的心理与物理环境，保护与激发学生的好奇心、求知欲，不断突破课本和教室空间的局限。同时，我们特别关注学生在学习中的思维与表达、课堂上的专注与绽放。

二是2.0形态的多样性课程，表现为菜单式的小组合作学习。我们依托课程资源中心，建立了20余个专业教室及特色活动场地，创设了基于"生存、生活、生命"教育的专题学习内容。

三是3.0形态的自主性课程，表现为在综合空间中的自主学习。我们通过对教室进行合理的功能分区，创设了集自主学习、探究学习、集中学习、非正式学习等多种方式为一体的综合空间。

四是4.0形态的开放性课程，表现为无边界空间的多样化学习。学生的学习可以随时随地发生，无边界的生活世界成为课程的实施场所。我们借助家庭、博物馆、图书馆、科技馆等多种资源，让学生的学习超越学校的围墙。

2. 课程评价："专注"＋"绽放"

我们基于"专注（Absorption）＋绽放（Blossom）"的维度实施课程评价。我们认为，从"终身学习者"到"独立思想者"，由外到内，核心是"专注"；从"终身学习者"到"世界参与者"，由内到外，核心是"绽放"。"专注度"包括情绪稳定、思考积极、兴趣浓厚、精力集中、精神饱满五个方面，它构成了史家课程评价的内在指标；"绽放度"包括想象丰富、创意新颖、逻辑清晰、表达生动、成果突出五个方面，它构成了史家课程评价的外在指标。两者共同构成学校课程评价的"史家模式"。

具体来讲，我们把"专注"分为三类，即在课程的自主选择中专注，在课程的自主开发中专注，在课程的自我发展中专注。例如，在资源中心课程群的学习中，学生专注地选择菜单式课程；在史家书院课程群的学习中，学生专注地开发"小主讲"课程；在史家传媒课程群的学习中，学生专注于自我管理、自我

发展。同时，我们把学生健康快乐成长的每一瞬间都视为一种"绽放"，特别是我们以发展学生的创意表达能力为核心，为孩子们搭建了"绽放"形态多样的各种平台，如古诗吟诵、主题讲演、新闻播报、成语接龙、好书推荐、小剧表演、视听猜谜、对话改编、配音表演、黏土动漫、定格动画等。

3. 课程实效：有效促进学生的健康快乐成长

史家"无边界课程"有效促进了学生的健康快乐成长；培育"和谐的人"的课程指向越来越明晰，也越来越有力。

在"无边界课程"中，孩子们收获成长的印记。在科技课程中，教师将学生制作失败的作品一一陈列出来，并分析原因，使学生能在失败中听到成长的脚步声。在学校设立的书法"成长墙"上，我们可以看到孩子们从歪歪扭扭的稚嫩笔画开始，到挥就一幅幅生动飘逸的书法作品的成长过程。

在"无边界课程"中，孩子们收获成长的价值。在"中医药"课程中，学生学习中医穴位的按摩，并在家中实践。可能孩子按的穴位还不太准确，但却会"按暖人心"。在"天文摄影"课程中，孩子们收获了精美的天文摄影作品，也收获了坚韧的意志。

在"无边界课程"中，孩子们收获成长的梦想。在"史家传媒"课程的学习中，黄晋元同学历时半年，拍摄、剪辑了时长四十分钟的微电影《极限追捕》。他在"史家传媒"课程颁奖典礼上接过"最佳导演"的奖杯时，无比激动地发表获奖感言：将来我一定会成立自己的"老黄电影公司"！

课程无界，成长无限。我们建构史家"无边界课程"体系，就是希望给孩子们创设一种更加适合其发展的学校生活，使其收获成长的无限可能；就是希望给孩子们插上梦想的翅膀，让他们以蹁跹飞舞的身姿，在无边的蓝天下，迎接美好的未来！

（本文第一作者为北京史家教育集团总校长）

北京一师附小： 以课程微创新促进学校特色发展

张忠萍

北京第一师范学校附属小学实施"快乐教育"的二十七年来，始终围绕着"让每一个孩子快乐成长"的核心价值观，坚持"丰富一点点、创新一点点、进步一点点"的原则，倾力塑造"快乐教育"的文化品牌。近年来，我校坚守"快乐教育"的课程目标，从课程内容、课程结构入手，进行了一系列的课程微创新实践，初步建立起"快乐课程"体系，形成了学校内涵发展新的增长点，促进了办学特色的形成。

一、 坚定课程目标，坚守学校特色发展之灵魂

在实施"快乐教育"的过程中，我们一直在思考：如何使课程建设成为一种动态的、创新的、整体的教育实践？如何通过课程建设为学生提供更多的学习资源，让学生享有不同的学习体验，进而丰富、深化"快乐教育"研究，更好地促进学生快乐成长？

我们认为，教育的使命是培养人，培育高尚的、健康的、智慧的、积极的生命状态与精神境界。因而，在"快乐课程"建设中，我校紧紧围绕着"快乐教育"的核心价值观和"六乐"育人目标(乐于读书，勤奋为乐；乐于服务，助人为乐；乐于锻炼，健体为乐；乐于交往，合作为乐；乐于参与，实践为乐；乐于开拓，创新为乐)来建构"快乐课程"。

为了使课程目标更清晰、明朗，增强对课程建设的指导性与可操作性，我校将"六乐"育人目标简约表达为六个关键词，作为"快乐课程"的目标，即"乐学、乐善、乐活、乐群、乐行、乐新"。它以"乐"为基本点，核心是"快乐成长奠基快乐人生"，即关注学生的快乐体验，并且引导学生在快乐的学习与生活中，不断获得更高层次的学习和发展的快乐体验，进而获得可持续发展的动力，为学生的快乐人生奠定基础。

二、 课程内容微创新，彰显学校特色发展之活力

我校的"快乐课程"是从学生、教师、学校、社会四方面资源的实际出发，围绕"六乐"课程目标，从不断发现影响学生发展的诸多问题开始，从一个个小的课程微创新开始，在研究问题、解决问题中循序渐进发展起来的。

1. 加强学科整合，夯实基础性课程

在课改实践中，如何找到相同或不同学科教学内容之间相应的契合点，通过课程内容的整合，促进学生快乐有效地学习，达到减负增效的目的？我校通过两种方式的课程整合实现这一目标。

(1)学科内部整合，优化课程内容。

在同一学科中，我们将分布在不同年段或单元里的同类教学内容或相同的知识点进行有效整合，以利于学生对知识的理解掌握及应用。例如，在六年级数学第十一册教材中，第二、第三单元的教学内容分别是"分数乘、除法"，第五单元的教学内容是"百分数"。在实际生活中，解决分数和百分数的实际问题时，应用的数量关系和解题方法是完全一样的。于是，我们把第四和第五单元的教学内容进行了调整，使学生在掌握了用分数解决问题的方法后，将其灵活运用到百分数的学习中。这样，既学习了新知识，也巩固了旧知识，同时理解了数学学科知识与知识之间的联系。

(2)学科之间整合，确立主题课程。

不同学科的教学内容时有重复的现象，影响着学生的学习兴趣与学习效果。从2012年起，我校以年级为单位，打破学科界限，尝试对涉及同一主题的不同学科的内容进行整合，目的是引导学生建立起系统的思维方式，从多角度理解知识，体验知识之间的联系，拓展学生的视野，提高其实践能力，真正实现减负增效。

每个学期开学前，我校同年级不同学科的教师要相互交流本学期学科教学的主要内容，共同寻找学科间相同的知识点，沟通教学目标，通过集体研究教材，对有关教学内容进行合理整合。例如，四年级第一学期的科学、劳动、美术、信息四门学科都涉及"植物"这一主题的学习内容，并且有不同的教学目标。我们对此项教学内容进行了整合：在劳动课上，让学生学习植物的种植技术和方法，种植太阳花；在科学课上，教学生认识各种不同类型的花，认识花的结构，丰富花的知识；带领学生走进教学植物园，进行实地学习与观察，美术教师现场讲解，引导学生以线造型为主进行植物写生；在信息课上，要求学

生将本次主题学习的全过程制作成 PPT，进行总结汇报。在整合的过程中，学生学习的内容、方式、地点都发生了一些变化，课堂学习的课时从以前的十一课时调整为六课时，余下的五课时，师生一起走进了教学植物园。因为增加了亲身种花、观花、画花、讲花的过程，所以学生学得有趣、学得明白。这样的课程整合更重要的意义在于：多角度理解知识，将学科学习与学生生活联系起来，帮助学生建立起书本知识与实际生活的有机联系，增强运用知识解决问题的能力。

2. 满足发展需求，研发拓展性课程

我们积极研发校本课程，作为满足学生个性化发展需求的拓展性课程，从而为学生提供更大的成长空间。

（1）着眼素质提升，开设校本必修课程。

①凸显办学特色的标志性课程。"快乐教育"倡导儿童快乐成长。快乐是一种主观感受，是一种积极的情绪体验、生命体验。从心理学的角度说，积极的情绪体验积淀积极的心理品质，而拥有积极的心理品质是释放正能量的基础。那么，如何使学生在成长过程中不断获得更高层次的快乐体验，增长正能量呢？一方面，我们将健康人格的塑造融入学校教育的全过程；另一方面，通过标志性课程的实施，强化认知，明理导行。例如，2006—2012 年，我校逐步在低、中、高三个年段，分别开设了"美德在我心""读故事讲感言""播新闻论天下"的"快乐教育"美德系列课程。2012 年，我们要求学生从低年级开始读古诗，随着年级的升高，继续研读《三字经》《弟子规》《论语》等。通过诵读经典，学生多懂得了一些为人之道，多领略了一些中华文化精髓，多增添了一些文学修养，他们读在其中，也乐在其中。

②凸显综合实践能力培养的研究性课程。2000 年，我校依托新建成的"生态走廊"，开设了第一门校本课程——"绿色行动"研究性学习课程。2011 年落成的新校园里有光导管照明、光纤照明、光伏发电、风力发电等节能设施，于是，我们把这些节能设施作为新的课程资源，将课程名称改为"天蓝蓝"，进一步引导学生树立绿色生活的理念，发现与研究现实中的环保问题，提高科技创新、建设美好环境的综合能力。比如，五年级学生以"垃圾"为主题进行研究性学习。他们按照"问题自己提出，课题自己确定，小组自愿结合，资料自己查询，问题自己探究，结论自己得出"的"六自"原则，在"垃圾的产生及危害""垃圾分类""垃圾再利用""食品包装研究""垃圾减量"五个板块的研究中收获了很多心得。在研究中，他们请来环保专家，开展"垃圾分类大讲堂"活动；主动在

学校、社区开展调查研究；组织了写一写、算一算、量一量、分一分等动手操作活动；尝试进行废旧物品的再创造与再利用；向全校师生发出"践行低碳生活"的倡议，等等。

（2）关照个性发展，增加校本选修课程。

校本选修课程可以为学生的成长提供多种选择与发展空间。我校通过全面调研，深入了解家长的教育期待，找到了学生兴趣和教师特长的契合点。2008年，我校即开设了美德类、艺术类、体育类、科技类、实践活动类共五大类四十六门校本选修课程。在"菜单式"管理模式下，学生可以根据自己的兴趣与爱好自主"点菜"；在教学组织形式上，我们实施了全年级或跨年级的走班制教学。不同的选择为学生带来了不同的体验和不同的自主发展空间，学生们在其中收获着共同的快乐成长。比如，"功夫小子"课程让男孩子逐渐威武起来，"优雅女孩"课程让女孩子逐渐优雅起来。在具体实践中，我们还根据学生的实际需求与学习效果，不断调整课程内容，目前，我校共有三十八门可供学生选择的校本选修课程。

3. 课程结构微创新，保障学校特色发展之基础

（1）整合三级课程，架构"1＋X快乐课程"体系。

在"快乐课程"建设中，为了培养学生的"六乐"品质，我校将国家课程、地方课程、校本课程进行校本化改造与整合，在语文、数学、英语、体育、科学与技术、品德与社会、艺术与设计七大学科领域中，架构起"1＋X快乐课程"体系，如图1、表1所示。从课程目标上，"1"代表面向全体、全面发展，"X"代表面对差异、培养兴趣；从课程内容上，"1"代表基础性课程（七大领域），"X"代表拓展性课程；从课程实施方式上，"1"代表必修类课程，X代表选修类课程。

图1 "1＋X快乐课程"体系

　　"1＋X快乐课程"体系充分体现了"快乐教育"的核心思想——"乐"：课程目标以乐为基，关注快乐体验，为快乐人生奠基；课程结构以"精"为乐，体现集约高效、减负增效；课程内容以"近"为乐，关注学生经验，实施综合课程。

表1　"1＋X快乐课程"体系明细表

1	X	
国家课程	地方课程	校本课程(＊表示活动类课程)
语文	写字	经典诵读、软笔书法、＊读书节
数学		趣味数学
英语		
体育	健康教育	武术、跆拳道、乒乓球、篮球、羽毛球、游泳、足球、舞动的精灵、功夫小子、＊运动会
科学与技术(科学＋劳动技术＋信息技术)	环境与可持续发展安全应急与人民防空	机器人、现代军事、创意搭建、电子焊接、信息技术、低碳环保、园林种植、厨艺、＊科技节
品德与社会(品德与生活＋社区服务＋社会实践活动)	我爱东城	美德课程、心理成长、茶艺、天蓝蓝(学生自选主题若干)、＊爱心交易会、＊疏散演习、＊社区服务、＊慰问活动、＊参观博物馆、＊游学活动等
艺术与设计(美术＋音乐)		民族工艺、软陶、素描、民族服装、形体、泥艺、风筝艺术、优雅女孩、＊音乐节、＊书画艺术节

　　(2)设计长短课时，保障课程有效实施。

　　在已往的教学中，师生反映有些学科的课堂学习时间不足，教学任务没有完成就下课了，这不仅影响了教学的完整性，而且影响了学生的学习兴趣。比如，"民族工艺""风筝艺术""机器人"等校本课程深受学生喜爱，但是由于课堂学习时间不够用，所以学生总是不能尽兴。由此，我校从课程结构上进行了调整，实施了长短课时，将课时分别设置为六十分钟、四十分钟、三十分钟、二十分钟，提高了课程实施的有效性。

(本文作者系北京第一师范学校附属小学校长)

北大附小： 基于"需求—资源—未来"的小学校本课程创新

尹 超

校本课程开发的积极意义是毋庸置疑的。但在实践中，校本课程开发还存在很多问题，如课程开发主体缺乏系统支撑、课程实施缺乏资源统整、课程创新形式化等。北京大学附属小学（以下简称"北大附小"）从办学理念入手，明确校本课程开发的目标，合理设计校本课程开发的内容，创新校本课程实施的方式，彰显了校本课程创新的价值。

一、 理性反思：校本课程开发的问题与困境

在学校整体课程体系中，校本课程只占 10%～12% 的比例，可见，学校进行自主课程创新的范围和条件都相当有限，这个问题亟待我们进行探索和思考。

1. 课程创新主体缺乏系统支持："一个人的战斗"

由于校本课程开发的人力物力资源难以得到有效保证，导致校本课程开发的实践难度远远超过理论设想中的难度，一些校本课程的开发仅停留在教师个体设想和兴趣创作的萌芽状态，失去了持续发展的生命力。在校本课程开发中，很多教师有丰富的设想和创意，也进行了长时间的教育实践，但是难以固化和保持下来。很多校本课程开发基本上处于"一个人的战斗"的状态。校本课程开发的萌芽也许就产生于一个教师瞬间的闪念，但是如何把这个闪念变成科学、规范、严谨、有效的课程开发，需要学校管理者的发现、鼓励和支持。

2. 课程实施创新缺乏资源统整：一团零散的"珍珠"

校本课程的实施与创新，最重要的是资源统整，包括时间的统整、教师的统整、内容的统整。在我国基础教育阶段，日常的教学任务是非常紧张、繁重的，如果校本课程的开发创新活动挤占了"正常教学时间"，就必然会生发一场费时费力的"时间争夺战"。此外，有的学校分别在低年段、高年段开设校本课

程，但不同的教师仍被"年级组""学科组"的管理疆界隔开，校本课程的开发者很难做到人员的统整。而关于课程内容的统整就显得更为重要了。有的校本课程的内容或碎片化，或远离孩子，或远离生活；而真正对学生有益的校本课程应以主题为统领，贴近学生的兴趣与需求，与生活建立联系。

3. 课程开发创新形式化：概念上"贴金"

由于校本课程开发能很好地反映学校的办学理念和文化特色，因此，很多学校借校本课程"贴金"，制造一些生搬硬套的"概念"，导致校本课程开发的形式化问题严重。例如，自北京市开展自主排课实验以来，很多学校纷纷付诸行动。自主排课项目主要有两方面内容：第一是三级课程的整合，第二是校本课程开发。学校实际上真正能自主排课的空间少之又少，因此，很多学校寄希望于校本课程开发。在一轮又一轮的实验、汇报、评比中，很多学校耐不住"成果"的缓慢，校本课程实施不到一学期，就"成果"遍地、全面铺开、全区展示、全市展示了，校本课程开发完全沦为学校"贴金"的工具。此外，一些学校在整体课程框架设计中，还有借"概念炒作"的现象。很多学校为自己的课程体系冠以悦耳的名词。诚然，学校整体课程框架是学校办学理念的直接反映，但是就小学阶段来说，其课程内容是稳定的、有共通性的。如果要用概念表达，那么一定要审慎推敲；否则，很容易有生搬硬套之嫌，其后果则是直接偏离课改的方向。

二、 实践经验：校本课程开发的创新途径

作为一所历史悠久的百年老校，北大附小的培养目标是"为了每一个孩子独具特色的发展""为幸福、高素养的中国公民和世界公民奠基"。在这种理念引导下，北大附小的校本课程建设不是传统意义上的"人无我有""人有我精"的特色课程，而是真正突破当前考试文化制约的、着眼于学生终身幸福发展的精英课程，如"少年交谊舞""超级演说家""环球文化""趣味经济学"等课程。北大附小通过以下几种方式提升校本课程开发创新品质。

1. 盘活资源，形成"课程建设共同体"

校本课程建设是在校长领导下进行的，但绝不是校长一人就可以包揽、实现的。它需要一个强大的共同体，大家在其中凝聚共识，通力合作，共同研究课程、建设课程、发展课程，实现校本课程的特色化发展。

北大附小以"课程项目化"的方式，成立了由课程开发主体、行政管理领导、科研专家、实习研究生等十人组成的精品课程开发小组。例如，2016 年上学期，北大附小与北京师范大学教育学部合作，针对"读写结合""趣味游戏""英语模仿秀"这三门校本课程，各安排三名课程与教学专业的研究生帮助授课

教师进行校本课程开发的全方位诊断,包括设计诊断方案,参与课程实施,提出改进建议等。同时,学校行政领导通力协调课程资源保障问题,搭建课程研发团队,即除了授课教师,还配备三四位协同研发教师。科研专家设计、引导双方的实质合作,及时发现问题后进行改进。借助这一途径,北大附小校本课程开发以团队支持、实验、反思和调试的方式,突破了原有"一个人的战斗"的困境,课程建设形成内外结合、和合相生的共同体。

2. 尊重需求,发掘真正的"特色课程"

北大附小在"趣味经济学"校本课程开发过程中,遇到很多质疑:经济学这么高深的内容,小孩子能学吗?他们会有兴趣吗?他们能学有所获吗?为此,我们对学生的需求和兴趣作了调查。调查结果发现:大多数学生对经济学是有浓厚兴趣的,但他们感兴趣的并不是枯燥的理论概念,而是生动活泼的日常经济活动和问题。由此,我们对学习内容进行了选择,对学习形式进行了较大力度的创新,如通过举办社团活动、跳蚤市场的方式,让孩子在玩中学,在学中玩。为了更好地服务学生,呵护学生的学习兴趣,2006 年,学校陆续派送英语基础较好的教师到美国进修经济教育硕士课程。教师们通过学习发现:发达国家教给孩子的不仅仅是知识、能力、创新精神,更重要的是从小就渗透给孩子一些终身受用的东西,如对生活的热爱,学会选择和放弃,学会辩证地思考问题等。于是,教师们的思路更开阔了,"趣味经济学"也更有趣味了。目前,这门课程已成为学校选课率最高、学生们最喜闻乐见的课程之一。

3. 着眼未来,打造真正的"精英课程"

校本课程究竟应选择什么样的内容?在校本课程开发过程中,很多学校基本是"条件主导"型,即有什么样的资源和条件,就给学生什么样的课程。这是很不科学的。北大附小在进行校本课程设计时,立足于学生的需要和兴趣,致力于培养学生适应未来发展需要的核心素养。例如,北大附小开设的"环球文化"课程,意在培养学生的国际理解素养。我们邀请相关人士,以国别为单位,分别遴选各国文化中最突出的亮点,以参与学习、体验式活动的形式,让学生养成尊重不同国家文化传统的意识。如在介绍美国篮球文化时,我们邀请了一位美国大学篮球运动员,在课上为学生表演灌篮绝技;在介绍意大利美食文化时,邀请了一位专业的意大利厨师,在课上亲自为孩子们演示比萨和意大利空心面的制作技巧。

(本文作者系北京大学附属小学校长)

北师大实验小学： 基于课程整合的校本课程开发

马　骏

当前我国中小学已经普遍开设了校本课程，但很多学校的校本课程建设存在"体系性"缺失问题，课程之间缺乏关联，呈现碎片状态，难以发挥课程的整体育人功能，也难以系统提升学校的课程能力。为此，我校尝试基于课程整合的理念开发校本课程，"串起"儿童生活的完整世界。笔者谨以我校 2014 年推出的"烤面包"校本活动课程为例，介绍我们的思考和实践。

一、 学校课程能力建设的道路选择

对于学校来说，课程改革带来的挑战是多方面的，而学校的应对策略也多种多样。有的学校从教师队伍建设出发，认为课程改革关键在于教师的执行力，因此，从外部和内部环境建设入手，通过评估和反馈手段，帮助教师将课程改革的理念"内化"为自己的思想。也有的学校针对教师的变革"抵制"和"惰性"，用各种干预手段进行转化，期望通过改变教师的心理接受程度，提高教师在课程改革中的执行力。这些措施可能会有一些短期成效，但指望以此解决学校所面对的课程建设和实施的实际问题是不现实的。

学校课程能力是学校不断明确课程观，系统规划、发展和实施课程的能力。这是一个复杂的系统思考和设计，也是对一所学校文化和工作方式、工作风格的反映。如何建设符合学校特色和文化的课程能力？有学者从"范式"转换的角度，指出我国课程能力建设正在从"官僚—控制"范式走向"反思—自主"范式，其表现就是从各级教育行政部门确定课程内容和标准，学校照章执行，靠评估和反馈落实的线性的层级模式，转变为以校内横向交流与对话为主要渠道，学校管理部门提供支持和服务，教师自主探索的非线性、由下而上的模式。也有学者从中层理论出发，提出了课程变革与执行的建构方案，包括赋予教师课程权力、执行课程协商的方法论、以激励教师合意行为为目标的微观机制设计。

由此可以看出，当前学校课程能力建设的"范式"或者道路选择，需要告别学校自上而下推进的、专家指导下理性建构的课程规划和实施方式，将课程能力建设看作一个赋权给教师，学校内部呈现强烈的自组织性、体验性特点的过程。这样的课程能力建设不强调理性建构的完美和标准化，而是强调体验和过程，课程管理不以系统和完整为目标，却更能够体现学校的文化和价值观。

二、 "烤面包"活动课程开发的组织和设计

学校在课程建设中强调教师自主权的重要性，并不意味着将课程开发交给教师个体就行了。教师个体的力量太小了，他们能够应付创新教学方式的工作，但要进行课程建设，还需要学校组织内部的横向交流，并且建设内部自组织机制。为了实现提高学校课程能力的目标，体现学校课程的自组织性、跨学科特性和促进学生学习方式变革的特征，我校课程管理部门组织各个学科组进行讨论，最终确定将"烤面包"作为学校的一个校本活动课程，并通过以下三个途径实施。

1. 在课程开发平台上体现自组织特性

自组织特性，是指学校为了开发校本课程而建立的学校内部的组织架构的特性，在这一架构中，学校的课程领导和教师之间虽然有角色差异，但并不是固定的科层隶属关系，而是一种以解决问题为导向的平等合作关系。

"烤面包"活动课程的开发建立在校内学科间、部门间横向合作的基础上。教师在"烤面包"活动课程的规划和发展中，并不是仅仅作为执行者出现，教师同时也是参与者和建构者，由教师共同思考"烤面包"活动课程如何满足跨学科知识整合以及学生学习方式变革的目标，而学校课程管理部门则作为协调者、组织者和服务者的角色出现。

2. 在共同主题上寻找学科立足点

在确定"烤面包"作为活动课程的主题后，各个学科分别寻找自己在其中的立足点。数学教师在"烤面包"过程中，嵌入"比和比例"的概念，让学生在活动前了解，活动后总结鸡蛋、牛奶、糖和面粉的比例关系。科学教师则将"烤面包"中的酵母、称量等知识和技能"植入"活动中，让学生真实地感受微生物在现实生活中的作用，以及度量的标准和技术。英语教师通过"烤面包"中的场景，让学生在实际生活中使用和掌握有关烘焙的英语。语文教师更是给学生提供机会，让学生学会描述"烤面包"的过程，抒发自己在"烤面包"过程中的团队

合作体验和心理感受。艺术教师则鼓励学生充分发挥自己的创造力，尝试多种面包造型和展示制作，感受艺术元素让一个小小的面包焕发出来的美感。

活动课程的开发为跨学科知识整合提供了很好的平台，也成为学校层面进行课程建设的着力点。

3. 在活动中转变学生学习方式

活动课程改变的是知识的组织方式，但它直接影响了学生的学习方式。在按照学科体系组织的知识学习中，学生是一个"接受者"，学习方式就是理解学科逻辑，掌握已经存在的、外在于学生自己的知识体系。而在"烤面包"活动课程中，学生借助"烤面包"，发现自己是打开学科知识的关键。需要称量时，就去学习使用量具；需要发酵时，知晓发酵过程，懂得比例关系；提交作品时，感知过程中的情感和美。因此，知识不是外在的需要掌握的东西，而是"我"在"烤面包"过程中需要的东西。学生自己成为组织知识的中心，他的需要、探索和感受成为学习的方式。

从效果上看，活动课程的学习方式，可以培养学生的多元智能，引发学生对各个学科的学习兴趣，拓宽学习和运用各学科知识的渠道，使学生更好地在大脑中整体建构知识，形成体系。

三、 关于课程"整合"和"融合"的讨论

在中小学校，教师被划分为不同的学科组，因此，教师在进行课程开发时，最熟悉的逻辑就是学科知识的纵向开发和横向拓展。然而，如果校本课程也是按照学科逻辑呈现的话，那么校本课程与国家课程在内容、形式上的区别究竟在哪里？更重要的是，如果按照学科逻辑呈现，那么校本课程极易成为国家课程的补充体系，增加了学生负担，却没有促进学生学习方式的变化。因此，校本课程开发如何处理知识和学科的关系，是学校首先要面对的现实问题。

在小学阶段，分学科还是全学科组织知识，更是学术界讨论的一个热点话题。从科学发展的历史进程来看，所有学科最初都以混沌不分的形态包含于哲学范畴内。从20世纪后半叶开始，由于研究一些复杂的问题需要多个学科的知识，学科发展又出现了融合的趋势，传统经典学科间的界限被不断打破，学科的边界被重新划分。

学科"融合"，是指在承认学科差异的基础上不断打破学科边界，促进学科间相互渗透、交叉的活动。但是，如何"融合"？回到学科创设之初，知识在形

式上的混沌状态吗？我校在进行课程观讨论时，首先否定了这个答案。我们认为，混沌状态是人类认识世界之初，以经验和感受呈现知识的初级状态。知识间的"融合"，不能把知识视角和方法论模糊掉，于是我们选择了学科整合的策略进行校本活动课程的开发。

学科"整合"，是指在承认学科差异的基础上，不打破学科边界，强调学科间的合作，知识以光谱式的方式在学生面前展现。在小学分科教学的背景下，学科间可以就某些主题，尝试采取主题式学科整合的方法教学，这是基于现实条件采取的策略。同时，"整合"也有自己的优势。比如，在"烤面包"的过程中，各个学科教师在不同时间段出现在学生的活动中，使学生感受到了在整个活动中，各学科的特征和不同的作用，这样不仅有利于学生在学科间建立联系，而且能够让学生有一个学科视角，更深刻地理解知识的不同属性，帮助他们更有效地建构知识、发展能力。

（本文作者系北京师范大学实验小学副校长）

重庆巴蜀小学："项目学习"让学习真实地发生

马　宏　张　超　张　帝

近年来，重庆市巴蜀小学校（以下简称"巴蜀小学"）以发展儿童的核心素养为课程目标，从基础学力课程的拓展、生活实践课程的重构和潜能课程的开发三个维度，探索"教室小课堂，学校中课堂，社会大课堂"的"三位一体化"育人模式，建立了富有特色的律动教育课程体系。

在这个过程中，"项目学习"作为潜能开发课程的主要形态之一，在体现课改的基本精神、实现课程的育人功能、发展学生的核心素养等方面发挥了不可替代的作用，也成为巴蜀小学特色课程建设的亮点之一。

一、以持续实施的项目学习丰富学校的课程体系

基于项目的学习，是指学生围绕复杂的、来自真实情境的、具有一定挑战性的项目主题，在精心设计任务与活动的基础上，进行较长时间的开放性探究，最终建构起知识的意义和提高自身能力的一种教学模式。这种打破学科界限、将与儿童生活有关的问题或事物作为组织教材的中心，将有关教学内容与儿童生活的知识和技能融合成一个大单元进行教学的方式，使儿童的学习得以真实地发生。

巴蜀小学开展项目学习的历史源远流长。

早在20世纪30年代建校之初，学校就实施了"设计教学法"，"消寒娱乐会"即试行这一教学法的首次成功实践。据史料记载，设计教学以"消寒、娱乐"为中心，各级各科的教材与教学均与其意义相符，如社会科讲述寒带人的生活及冬季取暖的方法；自然科讲授冬季的气候以及动植物的过冬方法；卫生科传授冬季疾病的防治方法；劳作科指导学生制作有关消寒娱乐的模型，收集有关实物；体育科组织开展适合冬季的游戏活动；国语科除教给学生准备文艺表演的材料外，还在说话课上讲授什么叫开会词，在作文课上练习写家长邀请

函，在写字课上安排写活动的标语，等等。那时，学校主要通过组织演出活动等，展示学习成效，如排练演出了故事剧《一错再错》《冰天雪地中》，歌剧《新生》，三幕童话剧《长春花》等。

20世纪八九十年代，巴蜀小学在创造教育研究中，尝试实施"自主活动八分钟"课程；2001年，开始进行"综合实践活动周"的探索性实验，每学期集中一周的时间，开展基于课题（问题/任务）的系列"综合实践大单元"活动；2012年，学校制定新时期第二个三年发展规划，赋予"综合实践活动周"以新的内涵，开始进行"主题单元学习周"的实践探索；2014年，学校承办"第二届小学教育国际会议"，全校师生和家长共同参与开发了以"桥"为主题，以"主题单元学习周"为载体，贯串全年的跨学科的项目学习活动，取得丰硕成果；此后，在各年级自主开展以"火""我的学校"等为主题的项目学习的基础上，学校将项目学习作为重构潜能开发课程的一项重要内容，在全校全面推开；2015年，"小学教育巴蜀峰会"成功举办，会上学校发布了《"基于学科的课程综合化实施"行动指南》，标志着包括项目学习在内的巴蜀小学律动课程体系更加丰富与完善。

二、 以四大流程展开项目学习

巴蜀小学项目学习的展开流程大致分为项目确立、项目设计、项目探究和项目发布四个阶段。

1. 项目确立

项目的选题主要依据课程标准、现实运用和学生兴趣三方面来确定。学校通过召开学情分析会，了解学生需求；召开年级所有学科教师备课会，聚焦课标，重组教材；召开专家咨询会，科学论证选题。目前，根据儿童的生活从家庭交往扩展到同伴交往再到社会交往的特点，我们从本校及分校已有的众多项目选题中，筛选了六个主题，形成了分年级的序列化的项目学习内容：一年级"我的学校"，二年级"我的动物朋友"，三年级"呵护宝宝"，四年级"火"，五年级"桥"，六年级"梦想起飞"。在以年级为单位确定的上述各主题之下，我们希望给学生更多的自主选择权，如以班级或小组为单位，自选或自定研究的小主题。

2. 项目设计

项目选题确定后，重点是要设计任务。通常，学生会基于自己的经验提出有关问题，并在教师的指导下形成一个驱动性问题（a driving question）。这会帮助学生形成明确、清晰的目标，并感受到挑战。项目设计的另一内容是"量规"（rubric），即评价学习效果的标准。在布置任务时，教师就会给学生提供这个项目的评价标准；同时，在项目进行中，教师会随时评价学生的相关表现，并让学生持续地对照标准，进行自我评估。

3. 项目探究

项目探究充满开放性，没有标准答案。学生通过充分讨论、亲身实践，合作完成任务。项目探究的基本流程或步骤包括：组建小组、拟订计划、学习实践、制作作品和成果运用。

4. 项目发布

项目学习的最终成果要通过一定的形式进行发布与展示。其成果包括实物、录像、图片、PPT、网页、报告、小论文等。

巴蜀小学以年级为单位的项目学习每学年研究一个主题，具体内容开放而多元。上述前三个流程的任务主要通过平时的小、中、大三个课堂的学习来完成，学校鼓励年级、班级、小组和学生个人以多种形式开展个性化学习；而最后一个流程的任务则主要通过每学期一次的"主题单元学习周"完成：上学期以还原、分享、展示项目设计与项目探究过程为主，下学期以评价、展示与发布项目学习成果为主。

三、 以深度体验促进师生共同成长

贴近现实生活、跨越学科边界的项目学习使孩子们兴致盎然、脑洞大开。他们将思维、知识、行动、文字和情感表达等有机结合在一起，在完成真实任务的过程中进行有意义的、综合性的深度学习。如在"旅行攻略"的项目学习中，五年级的孩子们自由组成学习小组，综合运用语文、地理、历史、科学、美术、计算机等多学科的知识，通过分工合作，完成项目任务："电脑高手"负责下载、上传资料，"作文大王"负责编辑旅游文稿，方向感和表达能力强的同学则担任"导游"……重庆市内的多个景区都留下了孩子们跋涉的足迹。经过一学年的持续研究，一篇篇有模有样的"旅行攻略"陆续出炉。在"主题单元学习周"的展示与发布现场，孩子们还不忘推销自己的旅游产品，他们说："这样的学习，让我们'累并快乐着'！"

在主题为"呵护宝宝"的项目学习中，巴蜀小学蓝湖郡校区的百余名学生，背着自己亲手制作的重达两斤的"面粉宝宝"，到爸爸妈妈工作的单位，参加了一场"真实的"求职招聘会：十九家参与企业分别来自房地产、医院、银行、餐饮等行业，应聘者必须通过投递简历、面试、交流等环节，合格后方可获得入职机会，且培训后才能上岗，然后通过自己的劳动，获得 20～50 元的日薪。这样以"爸妈"的身份，带着"宝宝""找工作"的角色体验式项目学习，不仅使孩子们体会到父母工作和每个行业的不易，也锻炼了他们综合运用所学知识，勇敢面对挑战、善于与人沟通、大胆表现自我等方面的能力。

项目学习因其内容的真实性、过程的生成性、情境的丰富性与复杂性等，而给学校、教师和学生带来了巨大的挑战。陈瑶老师在谈到项目设计与实施的感受时说："老师要提前预设、细化好每个环节的情境和资源，即便如此，学生在学习过程中遇到的种种情况，还是会倒逼着我们对预设作出很大的调整，前期的备课很可能被完全推倒重来！说实话，我曾经为此而牢骚满腹……不过，最终看到我们师生在这样全新的学习中收获了实实在在的成长，觉得一切都值了！"学生小查在谈到小组合作中遇到的问题时这样描述："我们组曾发生了一件重大的事——叶沛林要求退组！4－1＝3，多么简单的算式呀，但它却意味着我们这个 team 就要'垮掉'了！"不过最终，在老师的帮助下，这些小顽皮们还是磕磕碰碰又令人惊喜地完成了任务。也许，这就是真实的项目学习带给师生的苦与乐吧！

（本文第一作者系重庆市巴蜀小学校校长）

浙江杭州时代小学： 整体视域下的小学项目学习课程研究

高军玉

　　小学课程的设置与实施如何指向学生核心素养的全面培养？如何改变当前小学教学中"重系统接收，轻过程研习；重知识习得，轻情感发展；重记忆结果，轻探究归纳"的惯性思维？近年来，浙江省杭州市余杭区时代小学将培养"具有纯真中国心的世界小公民"作为育人目标，开展"美丽中国·多彩世界"项目学习课程研究，基于整体视域进行全面系统的小学课程改革与实践，取得了初步成效。

一、 项目学习课程的设计：基于儿童视角，以"基础＋校本"方式整体实施

　　我们认为，项目学习不仅是一种新的学习方式，同时也是课程改革的有力抓手。基于此，我们设计实施了"项目学习系列课程"，使项目学习与项目课程相得益彰。一方面，我们的项目学习课程从儿童视角出发，以尊重儿童心理特点和成长规律为实践导向规划课程内容，注重儿童健全人格和智慧的养成。另一方面，我们将整个课程进行项目化实施，即在不否定学科课程的前提下，为学习者构建一个开放的学习环境（条件）和获取知识的新渠道；提供一个相对独立的主题，由学习者自主明晰学习框架，经历方案设计、信息收集、归纳整理、结果呈现、评价反思的过程。

　　我们期待教师在项目学习课程的实施过程中，尝试通过教与学的改变，培养和发展儿童的综合能力：整合新信息、获取新知识的方法和能力；享受学习乐趣、体验研究过程的心态和意愿；乐于展示自我、善于与人合作的情感和技能；品鉴学习成效、反思学习过程的方法和思路；熟知美丽祖国、拥抱多彩世界的视野和胸襟。

　　根据以上思考，我校基于"美丽中国·多彩世界"这一大的项目学习主题，

创设"风俗、风景、名人、政治、经济、历史"六个项目学习子主题,六年一个循环,通过"基础＋校本"的路径实施多个综合主题的项目学习课程设计(课程设置如表1所示)。我们的基础课程以国家审定课程为实施蓝本,同时基于项目总课程计划开发校本课程;校本课程通过项目学习实施,基于年度课程设置项目学习的主题内容。比如,语文、数学、英语、科学等学科,分别基于项目总课程,开发了校本化的项目学习课程。如"美丽中国"主题下的美丽中国汉文化、美丽中国智慧园、世界最强音、美丽中国科技梦;"多彩世界"主题下的多彩世界博览会、多彩世界数学汇、与世界对话、多彩世界创新台等课程。

表1 "美丽中国·多彩世界"课程设置表

课程类别 \ 课程内容			项目学习课程主题内容	
项目总课程	年度项目课程		第一学期 美丽中国	第二学期 多彩世界
	基础课程	校本课程		
美丽中国·多彩世界项目学习课程	国家审定的课程内容(涵盖品德、语文、数学、英语、科学、艺术、体育、综合实践等课程)	风俗	百里不同俗/童眼看神州	千里不同风/童眼看世界
		风景	赏华夏美景/赞各族风情	世界多名胜/童眼赏美景
		名人	华夏多骄子/各地聚名人	世界名人/各国伟人
		历史	回看千秋史/上下五千年	世界文明史/千古传流芳
		经济	神州货币史/中华电商路	世界金融史/全球贫困区
		政治	观王朝更替/析党派建制	辨世界制度/研全球战争

我们希望学生通过这些项目学习,学会从"风俗、风景、名人、历史、经济、政治"这六个维度去认识中国和其他国家,学会客观、理性、全面地认识世界。由于同一主题的活动在全校统一同时开展,就会造成有的学生是在一年级开始从"风俗"的维度来研究中国和世界,而有的学生是在五年级开始研究。我们认为,不同年级学生开展相同主题的项目内容学习,这不仅符合课程内容螺旋上升的要求,同时可以实现学生的跨班交流、跨年级交流,还能促使相同

或不同兴趣的孩子为了同一个项目的完成而共同合作，在项目学习的成果展示中产生同伴之间的学习，激发其进一步研究的动机与愿望。

在项目学习课程的六个分主题下，教师还可以根据自己或者家长和学生的兴趣、特长、资源分设多个小主题，以课堂教学和小组合作的方式，在整个学期内利用课内外时间加以探索实施。如"民俗"主题下可分设美食、服饰、游戏等小主题。

二、 项目学习课程的实施：聚焦主题，全方位融通学校教育教学活动

我校项目学习的开展，是围绕着学期主题来整合一学期所有的教育教学活动。具体来说，不同内容的项目学习，实施方式也各有不同，主要有以下三种情况。

1. 基于基础学科的项目学习

基础课程校本化实施的项目学习，分别是从语文、数学、英语、科学四门学科原有课时中每月提取出一节课，进行拓展性项目学习，其主题指向于本学期的学校项目学习；而美术、音乐、书法等艺术学科，品德与研究性学习、体育与保健等学科则进行学科整合的项目学习，项目的选择均指向"美丽中国·多彩世界"年度主题下的小主题，如美丽中国炫神州、美丽中国游戏城、美丽中国多风采、多彩世界美全球、多彩世界学健身、多彩世界真绚丽等。

以"名人"这一小主题的实施为例，不同学科可以围绕"华夏多骄子/各地聚名人"和"世界名人/各国伟人"的内容，进行拓展性项目学习。比如，语文学科开展的中国名人传记、世界名人传记项目；数学学科开展的中国古今数学家、世界古今数学家项目；英语学科的中国英语名人小故事、世界英语名人小故事项目；科学学科的中国科学家、世界科学家项目。

不同年级的学科教师也可依据学生的认知水平和学科能力，开展基于同一主题的项目学习。例如，四年级科学教材涉及气象科学家、化学家、声学家以及生物学家，科学教师在教学初期便设计了竺可桢与中国气象、马大猷的声学贡献、生物学家施一公等内容，不同年级的学生通过提出问题、资料收集、小组合作及项目展示等形式进行主题学习。

2. 基于社团和大课间活动的项目学习

我们的社团活动和大课间活动也同样聚焦同一主题，其内容主要由学生和教师协商选定。在"风俗""风景""名人"等子项目学习活动中，我们开展了很多

主题鲜明的社团活动。比如，我们开展了秀秀西语、民族的线、神奇满语、民族工艺和设计等风俗主题社团活动；我们的风景主题社团包括览世界名胜、旅行中的数学探秘、景点设计、民族图腾中的几何图形等；此外还有名人 cosplay 秀、名人剧社、名人传记赏析、中国名人水墨画鉴赏等名人主题社团活动。

我们还开展了以"名人"为主题的大课间活动，不仅使运动充满了文化的意义，而且也提高了健身活动的趣味性。比如，在引导学生认识内蒙古名人成吉思汗、忽必烈时，我们设计了以"速度性"为训练要点的耍灯、狩猎大挑战、木鼓争夺赛等活动；在认识河南名人岳飞、黄忠时，设计了以"力量性"为训练要点的脚力角逐、彩蛋接力赛、猎手大比拼、神奇射手、小小蹬棍手等活动；在认识现代舞的创始人、美国舞蹈家伊莎多拉·邓肯时，设计了以"协调性"为训练要点的舞动的精灵、象脚鼓舞找朋友、踩高跷、系麻绳赛跑等活动……

3. 基于其他教育活动的项目学习

基于其他教育活动的项目学习整合了学校一学期所有的教育活动。以2015 学年的"名人"主题为例，暑假放假前，我们便将下一学年的学习项目告知学生，然后由各个班级认领不同省份的名人，教师布置的暑假作业中就包括收集华夏名人资料、准备开学初的名人秀和名人故事会、设计布置班级"名人馆"等内容。一开学，每个班级就被布置成了不同省份的"名人馆"，各朝各代的中国"小名人"在校园中穿梭排列，各种名人故事在各年级各班级中分享，名人的榜样引领作用也在活动中悄悄滋长。

后续的中国民族运动会、春秋游、班级文化布置、午间"乐学讲坛"、假期游学课程、"庆国庆"诗歌朗诵会、感恩 2015 迎新晚会等活动，也都聚焦于"华夏多骄子/各地聚名人"这一主题。比如，2015 学年上学期组织的秋游中，我们就开展了"认识历史长河中的名人"活动；每周二午间安排的"乐学讲坛"中，所有讲座也都围绕着"名人"主题来进行；每个班级"名人馆"的内容也随着学生研究的深入而不断更新与丰富。

三、 项目学习课程的评价：综合展示，让研究学习弥漫在学生生活每一天

项目学习课程的成果通过学生综合展示来呈现。其中，为期两天的期中项目学习成果展示和为期三天的期末项目学习成果展示，是两个非常重要的环节。在这个时段，学生要根据此前选择的综合学习项目研究的需要，自主采取小组合作形式或者个人展示形式进行展示。为了完成这个展示，孩子们要事先

选择展示场馆、呈现方式、邀请合作展示的伙伴。学生如果要想让展示的内容足够亮眼，那么还需要争取到家长和教师更多的支持与帮助，要把自己的研究做得更深更透。虽然学生展示的时间只有两天或三天，但是这样一次成果展示，却可以使他的研究学习弥漫在学习生活的每一天。

以 2015 学年的"名人"主题项目学习研究成果展示为例。"名人 cosplay 秀"这一项目学习课程，要求学生在团队协作中设计名人 cosplay 秀场的舞台、灯光、服饰等，并展示名人服饰，通过展板简要描述名人所属的民族及名人成就。对这一课程的评价，是要求学生参与名人秀场设计和准备，呈现秀场的精美布置，能说出名人生平、主要成就和贡献。"名人剧社"项目学习课程要求学生了解名人生活的时代背景及剧本创编背景，能够深入了解各种剧目的背景音乐、服装设计等，并积极参与各种剧目的编排和表演。在最后的课程展示中，学生需要呈现名人剧社的场馆设计，还要对名人剧社的场馆灯光、服饰、布景进行真实展现，并且要以团队协作方式展现完整的一部或多部剧目表演。此外，学生们还展示了名人演奏厅、名人游戏坊、名人讲堂、名人实验室等项目学习课程的成果。

（本文第一作者系浙江省杭州市余杭区时代小学校长）

云南昆明南站小学： 以儿童哲学照亮孩子心灵

王 梅

自 1997 年以来，云南省昆明市官渡区南站小学（以下简称"南站小学"）以"儿童哲学"校本课程为载体，引领师生认识自我，丰富自我，发展自我，取得了显著的育人效果。

一、 我们为什么要开设"儿童哲学"课程

"儿童哲学"研究始于 20 世纪 60 年代末，创始人是美国著名哲学家马修·李普曼教授。1997 年 7 月，我校开始了"儿童哲学"课程实验，成为全国首家进行"儿童哲学"教育实验的学校。在十多年的课题实验中，我们从研读李普曼教授的原著出发，掌握最基本的教学方法，之后全体教师自编了首套《中国儿童哲学》教材和配套教学软件，将"儿童哲学"教学理念迁移到其他学科的教学之中，同时，我们注重对"儿童哲学"教学进行反思和总结。

为什么我校这么多年来一直坚持不懈地开设"儿童哲学"课？它到底是一门什么样的值得我们持续开设的课程？笔者认为：当学校发展到一定阶段时，领导者就开始思索教育的根本问题：学校应该培养什么样的人？如何激发学生的学习兴趣，充分调动他们学习的自主性、主动性，使其真正成为学习的主人？如何将孩子们与生俱来的好奇心和创新潜能最大限度地挖掘出来？

经过广泛的涉猎和研究，我们发现："儿童哲学"能够培养学生的发散性思维和思辨能力，唤醒学生的求知欲，激起学生追求新知的极大兴趣，激发学生创造的冲动与动机；"儿童哲学"在尊重学生人格、重视学生独立个性的发展、训练思维技巧以及发展学生的智力方面，尤其是在培养学生情感、态度和价值观方面独具优势。

18 年前，老一辈"南小人"把目光投向"儿童哲学"。作为现任南站小学的领导，我必须基于学校的优良传统，基于现代社会学校发展和学生成长的新要

求，基于对培养什么样的人的问题进行整体思考，努力把学校的优良传统和文化积淀转化为促进师生发展的精神动力。

二、　我们如何开设"儿童哲学"课程

为了将"儿童哲学"课落地，学校做到了"五个落实"：将"儿童哲学"课排入学校课程表，每班每周上一节"儿童哲学"课；授课教师以语文教师为主，其他学科教师为辅；完善学生自评、教师互评、家长参评、领导点评等多元化评价机制；落实奖励机制，对做得好的教师，将其成绩纳入学期绩效考核；成立了专门的"儿童哲学"课题研究组。学校每月举办一次"儿童哲学"主题开放日活动，邀请外校教师和家长及社区代表观摩和点评课堂教学。为了开好"儿童哲学"课，我们在教材、教师培训及教学模式方面进行了深入探索。

1. 开发教材

1997 年到 2000 年，课题实验之初，我们使用的是李普曼教授编写的"儿童哲学"教材。但教师们发现，外国教材中的故事涉及的一些主导观念、思想意识与我国差别较大，给学生的讨论和教师的引导都带来了很大的困难。在这种情况下，课题组成员开始和全校教师一起自编教材。2000 年 5 月，我校教师自编的《中国儿童哲学》教材，经云南省中小学教材审定委员会审定后正式出版发行；2002 年，经云南省课程改革实验领导小组审定通过，确立为云南省地方课程。

随着人们思想观念的变化、科学技术的进步，自编教材中的部分课例已经不能适应形势发展的需要，从 2014 年 4 月开始，我们组织全校教师编写第二套《中国儿童哲学》教材。目前，我们将第二套教材按三个年级段设计成三本书：一、二年级为低段读本；三、四年级为中段读本；五、六年级为高段读本。每个年段内容包含"绘本故事""思维火花""智慧碰碰车""创想万花筒""知识即时贴"五个方面。"思维火花"是教材的重点部分，即从绘本故事中提炼出几组哲学观念；编者还设计了相应的思辨计划，即"智慧碰碰车"环节。教师引导学生从最感兴趣的话题入手，用举例子、下定义、反驳等方法进行深入浅出的讨论，培养学生勇于质疑、大胆求异等思维能力。与第一套教材相比，第二套教材增添了内容新颖、哲理深刻的故事，在表达形式上由全文字改为故事绘本。

2. 培训教师

我校多年来坚持定期举办关于"儿童哲学"的教师培训和教材教法研究，由

儿童哲学专家对教师进行专业指导和培训。1997 年到 2014 年，我校成功举办了六届影响规模较大的"儿童哲学"研讨会。

自 1997 年以来，来自蒙特克利尔州立大学儿童哲学研究所（创始人李普曼所在的研究机构）的菲尔·奎恩博士、邓鹏博士，澳大利亚教育研究院劳伦斯·斯普利特尔博士，巴西的国际儿童哲学协会主席科恩博士及美国儿童哲学研究所、澳大利亚教育研究院的专家们对我校教师进行了有关"儿童哲学"方面的培训。

此外，我们还参加课程研讨会和课堂展示活动，以提升教师"儿童哲学"的教研水平。例如，2014 年 4 月，我校参加了在郑州举办的全国"智慧课堂"研讨会，介绍了我校"儿童哲学"课程的建设情况，《画鬼容易》一课参加了全国"智慧课堂"展示，备受赞誉。

3."儿童哲学"课的教学模式

"儿童哲学"课教学的基本环节为：学生独立朗读富有哲学内涵的故事，自己发现问题，提出感兴趣的、想讨论的或感到疑惑的问题；用民主的程序决定讨论的主题，提炼并筛选问题，归纳出主导观念；通过群体探究，采用举例、质疑、反驳、补充、更正等讨论方法深化认识，使学生勇于表达，在观点的碰撞中发展学生的思维，提高他们对自身、对人生以及对社会的认识，进行"儿童哲学"思维训练；总结讨论方法和收获，学生可以更正或补充之前的观点，提升和完善认识；教师布置思维拓展任务和相关的综合实践活动，延伸课内学习效果，提高学生的思维水平。

例如，《被咬断脖子的女孩》一文说的是，十二岁的小姑娘弗蕾丝在和同学乘坐小游艇的过程中脖子被鳄鱼咬住，奄奄一息，在大家的救助下脱险并恢复健康的故事。老师先让学生看故事视频，让学生说出这个故事，然后组织每个小组提出最想讨论的问题，七个小组提了七个问题，学生经过投票，选出最想讨论的问题——死亡可怕吗？全班围绕这个问题展开讨论，教师引导大家谈对死亡的认识：有的孩子认为死亡是停止呼吸、停止心跳；有的孩子认为死亡是没有意识，死亡是永远离开亲人；有的孩子认为死亡是器官衰竭，没有生命体征……有孩子反驳说我们潜水时憋气没有呼吸，但是我们没有死亡。老师随即提出："同学们，你们觉得躺在病床上的植物人死亡了吗？他这样躺着还有意义吗？"有的孩子认为植物人没有死亡，对于他的亲人是有意义的，因为他还能感知亲人对他的照顾，亲人心中抱有希望，也许有一天他会醒过来；有的孩子认为植物人死亡了，这样躺着没意义，因为他没有意识，什么都不知道，还给亲人造成很大的经济压力，醒过来的概率微乎其微。老师继续问："死亡可怕吗?"有孩子认为死亡可怕，因为我们什么都不知道了，离开了亲人朋友;有孩子认为死亡不可怕，因为你在生活中做出了一些有意义的事情，别人会永远记住你……最后，教师总结了这节课的学习内容及运用的讨论方法。孩子们通过辩论、质疑，阐发自己的观点，对死亡的认识更深刻了。

在教学中，教师是一名组织者、参与者和引导者，不给学生统一的标准答案，更多的是进行思想方法的渗透。"儿童哲学"的学习重点是贯穿在整个训练过程中的思考活动:在第一层次"未经反省、饱含偏见、逻辑谬误"的思考基础上，以集体探究的方式分析、评估、反思第一层思考，并通过重建第一层思考，消除偏见、谬误，从而对问题有更深入、细致的把握。(见图1)

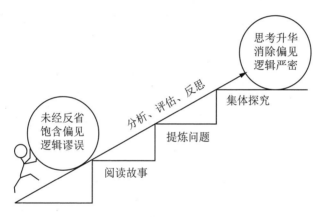

图1　儿童哲学课的思考活动

为了将课程上出哲学味，我们在课堂上重点解决"五个如何":如何激活学生的问题意识;如何创造"宽松＋尊重＋和谐"的学习环境;如何让学生在相互激励和启发下消除困惑和疑问;如何充分调动儿童学习的主动性、积极性、创造性，帮助儿童打破思维定式;如何找到知识学习的具体方法和途径，享受解决问题过程的快乐。例如，四年级的教材有个故事叫《勇敢》，教师在课上始终保持亲切的微笑，一边鼓励孩子，一边引导孩子给勇敢下定义，使孩子认识到:思考勇敢的内涵和不同的表现、大胆交流自己想法的过程，也是在锻炼自己的勇敢品质。

三、 开设"儿童哲学"课程的作用

"儿童哲学"课程，关注人性的光芒，在促进学生的心灵成长和提升教师的专业成长方面发挥着重要的作用。

1. 学生的心灵得以自由成长

第一，孩子们的思维潜能被激活。在课堂上，孩子们将平时积累的知识挖掘到最大限度，在讨论过程中，思维的碰撞又使他们懂得包容和吸收，陈述时有根有据，有条有理，思维能力和语言表达能力都得到了极大的提高。第二，孩子们养成了合作探究、研究性学习的习惯。课堂上孩子们对于他们共同感兴趣的话题，时而针锋相对，时而建立同盟，学会了独立思考，学会了大胆表达自己的观点。第三，让学生成为真正的"人"。他们学会了正确看待他人与自己，能正确面对生命中的痛苦、挫折和失败；学会了在错综复杂的生活中作出正确的选择，在平淡而不平凡的生活中找到快乐和幸福。

2. 教师的教育生命得以自由呼吸

在"儿童哲学"课的讨论中，孩子们独特的想法和广博的知识常常启发教师，也令教师产生了"知识危机感"和"知识渴求感"，促使教师自觉地加强学习。此外，"儿童哲学"课对教师教学的创造性提出了较高的要求。教师要有创新意识和创新能力，善于在自己的教育教学实践中不断发展和完善自己，使每节课都能照亮孩子们的心灵。

四、"儿童哲学"课程研究中的困惑和反思

在创编第二套"儿童哲学"教材的过程中，我们不断反思以下几个问题。首先，怎样提炼绘本故事中的哲学观念，才能让儿童的学习内容更有层次性和渐进性？其次，在训练学生的思维能力之余，教师如何才能对学生的人生观和价值观产生"润物细无声"的影响？怎样使话题讨论有一定的哲学味道，让学生领悟"大智慧"？怎样落实我们自编的过程性评价体系，科学地评价每一个学生？最后，怎样把"儿童哲学"的教育理念渗透到其他学科，使学生全面、广泛地受益。

"儿童哲学"课程既点燃了孩子们的"心灯"，使学生的心灵自由成长，也激发了教师教育智慧的激情，唤醒了教师的教育生命，为师生的成长插上了梦想的翅膀。

（本文作者系云南省昆明市官渡区南站小学校长）

广东深圳南山文理实验学校："云技术"下的课程创新

吴希福

广东省深圳市南山区文理实验学校(以下简称"文理实验学校")建校以来，基于"跨界与融合"的办学理念，依托"云学校"建设的优势，着眼于学生发展核心素养的培育，探索构建面向未来社会、连接学生学习与生活的学校课程体系，取得了初步成效。

一、 让跨界与融合成为学校课程设计的核心追求

地处更加现代、开放、包容，享有"设计之都""创客之城"等美誉的深圳，位于全国首批课程改革实验区、全国现代教育技术实验区之一的南山区，作为深圳市南山区委区政府重点打造的一所九年一贯制学校，文理实验学校应该培养什么样的学生？如何让学生的成长更好地迎向未来？

基于当前国际国内关于学生发展核心素养的论述与界定，我们提出了文理实验学校学生核心素养结构模型。它以培养"全面发展的思考者、学习者和沟通者"为目标，由三个指标组成：一级指标是工具使用，二级指标是人文情怀和科学精神，三级指标是内在动机、个性发展与社会担当。这三个指标呈递进关系，旨在使学生获得全面成长与个性发展，成为具有中国特质的全球公民。(见图1)

围绕这个学生发展核心素养模型，我们尝试打破学科对知识的无形规限，以广泛的生活题材或学习领域为学习内容，将已往以学科为本分割的课程内容，重新以有意义的形式联结统合起来，以大课程观指导学校的课程体系建设。我们提出，一方面，课程设计要体现国际视野、爱国情怀、现代意识、地方特点和校本特色；另一方面，课程结构要具有兼容性(国家、地方、校本课程相融合，德育、智育、体育、艺术教育相融合，国际教育、现代化教育和民族传统教育相融合)、灵活性(内容、地点、时间的灵活)、前瞻性(国际化、现

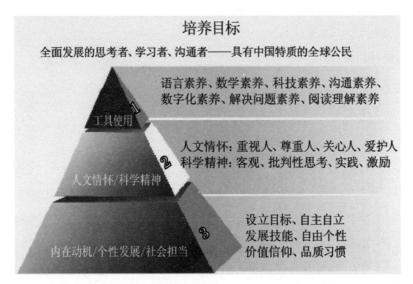

图1 广东省深圳市南山区文理实验学校学生发展核心素养结构模型

代化、本土化为一体）。

基于这样的思考，我们在小学构建了语言教育、数学教育、体育健康、科技教育、综合实践、艺术教育六大课程领域，在初中构建了文学历史、数学教育、社会经济、科学技术、实践心理、艺术体育六大课程领域，这些课程领域均为基础性课程，每一个课程领域又分别包括核心类课程和拓展类课程，形成了具有学校自身特色的课程体系。在课程实施过程中，根据课程内容不同，我们采取大课（以全校、全年级为单位）与小课（以班级、学习小组、社团等为单位）相结合，长短学程（一周、一个月、一个学期、甚至一个学年等）相结合，长短课时（1小时、40分钟、20分钟，甚至10分钟不等）相结合等不同形式。

二、 构建适合每一个学生发展的课程创新体系

1. 基础核心类课程对接拓展类课程：为学生提供多种选择

我们首先保证基础性课程数量齐、质量高、涉及面广。在内容设置上，坚持核心类课程的主导地位，在此基础上，开发多元教育模块作为拓展类课程，为适应学生天赋和需求提供多种选择，打造多种平台，做到"上不封顶，下要保底"，努力满足每一个学生的发展需要。

比如，小学阶段在基础性课程——语言教育领域，不仅包括核心类课程语文和英语，还包括拓展类课程"快乐阅读"系列课程，如企鹅文学社、青葵文学

社、经典诵读、英语剧社、英语儿歌、伟大的原著、绘本创作、国学、走进千字文、电影之声、吟诵诗社等课程，以及"异国文化分享"课程。数学教育领域包括数学这一核心类课程和思维数学、思维导图、七巧板等拓展类课程。艺术教育领域包括核心类课程音乐和美术，还包括书法、合唱、舞蹈、剪纸、国画、刮画、形体、小演奏家、影视、摄影、动漫、树叶贴画等拓展类课程。

我们要求所有学科教师都要开一门专业或跨界的拓展类课程，并且要通过课程推介会向学生做宣传；学生通过互联网选课系统，选择感兴趣的教师和课程，先到先得，额满为止。对于没有招收到一定数量学生的课程，则要求教师做出调整，在征求学生意见的基础上，重新开设适合的课程。学校课程管理小组设置中期答辩和结课考核的考评程序。中期答辩通过学生答辩、专家提问和家长提问等形式，检验学生的学习过程与收获。结课考核则通过文本材料审核、综合测评、学生打分、领导小组与学生座谈等形式，评选出年度特色课程和任课教师，逐渐形成富有代表性的特色课程群和教师团队。

2. 实践以主题式学习为特征的"企鹅课程"：连接学生的学习与生活

我们以象征学校文化的吉祥物——企鹅为标志，设计了涵盖生物与环境、品德与修养、舞蹈与健身、艺术与审美等内容的企鹅课程，各学科教师围绕主题设计相关教学活动，引导学生进行主题式学习。比如，在语文教师指导下，学生要阅读有关企鹅的绘本，进行企鹅故事绘本创作、企鹅小诗歌创作，以企鹅为主题演绎成语故事，进行童话剧创编。英语课上，学生学唱企鹅英语歌曲，观看《马达加斯加的企鹅》等英文电影，学习与企鹅有关的英文绘本，进行企鹅经典台词配音比赛，以及"我了解的企鹅"英语思维导图作品创作。在科学课的学习中，学生们了解企鹅的分布与分类、形态与结构、生活习性、生殖发育、生活环境与天敌、适应环境的科学原因等，并且要撰写有关企鹅的小论文。在体育课上，学生们要学做本校老师编创的文理企鹅操，玩企鹅体育游戏等。美术课上，学生要学习设计企鹅吉祥物、缝制玩偶企鹅、制作软陶泥塑企鹅，还要手绘企鹅文化衫，开展企鹅服装秀等活动。

多学科的主题式学习，调动了孩子们的学习兴趣和参与学习的积极性，使得学生在不同的学习内容之间建立起有意义的连接，有利于提高学生自主探究的能力。

3. 探索基于资源整合的多元化课程：拓展学生的成长空间

一方面，我们融汇东西方优秀教育思想，为学生提供多元的学习和交流空间。学校作为国际教育实验学校，与加拿大、澳大利亚、英国，以及我国香

203

港、澳门等多地多校建立姊妹学校，引进 GB 英语教学法和英语绘本课，积极参加南山区组织的中美"龙鹰对话"活动，让学生在多元文化的碰撞中交互思想、提升能力。我们还组织我国澳门地区和韩国学生融入文理实验学校的课堂，走进学生家庭，参与社团活动，让学生在多元交流中实现观念、习惯、方法等的融合。我们还依托学校外籍副校长的文化和语言优势，积极探索小学一至四年级英语教材的整合，即通过基于项目学习的模块设计，将小学英语课程按照相关联的课文、各种时态、句型结构、教材的重难点四方面进行整合，以适合学生的整体学习。

另一方面，全方位整合资源，让儿童拥有多维的成长经历。比如，在小学科学教学中，我们将社区科普活动、社会科技资源进行整合，引进美国 3D 科学教材和台湾元智大学科学课程，成立"文理创客空间""少年创新院"，还与柴火空间合作，以全球领先的科技理念和科技创造平台共同搭建学校的未来教室，以助力学生探究能力的培养。

"文理讲堂"是一个按照"高定位、接地气、涉及范围广、研究领域深"四个标准来进行设计的对话类活动。该项活动引进多行业的领军人物或代表团队，形成跨不同领域和人群的主题单元，将多视角的文化元素带给师生。如"一个与霍金对话的深圳女孩——刘诗仪"是一个接地气的励志单元，"千年风雅笛箫韵"的艺术欣赏单元、"跟崔老师学物理"的课程指导单元等也都深得学生喜爱。接下来还有大疆无人机的科技单元和澳门陈俊明博士的"走遍地球村，做一个纯粹的环境文化使者"的环保单元。

三、"云技术"助力学校课程重构

作为深圳市智慧校园示范学校，我们结合学校实际情况，致力于 iPad 教学实验，进行大数据时代的"云教育"探索，尝试以信息化助力学校的课程改革实践。学校构建了移动互联无线网络环境，搭建了校内外"云存储"平台；100％的教师和八个 iPad 实验班、80％以上的学生，可以使用 iPad 开展办公、教学、学习、分享、交流等活动；70％以上的学生开通了腾讯微博学习平台，目前微博平台上学生发布的各类作品有三十余万幅。

1. 重构课堂文化，让新技术与学科教学无痕融合

我们借助强大的信息技术应用资源和空前丰富的网络数据库资源，致力于构建以生为本的"云课堂"。这就要求教师要根据学科特点，深度挖掘与整合教材，并与新技术进行融合。在"云课堂"上，课堂情境的创设更加生动，学生的

学习方式更加灵活，学生学习的宽度和广度也不再受教师和同伴知识水平的局限，个体的学习需要更容易得到满足，学习效率大大提高。如今，我们的学生能够自如地运用 iPad 进行各学科学习，如在语文课上读绘本、写故事；在数学课上利用相关软件开展口算练习、编写应用题，运用思维导图等梳理知识；在英语学习中，借助学校自己研发的"文理 ABC"学习平台，极大地提高了阅读和口语表达能力；在美术课上用"Drawing Box"作画，创作自己的作品集；利用 keynote 的图文编辑功能编写英语绘本、记录科学实验；组建 iPad 乐队……新技术助力于学生的学科学习，可以促其更好地实现个性化发展、潜能发展。

2. 重构教学内容，让教与学契合学生的认知与成长

我们基于儿童的认知规律，重构教学内容，尝试将部分学科的教学顺序进行了适当调整，通过发挥新技术的作用，激发学生的学习兴趣。比如：语文教师尝试将教材内容和课外阅读资源进行统整，适当调整拼音教学的顺序。对于新入学的小学生，我们要求其通过听教师讲绘本故事、与家长和同学共读绘本等，尽可能地多识字；在学生有了一定识字量的基础上，再进行拼音学习，并借助 APP 中的拼音学习软件，提高学习效率。学会拼音后，一年级学生就可以在 keynote 上进行写作。这就打破了传统教学要到三年级才开始写作的定式，抓住了学生书面语言发展的关键期。目前，二年级 iPad 实验班的学生10~15 分钟便可完成 300~500 字的现场作文。借助新技术应用，语文学科半个学期即可学完教材内容，剩下的时间学生便可以大量地阅读、写作、创新。

3. 重构教与学的方式，让儿童的学习与生活建立关联

互联网变革下的"未来教育"，将呈现多种多样的学习方式，如移动学习、泛在学习、混合学习等，学校需要引导学生学习利用工具、整合资源、体验创新，进行结构化的学习和思考，进而形成自己个性化的成长体系、知识体系和生活体系。

一方面，教师通过尝试多种教学方式，使学生知识的建构更具整体性、系统性。比如，教师可依据教学内容和学生实际情况，交替使用"先学后教"与"先教后学"等多种教学方式。对于一部分学习内容，教师可利用优质 APP 资源，把自主学习的权利交给学生，如小学语文识字教学中的"学写汉字""松鼠摘苹果"等软件可以帮助学生自学生字，"洋葱数学"应用程序中形象的视频、风趣的讲解，便于初中学生轻松学习数学。对于一些学生难于理解、特别是那些需要付诸情感诠释的教学内容，教师就采用"先教后学"的方式，如先通过录

制微课，让学生选择最适合的方式接受新知识，再有针对性地进行重难点问题的课堂讲解。

另一方面，新技术的应用改变着学生的学习方式，让学生的学习与生活联系得更加密切，变得更加趣味盎然。比如，数学课上，学生使用"三分钟数学训练"软件测试、评分、纠错，使其变成一个挑战自我和小组对决的平台；在使用"MathBoard"软件学习竖式运算时，学生可以自主设置运算的各种参数；此外还有"数学之王""数学忍者"等数学游戏中的丰富体验。对学生而言，这样的学习不仅更加自主，也更具挑战性和成长性。

（本文作者系广东省深圳市南山区文理实验学校校长）

南方科技大学实验学校： 构建数字时代的统整项目课程

张　帆

广东省深圳市南方科技大学实验学校是 2014 年创办的一所新学校。面对大变革的时代和未来社会的需求，我们认为，要把孩子带入未来，学校需要营造新型学习生态，构建"以学习者为中心"的统整式、跨学科的项目课程体系，以数字技术为支撑促发学习变革，用新的理念、新的技术、新的行动引领学校教育的创新发展。为此，我们以"创新"作为关键词，以用信息化引领学校现代化和国际化为切入点，致力于用未来的视角培养学生面向未来的关键技能与素养，构建适应未来发展的创新型学校。

一、 构建新技术支持的学习环境，营造新型学习生态

随着云计算的兴起，无线互联网络、触控技术、声控技术、平板电脑、大数据等被广泛应用，教育面临新技术带来的巨大变革。作为一所新建校，我们着力为学生构建新技术支持下的、基于大脑认知特点的学习环境，以促发学生的深度学习。

1. 以创建"未来教室"的思路，构建"以学习者为中心"的课堂

我们以创建"未来教室"的思路，为每一个教室配备相应的新技术设备，架构高速无线网络系统，让学生能随时接驳互联网，并把当前世界上最前沿的开放（微软）与封闭（苹果）的两大系统有效融合，营造新技术支持下的学习生态：师生可以运用移动智能终端，通过点对点与点对面的多向互动、沟通分享和评价反馈等，提升学习质量，从而真正构建"以学习者为中心"的课堂。

此外，我们还根据儿童的年龄特点及学习需求，不断优化教学空间，在教室里设置了学习体验、活动和教学等功能区，并设计了能自由组合的桌椅，适时调整变换教学组织形式，提升学生的学习效率。如扇形、马蹄形、半圆形、圆形等座位排序，便于学生讨论交流，开展协同合作式学习。

为充分激活学生的潜能与创意，促进数字技术和个人制造的有效融合，让学生有更多的实践动手的机会，我们正在高标准建设"STEM 创新学习实验室"。通过建设"S 学习实验室"（Science 科学）、"T 学习实验室"（Technology 技术）、"E 学习实验室"（Engineering 工程）、"M 学习实验室"（Mathematics 数学）和"A 学习实验室"（Arts 艺术），并为各个主题学习实验室配备相关设备，让学生在实践操作中开展创客式学习，培养学生的创新能力。

2. 搭建学习支架，以技术支持学习创新

我们把数字技术作为构建未来教育的底层支撑，以"全域信息化"的思路，用技术支持学习创新，致力于打造"数字化智慧学习校园"。

在实践中，我们充分发挥技术的"沟通媒介"和"脚手架"作用，让技术成为问题解决的工具，支持学生的学习变革。比如，通过学习社区、视频会议、即时通等工具，为师生搭建交流沟通的平台；通过概念图、图表、可视化工具、超媒体等支架工具，为学生提供"脚手架"，让学生开展基于信息技术的深度学习。我们还重点从以下几个角度进行了实践探索。比如，根据小学生的学习特点和学习需求，我们依据学科课程特点开发在线课程，建立"网络在线学堂"；为学生提供在线学习和线下学习的环境和学习资源，开展混合学习模型探索；大力推进互动式数字化教材建设，并与微视频课程建设相结合，让学生开展探究式的翻转学习；开展基于大数据的学习研究，利用各种学习社区、学习平台和可佩戴技术等，积累、分析学生的学习数据，研究学生的学习路径和需求，为学生提供个性化的学习指引。在教学实践中，我们还着力通过自带设备（BYOD），利用增强现实技术（Augmented Reality，AR）、游戏化学习、物联网技术等进行创新学习，激发学生的学习兴趣，提升其学习质量。

二、 开发 STEM＋统整项目课程，统领学校课程形态

当前，学校的传统课程还属于聚焦知识传授的"程序型课程"（目标－达成－评价），这种课程形态主要是让学生被动地接受记忆型知识。而在统整式的"项目型课程"（主题－探究－表现）中，学生可以主动地进行知识意义建构，在实践中提升综合素养。因此，基于新技术支持的学习环境，我们尝试构建基于 STEM 课程特征的统整项目课程，即以 STEM 课程为统领，将其与各学科相融合，开展项目型课程的建构，以培养学生的问题解决、批判性思考、团队协作、数字素养、跨界交流合作等面向未来的关键能力。

1. 开发 STEM＋课程教学框架

STEM 课程囊括了科学、技术、工程和数学四大领域，旨在让学生置身于真实的问题情境中，开展基于问题的跨学科学习，使其在动手实践、团队协作中，培养和发展问题解决等综合能力。我们借鉴 STEM 课程的理念及课程组织形态，借助南方科技大学的专业资源，开展了 STEM 的本土化实践。即对 STEM 课程的具体内容及具体学科进行本土化重构，开发出了 STEM＋课程教学框架（见图 1），构建了 STEM＋统整项目课程体系。其中，"＋"代表其他学科及相关的学习活动，如语文、英语、美术、音乐、体育等。该课程体系旨在通过有效融合多学科内容，不断丰富 STEM 课程，开展技术支持的跨学科学习，它具有跨学科、综合、整体、终身、面向未来等特点。

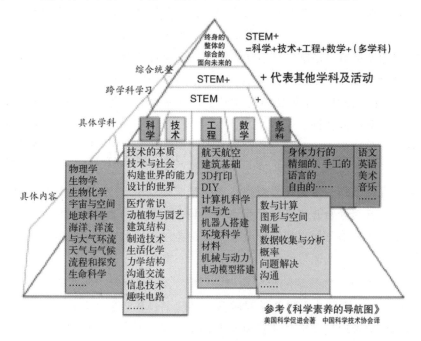

图 1　STEM＋课程教学框架

2. STEM＋统整项目课程实施策略

我们的实施思路是以学科课程教学为基础，以 STEM＋统整项目课程形态为载体，实现融合式教学。主要实施策略如下。

（1）借助专业引领，高起点建构项目课程。

我们充分借助南方科技大学的专业资源，引进外部导师，让专家从专业的角度进行指导引领，高起点建构 STEM＋统整项目课程，并与国际接轨。同时，学校专门配备了外籍副校长，让其深度参与学校管理和课程改革，并充分结合学校课程特色，用中西融合的视角，为构建全新的国际化课程提供支持。

（2）融入专门课程，全方位完善课程体系。

在 STEM＋课程探索中，一方面，我们有效借鉴融入 IB 课程的理念与策略（小学项目 PYP），如将"在调查中学习""个性的塑造""国际化意识的培养"等理念贯串于 STEM＋课程的整个实施过程；另一方面，融合创客、问题式学习和学科课程，通过课程之间的相互融合、相互促进、相互补充，进一步完善STEM＋统整项目课程体系。

（3）引入共享平台，多维度深化课程内容。

我们通过引入开放协作式的 WIKI（多人协作的写作系统）平台，对 STEM＋课程进行管理。基于共建共享的思想，师生用平台记录 STEM＋项目课程的实施过程，分享整个学习过程，为新的学习小组进行课程的二次开发奠定基础。社会化的多维度参与，也可以不断丰富和深化课程内容。此外，我们还以知识共享和探索创新为核心理念的虚拟教室漫游（the Virtual Classroom Tour，VCT）为载体，开发具有我校特色的 STEM＋统整项目课程模块，汇集优秀课程案例，共享学习过程。

三、 基于学科融合视角，构筑统整项目课程体系

我们将 STEM＋统整项目课程作为学校课程改革的统领性课程形态，在具体实施中，以学科融合的视角进行课程建构，以信息技术贯串整个学习过程，开发了基于学科学习的统整项目课程体系。经过一年的实践，我们在语文、数学、美术学科和主题课程的统整中均取得了一定的突破。

1. 以学科教学为基础的统整和融合

在实践中，我们充分尊重学科特点，关注学科教师的专业素养，以学科教学为基础，自然地融合统整项目课程的元素。

以语文统整课程的实施为例。"文本阅读→实践探究→成果交流"是语文统整课程实施的三个重要环节，即在阅读的基础上，用专题（主题）把语文学习拓展与外延的各种任务统整起来。比如，在小学一年级学习了"春天"单元后，陈妍老师设计了"走进春天"活动，构建了"根与芽统整课程"。在学习中，学生在观察自己种的"苗苗"时发现很多小虫子，于是在教师指导下开始阅读关于各种小动物的书和文章（如儿童版《昆虫记》）；在这个过程中，他们还借助思维导图把"虫"字旁的生字进行归类学习，并且进行了关于"有趣的标点符号"的小主题

研究，用视频的形式记录发现生活中的标点符号，并制作了"爱捉迷藏的标点符号"的视频……在整个学习过程中，孩子们通过思维导图、视频、可视化APP等数字化支架工具进行探究式学习，并与数学、科学、美术、英语等学科有效融合，不断引发新的学习内容和生成新的语文作品，其阅读、识字、写作、演说及实践探索等综合能力得到了协同发展。

在数学课上，我们以"数学笔记"为载体，让学生通过绘画或手工等形式来编写数学故事，通过口语来阐述数学问题，用社会化语音技术作为媒介呈现数学思维，在"数学＋美术＋语言＋技术"的多学科交融中，学生的语言、设计、网络社交等能力都得到了相应的培养和锻炼。其中，我们重点关注学生数学思维的培养，聚焦数学学习目标的达成。

"美术笔记"则是美术教师在教学过程中开展的一种常态化教学方式。其中，"自然笔记""旅游笔记""建筑笔记"等与学生生活息息相关的主题都被纳入"美术笔记"的研究范畴。如"自然笔记"就是在美术教学中，让学生运用画笔绘制大自然、解读科学现象，用语言阐释自然现象，从而真正将课堂学习与生活关联起来。

2. 围绕主题课程的跨学科学习

所谓项目课程的研究方法，即首先提出一个主题，然后学生根据不同的学科知识，围绕该主题进行合作探究学习，每位学生在主题探究的过程中，发现、形成自己的思考和研究成果。

比如，"小小职业开放日"就是一个典型的STEM＋统整项目课程。该课程是围绕"职业"这一主题，由语文、数学、英语、音乐、体育、美术等各科教师全力配合，在一年级学生中开展的为期一个月的项目课程。语文课上，教师通过绘本故事启发学生选择自己未来想从事的职业。孩子们通过演讲、查资料、制作职业绘本等活动，对某一感兴趣的职业进行深入研究。数学课上，教师指导学生填写调查问卷"荷兰码"（Holland Codes，国际著名的一种对青年和成年人进行职业倾向测试的应用工具），然后根据结果统计分析每位学生的职业倾向，并将其分为六个小组，分别带领他们进行特定的职业场景体验。英语课上，学生们根据英文绘本，针对各职业进行学习和讨论，学习英文职业歌曲等。美术课上，学生利用环保材料设计和制作未来想从事的职业的服装，作为汇报演出的演出服。音乐与体育课则是对汇报演出中的歌曲、走秀、队形等进行培训。

又如，"昆虫"是集美术绘画、手工为一体，融合多学科知识，与iPad应用、视频学习相结合的一门关于怎样制作 3D 动画的课程。在七个课时的教学安排中，第一阶段，以影片《昆虫总动员》为切入点，激发学生的兴趣，然后由科学教师针对学生提出的问题进行专业答疑。第二阶段，在美术课上，教师引导学生制作"我的昆虫笔记"，让学生通过手绘创作动物角色，然后使用 key-note 软件制作"我的昆虫笔记"电子故事。接着，教师利用二维码技术将每位学生的作品分享在微信群中，并通过网络学习社区进行分享和评价。第三阶段，学生利用黏土制作昆虫角色，并让昆虫"活化"，开展"会动的黏土"活动。每个孩子要根据微视频中的方法设计制作昆虫角色，然后利用操作简易的 gif 动态图软件制作简单的动画，并利用微信平台进行分享互评。

（本文作者系南方科技大学实验学校校长）

北京中关村一小： 打破学科壁垒　创生融合课程

屈文霞

"融合课程的确是以孩子为核心的课程，是产生了化学反应的融合。它的目的不是把学生知识的篮子装满，而是把学生的心点亮。"这是北京市中关村第一小学（以下简称"中关村一小"）的学生家长基于对我校融合课程的深入了解而发出的由衷感叹。

在不断深化课程改革的过程中，中关村一小始终以儿童立场、学生需求作为课程构建、调整和优化的根本依据，尝试打破学科壁垒，着眼学生核心素养的培育，创生和实施了顺应国内外教育改革趋势、满足学生发展需求的"融合课程"。融合课程在前期设计的过程中，借鉴了国内外一些学校的经验，并得到广大专家学者及教育同仁的帮助与支持。随着课程的实施推进，以及各项保障机制的不断健全，融合课程越来越彰显其独特魅力，并得到孩子们的喜欢，家长和社会的支持与认可。

一、 基于儿童发展需求，全面重构课程供给结构

在教学实践中，我们发现，当前我国中小学普遍实行的分科课程存在一定弊端，对于小学低年级学生来说影响尤为明显：如分科过细造成课程内容割裂，使学生对事物缺乏整体感知；各学科互不相通，教学内容重复，增加学生负担；课程评价单一、片面，不利于学生的全面发展；多学科教师共同授课，教师频繁更换不利于学生的深入理解和习惯培养等。尤其对于刚升入小学的儿童来说，他们从幼儿园来到小学，面对生活环境、作息制度、师生关系、学习方法等多方面的较大改变，往往显得无所适从。而原有的分科课程通常将重心放在促进学生认知能力的发展方面，却很少体察学生在人际交往、情绪情感等非认知能力方面的发展需求，这常成为影响学生是否适应学校生活的关键因素。

与此同时，当今世界各发达国家越来越注重提升学生的核心素养，发展学生的综合能力，由此不断推动课程改革，促进学科融合。我国教育部颁布的《基础教育课程改革纲要》（试行）也提出要"改变课程结构过于强调学科本位、科目过多和缺乏整合的现状，整体设置九年一贯课程门类和课时比例"，并倡导"小学阶段以综合课程为主"。

基于以上多种因素的考虑，中关村一小于2012年开始进行融合课程的探索，2014年秋季学期正式启动实施。所谓融合课程，不是在已有学科课程之外独立开发的一门新课程，而是基于国家课程目标和学校的人才培养目标，针对低年级学生身心发展规律设计并实施的课程的统称，是对课程供给结构的一次全面重构。融合课程的实施以主题学习和实践活动为支点，以国家课程中每个具体学科的课程目标为依据，扩展学科课程领域，试图改变学科与学科、学习与生活、学校与社会之间分离的状态，为学生创设更加适切的学习内容、方式和环境，从而促进学生健康、快乐、自主、和谐地发展。

二、 创建融合课程实施机制，实现教与学的全方位融合

1. 学科内容融合：《金葵花乐园》系列读本连接知识与成长

我校自行研发了融合课程系列学生读本《金葵花乐园》，该读本每学期分上、下两册，每学年四册，并配以相应的《葵园乐学手册》做为辅助学材。因葵花是中关村一小的校花，中关村一小被孩子们称为葵园，所以读本的名字都含有葵花元素，也预示着孩子们通过学习，在葵园中健康快乐地成长。依据国家课程标准，该读本融入知识学习和学生成长两条线索，通过使用学生喜爱的儿童绘本等形式创设主题情境，将多学科知识融合在一起，融知识性、趣味性、生活性于一体，符合低年级学生的心理发育特点，深受学生的喜爱。

以我校一年级第一学期上册第二单元的《吉莉娅数星星》为例，该单元由绘本《吉莉娅数星星》引入，先创设与数字、数数有关的情境，再以古诗《飞雪》、儿童诗《数字歌》为媒介融入语文元素，以"和吉莉娅一起数星星""和吉莉亚一起做数学游戏"为媒介融入数学元素。通过以上内容设置，使学生学习"一"至"十"等汉字的基本笔画和笔顺规则，体会数字"1"至"10"的含义，经历从实际情境中抽象出数字的过程，体会实物与数字的一一对应。接着，通过"一起穿个彩链子""学习歌曲《数鸭子》""数数校园里有多少棵大树""做五步接龙游戏"等内容，将美术、音乐、科技、体育等元素融入进来，通过动手制作、开口演唱、运动游戏等方式让学生巩固有关数字的知识，并培养

他们的艺术、科技等素养。

2. 学习环境融合：打造"融合课程教室"，营造"家"的感觉

传统的教室在格局设计、文化氛围营造等方面更加突出"学习的场所"的功能，而缺乏生活区、游戏区等活动区的设置。我们通过打造"融合课程教室"，创设温暖、生活化的环境，为学生营造一种温暖的家的感觉：如将讲台拆去，在地面上铺上泡沫地垫、沙发软垫；在书架上摆放学生喜爱的各种毛绒玩具；对教室墙壁造型进行改造，融科幻、自然、人文等多种元素于一体，不但美观，实用性还很强；将没有装饰的空白墙变成展示墙，学生的创意作品随手就可以贴上去……在这样的融合课程教室里，学习资源唾手可得，极大地方便了师生的教与学。

3. 教学方式融合：课时与分工由教师自主，促教学方式多元共生

我校在融合课程的实施过程中，赋予教师极大的自主权，如教师的课程表上没有明晰的课时安排，也没有分工明确的任教科目。这样的管理"留白"，给教学留有足够的空间和"余地"，能够激励教师大胆突破、自主创新，与学生共同创造出更为别开生面的课堂。通过不断实践摸索，我校教师总结出了一教一辅式、主题融合式、活动延伸式等多种教学方式，实现了教学方式的多元共生。例如，一教一辅式是指两位教师同时进班，共同上课，其中一名教师担任主教，负责课堂教学任务；另一位教师担任助教，负责观察学生的学习状态等，这种方式主要针对刚入学、学习习惯还没有养成的孩子，通常在一年级的第一学期使用。主题融合式是指两位教师同时进班，围绕一个教学主题各自负责不同的教学内容，通过相互配合、交叉授课，实现教学元素间的巧妙融合。

4. 评价方式融合：设置多元评价体系，注重学生实际获得

我们采取了多元融合的课程评价方式。例如，学生可以选择《金葵花乐园》中的形成性评价表——"我的小脚印""我的美丽葵园"等对自己的表现进行评价，还可以在各种主题活动中进行过程性、展示性评价。而在期末的终结性评价中，我们以学生喜爱的"期末闯关周"活动为主要评价方式，闯关形式有笔试、情境闯关、游戏闯关、展示表演等。闯关活动中，孩子们用自制钟表、自创绘本、绘画日记、特色主题作业等装饰教室，并邀请家长参加展示汇演活动。这种方式既可以使学生充分展现自我，也为家长体验和评价融合课程提供了机会，使学生和家长共享学习成果。

三、 优化管理方式，助力融合课程平稳实施

我校融合课程的研发遵循一套系统、科学的流程，从需求调研、组建课程开发团队、进行国内外考察、研讨开发策略，到对课程实施风险的预估和应对等，各环节环环相扣。同时，学校还在组织管理、资源整合等各方面进行系统优化，以保障融合课程的平稳实施。

1. 变革组织结构，提升教师课程领导力

(1)管理重心下移，让教师"卷入"为课改主体。

我校从组织机构的调整入手，设立"一会两院"，即中关村一小学术委员会、葵园课程研究院、葵园教师研究院，推动管理重心的下移和项目负责制的实施，使教师真正"卷入"融合课程的研发与实施中，由此促进了教师的改变。全校超过1/3的教师都参与到融合课程教材的开发、编写和实施过程中；教师实现了从关注一节课，到关注一个模块或领域，再到关注融合课程整体架构的转变；教师开始从关注"教"走向关注"学"，从注重对学生的知识传授走向对学生的能力培养……融合课程促进了教师的学生观、评价观等观念的转变，最大程度调动起他们参与课程建设的主动性与创造性，使教师真正成为学校课程改革的主体和"第一生产力"。

(2)建立"全能部队"式跨学科团队，让融合成为教师的专业自觉。

融合课程改革初期，已经习惯了单科教学的老师们面对新课本、新搭档，心存顾虑，不知道怎么教、怎么去融合，很多老师"为了融合而融合"。对此，学校充分发挥同伴研修的力量，将每周二和周五下午确定为融合课程教研时间，届时不同专业背景的教师汇聚在一起进行交流互动，打通班级、年级、学科界限，组合成一个"全能部队"式的研究整体。这种跨学科团队教研，突破了教师视野的局限，促进了教师素质的全面发展，使融合逐渐成为教师的一种教育自觉。

2. 强化资源整合，提供课程建设的源头活水

我校强化资源开发意识，不断探索各类课程资源的优化配置与整体融合，促进了融合课程的延伸、创新和不断丰富。

(1)依托专家和平台资源，寻求课程建设智力支持。

在融合课程的整体构建与实施过程中，我校聘请中国教育科学研究院、北京教育科学研究院、北京师范大学等研究机构和高校的专家团队，对学校进行长期、常态的指导，为融合课程的研发和改进提供智力支持和学术引领，从而

保证课程建设的科学性和合理性。

此外，我校与北京师范大学合作成立了全国小学教育研究中心，同时学校还是"教育部中小学校长培训项目"影子校长培训基地、中国教育科学研究院校长培训基地。这些得天独厚的平台优势，为我校融合课程的深入实施创造了条件。学校充分利用每一次课堂观摩、教师沙龙、互动分享等活动，收集外界对融合课程的意见反馈，吸取教育同仁的教育智慧，调整并促进课程内容和实施策略的不断优化。

（2）挖掘家长和社区资源，优化课程实施外部环境。

我校充分利用优质而独特的家长资源，鼓励家长深入参与到学校课程变革当中，探索家校资源融合的新形态。融合课程从开发、实施到评价的每个环节，都有家长的参与，这不但为学生接触各领域知识提供了机会，也使学生家长意识到，原来自己和学校、教师一样，对课程变革和孩子的成长同样负有责任。

社区的文化基础设施是融合课程实践的重要场所，也是重要的课程资源。我校与社区建立了多种形式的合作，最大限度地开发和利用这种社区资源。例如，我们组织孩子们到学校周边的十九家科研院所进行参观和模拟实验；到超市去观察商品分类，进行价格调查；研究学校所处小区里的植物的种类等。

3. 完善保障制度，优化课程实施过程

（1）完善评价反馈机制，让课程设置更加科学合理。

我校建立了全方位的课程评价反馈机制，为融合课程的改进优化提供重要参考。例如，学校会定期聘请专家到校进行课程实施效果的评估，获得专业的理论指导；定期召开家长、教师、学生座谈会或进行问卷调查，了解家长、教师、学生对课程的理解与需求等。同时学校会根据收集到的各项信息数据，调整课程内容和实施策略，使课程设置更加科学、合理，以满足学生的发展需要。

（2）提供强力后勤支持，免除课程实施后顾之忧。

学校每年都把融合课程实践经费列入预算，同时针对教师培训、编写课本、聘请专家、完善资源等不同活动，对经费进行合理分配使用，为融合课程的深入实施提供了强有力的后勤保障。此外，学校还利用校内外一切可能调动的技术资源，为教师的网络研修交流提供便利。

如今，我校融合课程的实施已经进入第三个年头，还处于不断探索之中。融合课程给学生带来的最大变化，是使他们更加热爱学习；家长们对于学校融合课程的态度，也纷纷由刚接触时的疑虑和担忧转变为由衷的称赞；融合课程还培养了一批合作型、全能型的教师，教师们在参与课程研发与实施的过程中，不断丰富自己的教学思想和知识结构，由原来的课程执行者变成课程创生者，这也为小学教师的专业成长提供了生动范例。

（本文作者系北京市中关村第一小学副校长）

河南省实验小学： 基于 IB 理念的跨学科统整实践

孙广杰　张春玲

随着课程改革的深入推进，我们在教育教学工作中发现有一些亟待解决的问题，比如：传统课程中学科划分过细，内容与生活实际脱离；课程设置制约教学方法的实施，教师与学生、教与学缺乏活力，等等。为此，我国提出要增强课程整体性，开展跨学科主题教育教学活动，提高学生综合分析问题、解决问题能力；倡导启发式、探究式、讨论式、参与式教学。综观世界教育，美国的"跨学科课程模式"、英国的"交叉课程"、德国的"合科课程"、日本的"综合学习"、我国台湾的"社会学习领域"等都体现了学科统整的趋势。但是，当前的课程统整实践往往受到评价制度等因素的制约。如何基于现实对课程进行有效整合，是当前中小学所面临的关键问题。

国际预科证书课程(International Baccalaureate Diploma Program，以下简称"IB 课程")为现实背景下的学科统整提供了研究空间，让实践层面的探索变得更加可行。河南省实验学校英才国际小学(以下简称"英才国际小学")基于 IB 课程理念，进行跨学科主题探究课程的探索，取得了一定成效，为基础教育课程改革和小学教育国际化实践提供了新的借鉴与参考。

一、 IB 课程理念可为我国小学课改提供借鉴

1. 基于六大超学科主题的 IB 课程体系

创立于 1968 年的国际文凭组织(the International Baccalaureate Organization，IBO)，是世界公认的国际教育的领跑者。IB 课程是 IBO 主持开发的针对 3～19 岁学生设计的连贯性教育体系，包括三个国际课程项目：大学预科项目 DP(Diploma Program)、中学项目 MYP(Middle Years Program)和小学项目 PYP(Primary Years Program)。IB 课程鼓励学生走出课堂，与世界同步，提倡学生参与国际合作和竞争，重视学生探索和质疑能力的培养，致力于使学

生成为"独立判断的思想者、终生不渝的学习者、世界事务的参与者"。

IB小学项目PYP始于1997年，强调以人为中心，以确保学习者形成理解为目的，在基于发展学生概念、技能、态度及行动的基础上，提供六大学科六大主题的跨学科主题教育，形成独具特色的课程结构模型。也就是说，对于语言、社会学、数学、艺术、科学、个人教育/社交教育/体育这六大学科知识的学习，是在六大超学科主题的统领下，通过开展跨学科主题探究活动来进行。这六大超学科主题包括"我们是谁""我们身处什么时空""我们如何表达自己""世界如何运作""我们如何组织自己""共享地球"，分为七十四个探究单元。每个主题下的探究单元都从形式、功能、原因、变化、联系、观点、责任和反思八个维度提出跨学科教育的"概念模型"，从而使学生跨越和超越所有学科领域界限的概念，最大限度地获得系统而完整的知识体系。

PYP课程设置的关注点与我国素质教育倡导的以培养学生的创新精神和实践能力为重点、促进学生全面发展的目标相一致，可以为我国正在进行的小学课程改革提供一定的启示和借鉴。

2. 基于IB理念的学校课程整体设计

英才国际小学是河南省实验小学主办的一所国际化小学，于2013年9月成立。学校致力于培养行为美、基础牢、能力强、有特长、酷爱探究、具有国际视野和国际基本交流能力的现代小学生，这与IB教育理念不谋而合。因此，学校借鉴IB理念下的六大探究主题、七十四个探究单元，结合地方情况和学生学习实际，在稳定国家基础课程(语文、数学、英语)的基础上，将现有的语文、数学、英语、体育、音乐、美术等学科的部分内容和科学、思品、信息技术等学科的全部内容进行重组整合，开设了跨学科主题探究课程——UOI课程(Unit of Inquiry，UOI)，实现了国内基础课程与国际现代课程的有效整合，形成了英才国际小学的课程整体设计框架，即"3＋3＋1＋1＋1"课程体系(见图1)。

其中，两个"3"分别指"三大基础学科"(语文、数学、英语)和"三大专业学科"(音乐、体育、美术)，其开设有助于完成"基础牢"的人才培养目标。第一个"1"指的是"主题探究课程"，包括以IB探究课程为纲，以现有的语、数、英、体、音、美教材为本开设的"学科内主题探究课"，和将思品、科学、信息技术等学科整合而成的"跨学科主题探究课"，有助于完成"能力强，具有国际视野和国际交流能力"的人才培养目标。第二个"1"——"课程超市及社团活动"旨在培养学生兴趣和发展学生特长；第三个"1"——以学生自主阅读为主的"校本辅助课程"，包括人文读本、心理健康读本、安全教育读本、经典文学读本

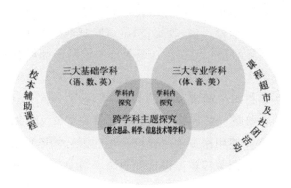

图 1 河南省实验学校英才国际小学课程架构图

的实施，二者均致力于为丰富学生生活、夯实学生基础、提升学生综合能力打下良好基础。

二、 跨学科主题探究课程的开发与实施

1. 构建跨学科主题探究课程的基本框架

学校从学生已有的知识、经验和兴趣出发，结合国情、省情、校情，将现有的学科知识进行有效整合，构建了学校跨学科主题探究课程的基本框架。围绕"自我认识""时空领域""自我表达""世界运作""自我组织""共享地球"这六大超学科探究主题，每个年级每学期要进行三个探究单元的探究活动，一至六年级共36个探究单元，每个探究单元需要五至六周时间完成，各探究单元之间既紧密联系，又螺旋上升。目前，学校已经完成一至五年级的主题探究课程研发工作。如一年级的六个探究单元分别为"认识我自己""我的校园""故事""空气""社区""植物"，二年级的探究单元分别为"社会交往""我的家乡""节日""建筑""工作""动物"。

为了引导各学科教师有效地开展探究课程研讨及教学，每个年级选派一名教师做探究协调员。学校设专职探究课程教师，每周给每个班级上三至四节探究课；语、数、英、体、音、美等学科教师也要围绕探究主题开展探究活动，至少每个学科两周内有一节学科内主题探究课（根据探究单元的不同，不同学科的课时分配会有差异），在突出本学科特色的同时，为跨学科主题探究进行辅助和扩充性帮助。

2. 实施跨学科主题探究活动的六个阶段

一个完整的 UOI 主题探究活动需要经过六个阶段。（1）前期评价。这个过

程主要是了解学生对所要探究的内容已经知道了什么，还想了解什么，在此基础上，进行第二阶段的学习。(2)收集资料。即以问题为切入点，收集相关资料。一方面是学生自主收集；另一方面是教师根据学生的问题收集，这是对学生收集材料的有效补充。(3)分析资料。即以探究问题为依托，学生个人或者分组将收集到的资料进行分类和整理。(4)深入探究。学生在分析、整理资料的过程中，可能会产生新的问题，这时教师要鼓励学生对问题进行深入探究，使学习更加深入，并且更加贴近学习目标。(5)积极反思。即学生对探究的内容和探究过程进行反思，进行更深层次的思考。(6)采取行动。这个过程主要是学生分享学习成果，并将学习和生活紧密联系，做到知行合一。通过这六个阶段的探究，学生对一个探究单元的探究主题都会有比较深入的了解和认识，并且学习从跨学科的角度看待问题，利用跨学科的知识解决问题，形成良好的学习习惯。

比如，二年级探究单元"工作"的核心思想是让学生了解"不同的工作承担着不同的社会责任"。围绕这一主题，各学科均要设计课程纲要。探究课上，学生需要完成 KWL 分析表及 CSI 问题表。在这个过程中，学生提出了一些具体的问题，如"什么是工作？为什么要工作？都有哪些职业？各种职业都是怎么工作的？未来的我会从事什么工作？"等。接着，学生围绕问题展开探究：进行工作小调查，采访自己的父母和身边的其他亲人，了解他们的职业以及做好该职业应具备的知识和技能；邀请不同职业的家长走进课堂，分享他们的职业经历。在全班交流中，学生对各种职业会有一个整体的了解，在此基础上绘制关于工作的思维导图，制作简报，参与"点点梦想城"之旅，完成"一封写给未来的微信"，还要进行自评及展示等活动，经历主题探究活动的六个阶段。

与此同时，语文课上，学生要阅读与工作相关的文章，开展"如果没有某种职业，世界会怎样"的口语交际及体验活动。数学课上，学生要收集不同工作的上班时间，绘制"我的工作时间"，探讨如何管理自己的时间。英语课上，学生可探索如何用英文表达各种工作内容，完成"我知道的工作"英文单词统计表，使用"This is a..."句型简单介绍工作。体育课上，学生要收集关于足球运动员的相关资料，体会足球作为一种职业的必要性；学习踢足球的技巧及做关于足球的游戏。音乐课上，学唱歌曲《劳动最光荣》和《理发师》，用《理发师》的旋律为自己挑选的职业创编歌词。美术课上，画十五年后自己的工作情境，制作工作相框；画连环画《我一天的工作》。

三、 实践跨学科主题探究课程的价值与启示

1. 明晰课程实施的目标与方向

IB 课程要求，在探究过程中，学生应表现出的态度是"欣赏、投入、自信、合作、创意、好奇心、同理心、热诚、独立性、正直、尊重、宽容"。通过探究活动，教师指导学生应用并逐步习得社交技能、沟通技能、思考技能、研究技能、自我管理技能，努力使学生成为"乐于探究、知识渊博、勤于思考、善于交流、坚持原则、胸襟开阔、富于同情、敢于冒险、积极反思、全面发展"的学习者，这也是学校在开发和实施跨学科主题探究课程的过程中一直遵循的目标和方向。

2. 重视对成果的及时有效评价

主题探究成果展是跨学科主题探究课程实施的重要组成部分，也是对学生的探究成果进行评价的一种重要方式，一直深受学生和授课教师的喜爱。学生可通过自主介绍、讲故事、情境表演、歌曲演唱、舞蹈表演、问题竞答、辩论赛、实验汇报等丰富多样的形式向家长和社会各界汇报主题探究的收获。在每个探究单元，每个班级都会有小型的探究成果展，学期末还会有大型的探究成果展，有效反馈学生在主题探究中的成果。

3. 关注教与学方式的改善

主题探究活动以学生探究为主，教师则侧重于对学生探究方法的指导和学习态度的引导。在这个过程中，教师需要引导学生从问题入手，选择感兴趣的方向，独立或者合作收集资料并分析资料，通过开展科学操作、社会实践等方式对主题内容进行深入探究，并对主题进行不断反思。必要时，教师也会邀请学生家长和社会其他资源方参与到课堂中，同时鼓励学生深入到相关的团体和机构中进行观摩式、参与式的调查和体验活动。在整个探究活动中，教师看似"退居幕后"，但是每一个环节的活动都需要教师在充分研究学生的兴趣和已有的知识、活动经验的基础上开展，这样才能给予学生充分的时间和空间进行探究；教师要鼓励每一位学生都能以适合其发展的方式参与学习，每一位学生都能通过探究活动得到发展，由此真正改善教与学的方式。

4. 核心聚焦于师生发展

对学生而言，一方面，跨学科主题探究课程的开设，能够加强课程内容、学生生活与现代社会的联系，有助于促进学生全面、均衡和富有个性地发展；

另一方面，主题探究活动的开展，对于培养学生收集和处理信息的能力、分析和解决问题的能力以及交流与合作的能力都有极大的促进作用。

对教师而言，在跨学科主题探究课程实施中，他们更主要的是教学生如何提出有价值的问题，如何获取信息和处理信息，如何总结归纳与合作分享，如何掌握获取知识的工具；更重视学生学习方法的习得和能力的培养，以及积极学习态度的养成。因此，教师需要更加关注学情，要花更多的时间判断学生的需要，推动和鼓励学生的学习；要把教学和课程紧密结合起来，不断丰富和完善自己，使自己成为教育教学的研究者，并在这个过程中实现专业成长。

（本文第一作者系河南省实验小学原校长，河南省教育厅基础教育处调研员）

安徽合肥屯溪路小学： 课程整合及其触发之学校管理变革

陈　罡

基于"整合"的学校整体改进从具体形式来看可以分为三种：量的增加与减少、内部结构的调整、运作方式的转变。本文以安徽省合肥市屯溪路小学"博雅课程"体系的建设为例，探讨基于"整合"理念的学校课程建设的基本策略，以及由此带来的学校整体变革。

一、 整合构建："学校课程"建设的新趋势

从教育实践的层面看，课程可以分为宏观、中观和微观三个层面。宏观的课程是指国家与地方课程的课程方案、课程标准、教材的编写等，包括适应课程实施的教师培训等；中观的课程是指学校的课程，即属于一所学校的"学校课程"；微观的课程即在学校层面形成的教师的课程和学生的课程。目前，学校不仅仅要重视宏观的课程建设，更应该关注中观和微观课程建设，尤其是"学校课程"的研究。

所谓"学校课程"，就是学校依据课程的基本属性与本校的育人目标，创造性地将国家课程、地方课程及原有校本课程有机整合，从而整体建构的本校的课程，它应该包含学校的育人理念、课程方案、课程体系等。那么，我们究竟应当怎样建设"学校课程"呢？首先，学校课程建设应当回到学校办学的原点问题：我们要培养什么样的学生，怎么培养学生。

其次，学校课程建设要"整合"建构学校的课程体系。无论是国家课程、地方课程还是校本课程，在学校这一"平台"上都应"一视同仁"，每一门课程都可以指向学生核心素养的培养，也都应该指向学生全面的发展。

二、 "博雅课程"：构建以学习者为中心的学校课程

我校致力于"博雅教育"的研究，以"博雅"为校训，以"博雅精神，儿童世

界"作为学校的核心价值观，确立了"博雅精神，英才少年"的育人目标和"博雅学园，儿童世界"的办学目标，明确提出要培养具有知识广博、人格独立、心灵自由的人。在这种价值体系的指引下，我校进行"博雅课程"体系建设。"博雅课程"体系包括低年级的主题综合课程、中高年级的"博、雅、趣、情"四个课程模块与项目学习。

1. 主题综合课程：研发基于儿童的全学科"学材"

为了让儿童能够认识更加完整的世界，我们尝试在低年级段实施主题综合课程，通过架构学科通道，打破学科壁垒，让儿童解决真实的问题，并真实地解决问题。我们通过以下四个步骤进行此项研究。

第一步，问题导向。在我校一个乡村校区（6 个班级，12 位教师，100 余名学生）的办学过程中，我们发现学校的课程存在如下问题：教师兼任多门学科的教学，除语数学科外，其他课程教学质量堪忧；学科之间界限分明，互不沟通，即使身兼几科教学的教师也不例外；校本课程研发及开设存在困难；学生所认识的世界是单一的、割裂的、不完整的。于是，我们尝试开设了一门基于"农业种植"的涵盖小学各学科的综合实践活动课程。在这门课程中，我们打破班级界限，混龄编组开展教学活动，同时整合各学科的教学目标融入其中，开展研究型学习，让学生得到了丰富而完整的学习体验。

第二步，理性思考。上述课程的开设，引发我们进一步的理性思考：是否可以在小学低年级段打破分科课程的现状，实施综合课程呢？张华认为：所谓"综合课程"（integrated curriculum），是这样一种课程组织取向：它有意识地运用两种或两种以上学科的知识观和方法论去考察和探究一个中心主题或问题。2001 年我国颁布的《基础教育课程改革纲要（试行）》明确提出：小学阶段以综合课程为主。笔者认为，综合课程是课程整合的一种形态，是依据中心主题或问题开展的综合性学习课程。

第三步，课例研究。理性思考之后，我们开始了典型课例的研究。数学与科学教师合作研究课例《一天的食物》，带领学生用数学的统计方法探索人类食物的多样性。这样既达成了数学学科的目标：掌握收集数据的方法，并理解运用不同的标准可以得到不同的分类；又达成了科学学科的目标：理解食物的多样性，并体会到食物的多样性可以促进营养的均衡。音乐教师和美术教师合作研究课例《家乡美》，并采取双师大课（60 分钟）方式教学，分别达成了品德与社会、音乐、美术的学科教学目标。更重要的是，不同学科之间相互提供支持，有助于学生整体认识所要研究的主题或问题。

第四步，编写"学材"。在典型课例的研究基础上，我们开始探索低年级的主题综合课程学习材料的研发。我们以儿童的生活为基础，遵循儿童生活的逻辑，从儿童与自我、儿童与自然、儿童与社会3个领域确定了12个主题的课程框架（见图1）。

儿童与自我	儿童与自然	儿童与社会	学　段
1.我上学了	1.秋天	1.温暖的家	一年级
2.我换牙了	2.春天	2.快乐的校园	一年级
3.我戴红领巾了	3.夏天	3.美丽的家乡	二年级
4.我会写日记了	4.冬天	4.祖国妈妈	二年级

图1　安徽省合肥市屯溪路小学"博雅课程"第一学段图谱

主题选用儿童有兴趣、对儿童有意义的题材，旨在把课程与儿童生活世界紧密联系，使儿童在学习中构建属于自己的知识和能力，并内化成其精神和价值品质。这些主题均按一定的逻辑形成系统的综合课程体系。它们或是以儿童自身变化中一个显著的特点进行表述，或是各个季节中孩子们感兴趣的动物、植物、气候、科学等内容，或是按照空间顺序从教室扩展到家庭、社区以及儿童的其他生活空间，使儿童由近及远地认识社会和他人。

2."博、雅、趣、情"课程模块：重构基于办学理念的课程体系

我们将国家课程、地方课程、原有校本课程的目标和内容进行解构，然后以"博雅教育"理念为逻辑和主线，建构了中高年级"博、雅、趣、情"四个模块的课程体系。

其中，"博"课程模块是培养学生掌握广博知识和求是精神的课程模块，包括语文、数学、外语、科学、校本阅读课程（晨诵、午读、图书馆课）、信息课程及其延伸课程。"雅"课程模块，是让学生身体强健，培育心灵和精神品位，帮助他们实现心灵自由的课程，包括音乐、体育、美术、中国传统文化课程及其延伸课程。"趣"课程模块，是让学生体会生动童年和有趣人生的课程，包括学校的游戏课程、社团活动和校园节日活动（读书节、体育节、艺术节、科技节）。"情"课程模块，是让学生体察社会生活，培育独立、担当意识和能力的活动课程，包括校内活动（仪式典礼）和校外活动课程（研学课程、博爱公益社团、森林课堂、游学活动等）。

在这四个课程模块的实施中，我们着力在以下两方面进行探索：一是探索学科内的纵向整合，如单元整体教学、主题教学等；二是探索课堂内的跨学科整合，通过教师之间的合作研究，进行不同学科的整合教学研究。

3. 项目学习：实施多学科整合的多元化课程学习

项目学习又称基于项目的学习（Project-Based Learning，PBL），学校借助这一学习模式，将原来的校园节日活动研发成为各年级跨学科的整合课程。如"徽风皖韵"艺术节课程，就是通过探究安徽地方的风土人情、风景名胜、地方文化，让学生感受安徽深厚的历史文化底蕴，从而激发学生热爱家乡、热爱祖国的感情。课程采用项目学习的方式，整合音乐、美术、语文等多学科内容进行教学，课程实施者包含班主任、辅导员、学科教师和家长，时空上跨越课内外、校内外。这样的课程学习具有如下几种特征：有一个驱动或引发性的问题；有一个或一系列最终作品；关注的是多学科交叉的知识；强调学习活动中的合作；学习具有一定的社会效益；学习是在现实生活中进行探究；学习过程中需运用到多种认知工具和信息资源。

在研究"学校课程"的基础上，我们还应该关注和研究"师生的课程"。课程整合不仅包括综合课程，更包括跨学科的学习活动，还包括一套使课程得以综合的教学策略。我们应该认识到，仅仅将设置综合课程作为现阶段我国小学课程整合的主要模式是一种偏差。所以，让教师通过研究形成"自己的课程"，进而通过教学活动，让儿童获得"学习的经验"，学校的课程才会有意义和价值。

我们开始构建"以学习者学习为中心"的"博雅学堂"，也就是将学生的学习和成长放在中心位置来考虑教学，让课堂内的每个成员实现真实的学习，让学习在课堂真实地发生。在这样的课堂上，教师积极地把自己与儿童、教材与儿童、一个儿童同其他儿童、一种知识与别种知识串联起来，由此将儿童的现在与未来串联起来。同时，我们还带领学生走出班级、走出校门，亲近自然，利用自然资源开展探究式学习，从而实现更广义的课程整合。

三、 组织重构：因"整合"而触发学校管理变革

在推进学校课程建设的过程中，我们创立了学校管理的会议协商和网络协商两个平台，实施"协商→决策→执行→反馈→调适→协商"的"协商管理"模式，建立了运行良好的沟通机制，由此促进学校多方利益主体有效地沟通和对话。同时，我们尝试运用"整合"的理念，重新建构学校的组织结构。我们通过在"量"上根据工作实际增加与减少，通过内部结构的调整以及运作方式的转变，形成了学校新的组织结构，我们将其概括为"部、院、中心制"，即校区

（N级部）＋N研究院＋N研究中心。具体过程如下。

1. 深度梳理各部门工作，明确部门职责功能

我们对学校原有的组织结构中的各部门工作进行重新梳理，完成了各部门职责分工图，如教导处负责学科教研、日常教务、教师培训、图书馆（信息中心）等，德育处负责班主任工作、团队建设、学生活动、家教会、学校少年宫等，总务处负责环境建设、安全卫生、资产管理、财务管理等，办公室负责会务接待、档案管理、宣传工作等。这样的解构，实际上就是"整合"中的"整"，即梳理结构中的功能，为接下来的调整奠定基础。

2. 建立跨校区的独立组织机构：围绕重点工作进行组织重建

其一，设置"博雅课程研究院"。基于学校课程改革的需要，我们把原来教导处中的学科教研、德育处工作中的社团活动（现为校本选修课程），加上学校课程整体的规划、统筹与主题综合课程的研发等职能整合在一起，成立了一个新的部门：博雅课程研究院。研究院不是某一个校区的部门，而是横跨各校区的一个独立的组织机构。

其二，设立"学习创新研究中心"。基于教育信息化的未来趋势，我们把原来教导处中的信息中心、德育处中的学生科技创新活动、总务处中的学校信息化管理等职责整合在一起，设立了一个新的同样是横跨各校区的独立组织机构：学习创新研究中心。

其三，以图书馆统领全校阅读推进工作。我们将图书馆作为一个独立的组织结构予以保留，以整合研究全校的阅读工作和进行图书馆课程研究。

其四，建立了非行政的学术组织：价值教育研究中心，以此来统筹整合全校的价值教育研究。

3. 设立全新"服务中心"：整体构建资源支持和保障服务系统

我们在校区内将原教导处中的日常教务、教师培训，德育处中的团队建设、学生活动、学校少年宫，总务处和办公室工作的职能，全部合并成立一个全新的部门：服务中心，以此为全校的教育教学工作提供资源支持和保障服务。这样整合有利于整体性为教育教学工作提供服务，避免了传统部门中工作互相干扰、割裂、互不支持的弊端。

4. 成立四个年级部：重心下移实现统筹管理

经过工作部门的调整，结合大规模小学的现状，我们又尝试管理重心下移，将原来的年级组调整为年级部，统筹整合教师岗位聘用、日常教育教学管理、教师考核评价、学生主题活动等工作职责。学校成立了四个年级部（一年级部、二三年级部、四五年级部、六年级部），由两位副校长和两位优秀管理干部担任级部主任。级部主任在学校整体工作思路的指导下，全权负责本级部的教育、教学、科研、总务、工会等管理工作。级部类似于一个"微型"版的学校。作为学校管理的基层组织，各级部结合自身特色，明确级部全体成员各自责任，发挥级部成员的主动性，将个人目标、级部建设、学校发展融为一体。同时，各级部均设立相应的级部管理委员会，级部中每位教师均参与其中。管理委员会负责统筹、协调、控制、检查、评估各项教育教学工作活动，激励级部群体创造性地开展工作。级部管理具有规划引领、重心下移、充分授权、自主发展的特点，从而实现人人参与、高效务实的管理方式。

5. 引入"项目管理"：整合资源以打通部门壁垒

传统的学校管理，是将工作置于部门之内开展，当出现需要协调其他部门的资源和人力时，往往会由于"条"的分割而出现部门之间推诿、扯皮的现象，达不到预期的工作目标。项目管理的方式，可以实现各方资源的有效整合。在我校推行的项目管理中，项目组所有成员不论原有的职位，均服从项目负责人的安排，并根据需要开展工作。这样高度"整合"的临时组织，有助于学校资源的统筹和具体工作的整体推进。

（本文作者系安徽省合肥市包河区教育体育局副局长、屯溪路小学校长）

第三篇

感悟学与教改进的魅力

从山东到山西： 中小学课堂改革的反思与展望

柴纯青　姚　钰

中小学课堂改革是近十年来我国基础教育领域的重要事件。调查表明，74％的教师认同新课程改革的基本理念——"合作、自主、探究"，但大部分教师对"自主、合作、探究"在课堂上如何实现缺乏基本的认识。也就是说，课改理念和课堂技术之间存在巨大的鸿沟。

近年来，一批中小学校以草根式的自觉和朴素的民间智慧，从"自主、合作、探究"的自我理解出发，解构了传统的课堂，因校制宜地创造出了结构各异、模式不同的"新课堂"。其中，山东和山西一些学校的探索影响巨大。另外，全国还有多种主体和力量推动的课堂改革，这些探索使"新课堂"变得更加丰富而生动。对十年来的课堂改革进行回顾、反思，有助于我们明晰未来的课改之路。

一、 回顾：山东和山西的课堂改革探索

如果将山东杜郎口中学、山西灵石二中和新绛中学等学校的改革称为"原生性改革"的话，那么我们可以将那些借鉴并再创造的改革称为"次生性改革"。全国很多学校都在借鉴课改名校改革经验的基础上，进行了校本化的课堂改革探索。

1. 山东"原生性改革"：以杜郎口中学为样本

山东是系统推进规范办学的重要省份。在这块土地上出现的以杜郎口中学、昌乐二中等为代表的"高效课堂"改革校，在全国产生了巨大的影响。其中，杜郎口中学是最有意义的改革样本。

1997 年，崔其升校长接手杜郎口中学时，这所学校是一所濒临撤并的"乱校"。他提出要"相信学生、依靠学生、解放学生、发展学生"，并"将课堂交给学生"。在那个年代，这是对原有课堂模式的颠覆。崔其升通过多种方式，提

高教师的文化水平与科研能力，让教师体验到改革的好处，使教师从改革的反对派变为支持性力量。改革的效果是明显的。而杜郎口中学考试分数的迅速提升，也让崔其升推进改革的步子迈得更大。

杜郎口中学的确是在从"教"转向"学"，但学习内容并没有多大变化。正如山东省教育厅副厅长张志勇此后所描述的那样，整个改革仍然是围绕着学科、教材、知识的学习与掌握进行的。那时的改革还是学科本位、知识本位、考试本位，学生还是戴着镣铐跳舞的。他希望学校逐步从围绕升学考试推进改革，真正转变到育人为本上来。

另一个例子也说明了这一点。2006 年，华东师范大学教授熊川武先后在山东青岛的崂山第二中学、第三中学和崂山的几所小学，以及枣庄市薛城区实验小学、周营镇中学推进自然分材教学的课堂改革实验。熊川武表示，无论在哪所学校，他首先都会"向社会、老百姓、领导承诺，照着我的要求搞，升学率只升不降"。成功的改革往往不是脱离"土壤"的，而是根植当地，引导前行。

2. 山西的整体性课堂改革

山西的课堂改革经历了由点到面的过程。与很多地方不同，山西多所示范性高中实施了改革，代表校主要有新绛中学和泽州一中等。这让山西的课堂改革颇为引人注目。

在过去的五年中，在先导学校成功经验的引领和各级教育行政部门的倡导下，山西全省形成了以"问题导学"为标志的课堂教学新模式"群"。"问题导学"模式因校制宜，形成了百花齐放的课堂教学模式。截至 2012 年，山西省实施"问题导学"模式的高中学校约有 70 所；初中学校约有 700 所，占全省初中总数的约 60％，还成立了"山西省初中课堂教学改革校际联合体"；加入课堂改革队伍的小学越来越多；以县（或区、县级市）为单位，区域整体推进的地区约有 30 个。这一良好改革局面的形成，与当初"原生性改革"学校之艰难形成了鲜明的对比。

当然，这些学校的改革也曾遭到家长的激烈反对，而改革之所以能够坚持下去，与教育行政部门的支持密不可分。以新绛中学为例，在改革之初，山西省教育厅派出由市、县教育局工作人员组成的调查组对学校的改革情况进行调查，认可了新绛中学的探索，并帮助做好家长工作。山西省教育厅副厅长张卓玉到学校调研指导，并在多方面给予学校极大的帮助。新绛县教育局 2011 年成立了以新绛中学为龙头校的"课堂教学改革办公室"，在全县大力推进课堂改革。多年来，新绛中学等课改先行校的中考、高考成绩不降反升，学生综合素质提升明显，家长逐渐成为改革的坚定支持者。

二、反思：课堂改革进程中的几个基本问题

过去十年的课堂改革历程，是很多新观念逐步被认同和接受的过程，是好的课堂策略不断被传递和再创新的过程，也是一个充满争议的过程。因此，我们需要对几个基本问题进行反思。

1. 考试分数是课堂改革的限度吗

考试分数是所有校长，包括改革校的校长都绕不开的。课堂改革面临着考试分数下降的风险。考试结果不好，改革能否进行下去？

张卓玉副厅长曾表示，只有保证考分不降，改革才有可能推进；否则方向再正确的改革都难以进行。张志勇副厅长对这种跳不出"知识本位"和"考试本位"圈子的改革深表忧虑，他希望课堂改革要更接近教育的本质。改革校的校长们也背负着这种强烈的教育使命感。他们探索的重要内容，就是如何在课堂学习、在学校里找到应对高利害考试与实施素质教育的联通途径。他们提出了"考试是学习的副产品""改革所指向的教育，不是为了考试和做题，而是为了培养真正的人"。

那么，新课堂是怎样"保证考分不降"的呢？

现在看来，成功的新课堂都有一个基本的共同点，即较为充分地实践了"自主、合作和探究"的理念，使得我们曾经熟稔的"学生""学习""学习能力""学习方法""内驱力""学习规律"乃至"学校"等概念的内涵焕发了新的光彩。所谓把课堂还给学生，实际上是实现学生学习权利的回归。同时，学生也成了责任的担当方，学习成了学生自己的事，学习的内驱力因此建立。同时，新课堂使学生的学习由单纯的知识习得变为问题解决，学生找到了合作与探究的乐趣、建构自己知识体系的思维过程和展示学习成果的自信。这是培养学生学习能力的过程，也是提高学生考试能力的过程。考试本身就是解决问题的过程。坚持改革的学校最终都取得较好的考试成绩，应该是预料之中的。因此，考试分数不是改革的限度。

2. 官方与民间如何在改革中良性互动

过去十年的课堂改革，呈现了基层教育工作者的内在觉醒。尽管争议不断，但至今已有85万人次去杜郎口中学参观学习过，每年有200多所学校的领导和教师前往新绛中学考察……这样的数据表明，传统课堂的弊病已经让大家痛苦不堪。他们已经积累了太多的追问，苦思求解却彷徨无计。因此，当

"原生性改革"学校出现以后，他们自发去参观、交流，去取经、模仿和借鉴。这种状况生动地表明，基层已经积累了足够的改革势能。

这种现实还反映了教育理论界的尴尬。理论界的缺席，没有延滞这些"原生性改革"的脚步。而行政力量的态度如何，才是无法回避的关键问题。山东、山西以及其他各地的课堂改革的成功案例表明，官方与民间的良性互动至为重要。山西的改革由点到面，发展非常迅速，即与教育行政力量的认同有密切关系。

"次生性改革"往往能得到地方教育行政部门的支持，改革的环境变得轻松起来。可以说，"原生性改革"学校考试成绩的不降反升，大大提高了行政力量的积极性。

但是，行政力量在一个区域或学校的课堂改革中应该承担怎样的角色？是倡导者、支持者，还是掌控者？新绛中学等学校发现，很多地方教育局组织所属学校前来"取经"，并要求学校进行改革。但是，如果校长和教师只能按照教育局的要求进行改革的话，那么改革往往难以成功——学校也存在改革内驱力的问题。此时，行政力量反而变成了改革的反作用力。官方需要尊重教育规律，尊重学校运行的规律。行政力量应当成为课堂改革的倡导者和支持者，而不是主导者。给学校创造宽松的改革环境，保护改革者的积极性，才是行政力量的核心工作。

3. 改革者需要具备怎样的特质

过去十年的"原生性改革"典型，大多地处农村和县城，并且处于困境之中（如面临撤并等）。改革者往往要具备一些与众不同的基本品质，如勇气、坚持与"办成事"的策略等。学校改革不可能一蹴而就，没有大愿心和坚持心，所有的改革创意都将只是灵光一现。

很多人会批评这些改革者在改革过程中的"粗暴"、武断和不民主，等等。然而，我们需要理解的是，在现实中，温情脉脉的改革方式是难以取得真正成功的。他们身处其中，比我们更明白，改革不能等所有人都和自己达成一致的觉悟高度才开始，改革者就是要负起带动、说服其他人前行的责任。当然，这些批评的声音也提醒改革者，随着改革的初步成功，改革者需要提升自身的品质，朝民主管理的方向转变。总之，改革者所表现出的勇气、坚持与实践智慧需要更多的客观评说。

三、 展望： 课堂改革的未来走向

1. 深化改革要注意技术改进的理论基础问题

我们认为，现阶段，很多课堂改革还是在走技术主义的路线。尽管新的课堂技术与策略不断涌现，但这种路线存在发展的瓶颈，缺乏与之相应的理论——回答"课堂技术"为什么成功的理论。这个问题会影响课堂改革的"版本升级"和持续改进。

为了引领今后的课堂改革，改革者可以关注新课改的支撑性理论——多元智能理论、建构主义理论等，还可以从我国的教育传统中去寻找改革的理论资源。如陶行知先生的"小先生制"、关注学生"整个的生活"，以及他对"今日之教育家"的期待；张伯苓先生在南开践行的"加强学习与生活的关联"，"着眼于培养学生解决问题的本领"；蔡元培先生聘请年轻的梁漱溟担任教授时提出的"师生共同学习"观念（蔡元培对梁漱溟说："你不是要当老师来教人，你当是来共同学习好了。"）；梁漱溟先生在山东的乡村教育实验中所尝试的合作学习，等等。这些都能给当下的课堂改革以无穷的教益。

2. 课堂改革要兼顾"怎么学"与"学什么"

随着教育改革的深入，越来越多的学校开始探讨"学什么"的问题，并通过主题化教学等方式重组教材、整合教学内容。iPad 的使用也起到了推动三级课程的整合、跨学科的内容整合和跨年级的内容整合的作用。"自主排课"所带来的，则是进一步放开学校的改革空间。北京市 2012 年再批准 13 所学校进行高中自主排课实验，并且"可以在教学大纲的框架下自行确定高中生各学科毕业考核合格标准。同时也获得了自行组织高中会考的资格"。在美国涩谷学校，"做自己选择的事情是常见的主题，学习是副产品。学校首先是学生自由听从内心召唤的地方……我们没有课程设置，不会认为这种探索比那种探索重要……不断扩展自己对世界的了解。"

3. 学习空间的变革：超越学校与自我教育

在课堂改革的过程中，传统的班级授课制逐步被打破，社区、社会都成为学生的学习场所，儿童的学习空间正在发生改变。信息技术手段成为学生学习的重要辅助手段，同时，学生的自我教育将成为常态。"所有的理想学校都提供这样一种环境，让学生确定自己的目标，学生都具有内在的动力，为实现自己的目标而学习；学生具有自由的支配权，以自己希望的方式和速度（独立以及与他人合作）进行学习。"在学校管理等方面，学生也有了发言权。教育的去

权威化，使课堂成为学生自我负责、自我教育的场域。

4. 创造更为良好的改革环境

十年的课堂改革，值得我们反思的问题很多。最值得反思的是如何为改革创造更为良好的环境。其中最为核心的，还是民间与官方的良性互动。尽管课堂改革越来越得到官方的支持，但随着我国教育改革的逐步深入，还有更多的改革在慢慢发生，一些没有先验性的改革是否还需要多年的时间等待官方认同？行政官员的教育专业化水准越高，是否越能判断改革方向的正确性，进而支持改革？另外，在改革过程中，如何保证民间力量改革的自主性？或者说，官方力量如何约束自己，不扮演命令下达者的角色？这些都需要我们进一步观察与思考。

（本文第一作者系中小学管理杂志社社长）

山西"问题导学"教学模式的系统审视与精细构建

肖增英　薛红霞

2001 年，山西省开始推进义务教育阶段课程改革，各学校包括一些高中开始了对新型课堂教学模式的探索。2008 年，山西省全面进入高中新课程改革实验，各校的探索更加深入，并逐渐构建了一些新型课堂教学模式。以深度研究的方式，系统梳理与审视我们既有的经验与问题，精细构建与完善新模式具有深远的意义。

一、"成长为本—问题导引"：山西课改新模式的本质特征

各课改校现有的课堂教学模式虽然名称各异，但其理论基础和操作特点大体相同，基本可以概括为"成长为本—问题导引"模式，简称"问题导学"模式。这一模式凝聚了先期课改校教学模式具备的基本特征，对准备进入课改的学校和区域起到了引领作用。

1. 新模式的灵魂："成长为本"

在"问题导学"模式中，教师承认、尊重、相信学生生命成长的本能，学生在享有成长权、选择权、表达权、展示权等权利的过程中，真正享有积极的课堂生活。

2. 新模式的基石："问题解决"

以"问题解决"为基石，使得学习的重心从知识习得转变为"问题解决"，即提出问题(任务、项目)成为学习的起点，解决问题(项目、任务)成为学习的最终目标，知识习得成为问题解决过程中的自然生成结果。"问题导学"对学生的每步学习都有组织、时间、空间的保障。确定了问题的解决，就能够保障课改目标的顺利抵达。

3. 新模式的核心环节及主要特征

(1)学习导航：推进"问题导学"的"法律"武器。

学习导航是指教师依据学生已有的知识及认知水平，为指导学生进行主动的知识建构而设计的学习方案，其实质是帮助学生掌握教材内容、沟通学与教的桥梁，具有"导读、导思、导练"的功能。学习导航的关键内容即问题设计，将教材中重点、难点知识转化为不同的探究问题，要求在难度、内容和形式上进行分层。学习导航的价值在于其通过"问题串"导引学生深化学习。

(2)自主学习：推进"问题导学"的能力支撑。

在新模式下，自主学习是基础。各校给予学生更大的自主空间，在课型安排上有两种基本课型：自主课与展示课。自主课所需的时间与展示课基本等同，甚至更多，所以才有"半天不上课"的说法。

这种自主学习不是传统课堂的自习或预习。"问题导学"模式下的自主学习是有规划的，有确定的时空，有教师随时接受学生的咨询，并进行评价。这样的自主学习确保了每一位学生都能独立思考，为后续的小组讨论、班级展示交流奠定基础。自主学习的形式灵活多变，可以发生在图书室、网络室、实验室、班级、办公室等各个场所。

(3)合作探究：推进"问题导学"的形式保障。

在"问题导学"模式中，正是小组的合作探究实现了大班教学的小班化。在传统模式下，小组更多的是承担行政职责，而在新模式下，小组就是一个紧密的学习共同体，在小组内，学生基本可以完成学习任务的80%。所以在这种模式下，培训学生与培训教师有着同等重要的作用，而且课改校的学生在这种模式下也确实得到了充分的锻炼、长足的发展。

(4)展示交流：推进"问题导学"的重要环节。

"问题导学"模式非常重视学生的展示。展示是促进学生成长的重要形式，是激发学生内驱力的最好手段，是学习成果的最直观的暴露。

灵石二中规定，对于学生展示的结果，可以组内自评，可以组与组交叉互评，也可以采用小组报告制度，将展示结果汇报给老师，并督促展示对象纠正修改。教师在学生展示与评价的过程中，巡视展示的内容，一方面要甄别对错，及时判定，同时发现典型性问题及学生思维的亮点。教师要进行及时点评，点拨讲解，展示反馈的结果必须通过评价点拨落到实处。

4. 评价改革和队伍建设：新模式的支持系统

好的教学模式不是理论的天衣无缝，而是实施的具体易行。"问题导学"教学模式，不仅有其自身的灵魂、根基和核心，更有强大的辅助措施给予保证。

首先表现在完整的评价体系上。各校都形成了自己独具特色的评价机制。

其次，校长队伍及教师队伍建设也对推动"问题导学"模式起到了非常重要的作用。省市分别通过行政推进、典型示范、科研引领，组织联合体、学科指导组、课堂讲学团、加强校本教研等办法，建设师资队伍。

再次，在集体备课方面，把集体备课制度化、体系化、实效化，把备课步骤落在实处，从而保障了"问题导学"的有效推进。

最后，省教育厅围绕高利害的中考，确立了一整套改革原则和方案。一是以考改促课改，通过中考改革，从根本上引领山西初中教育与教学的发展方向；二是明确并优化对中考的功能定位：兼顾毕业的功能、选拔的功能和教学导向的功能，根据上级有关考改的精神和我省课改的实际，调整考试的内容和方式；三是进一步科学而合理地完善山西初中教学的终极性评价制度，扭转片面追求升学率的不良倾向。

二、系统化与精细化："问题导学"模式的再完善

"问题导学"模式是学校自主研究、自主开发的产物，是一种全新的教育思想。当然，"问题导学"模式还远未达到完善的程度，我们必须运用系统的观点，对已有的问题和困惑进行梳理和审视，并在此基础上进行更为精细的再设计与再构建。当前，新模式存在的主要问题有：

1. 学习导航缺乏系统性设计

第一，前后缺乏整体性。学习导航应该包括学习内容和学习程序两个方面。针对学习导航，有的学校把它拓展为"预案、课案和练案"，甚至再加教案四种形式；还有的学校在学案前面又设计了导学清单，学案后面又设计了检测清单。由于不同单、不同案之间的逻辑关系和功能作用不甚清晰，其中有些内容甚至是部分教材和教辅资料的照搬，所以造成前后学习的重复，加重了学生的负担。

第二，实施缺乏全面性。学习导航的内容过度重视"知识性"目标的落实，轻视甚至忽视"过程性"和"情感、态度、价值观"目标的落实，关于阅读、演算、思考的内容多，关于操作、实践、项目研究的任务少。学案自然不自然地变成了"题案""练案""问案""答案"。

第三，问题缺乏层次性。一是"是什么""为什么""怎么样"的层次不清晰；二是"具体"的、"抽象、概括"的、"开放、发散"的层次不清晰。

第四，环节缺乏预设性。在学习导航的问题设计中，对哪些是需要自主学习解决的，哪些是需要合作探究解决的，哪些是需要在班级展示中解决的，哪

些是需要教师点拨后才能提升的，预设不清楚。即使有预设，也仅注重量上的递进，不注意质上的逐步提升。

2. 自主学习的时间、空间、资源严重不足

第一，独立学习时间不足。目前，我省的课改校对学生的自主学习有不同的外延划分，有的仅将学生的独立学习（类似于预习）理解为自主学习，有的将预习及小组合作都理解为自主学习。不同课改校对自主学习时间的安排大致有三种情况：（1）语数英每周都有等课时数的配套自习，政史地理化生每周都有课时数减半的配套自习。例如，每天六节课，四节自习，其中上午一节，下午一节，晚上两节。（2）理科前置，文科当堂。理科前一天布置自主作业约40分钟左右，文科当堂自学一般在15分钟左右。（3）课堂上根据教学内容和不同的课型，留出相应的自学时间，可以是五分钟、十分钟，也可以是半小时或一节课。但是，无论哪种安排，都反映了给学生"个性化""个别化"学习时间不足的问题。

第二，自主学习方式单一。在目前的自主课堂中，学生主要的学习方式是：根据学习导航的要求，进行解题或思考回答问题。学生主要是看书、答题，完成学习报告、互动卡、问题卡的填写。而其他的方式，如听、说、读、思、研、做、悟的活动相对缺失。在教室中的活动多，在实验室、电脑室、图书室等教室外的活动方式少，与网络的互动及对话少。

第三，自主学习资源匮乏。学生所掌控的资源主要是教材和市场上买的教辅书，缺少配套的音响、视频、背景、网络等资源。学生自主学习的工具主要是活页夹、双色笔和纠错本等，缺少数码相机、录音笔、耳机、播放器、电脑、实验仪器等的有效利用。即使教师提供一定的资源，也缺乏筛选、提炼、整合。要么资源过少或过死，缺乏开放性和选择性，达不到提高学生学科素养的目的；要么资源过泛，缺少针对性和实用性，学生检索过程耗费的时间和精力太多。

第四，自主学习体验缺失。由于在自主学习中，文字资料过多，实际情境过少；对教材看得过重，而对学生的经验资源和网络等信息资源看得过轻；强调学生记忆多，鼓励学生思考少；运用几张学习导航、几支色笔学习多，其他手段运用少，所以，学生在自主学习中严重缺少亲身体验和感悟。目前的自主学习课堂仍然存在着"自主时间中学生机械学习"的现象。

3. "互动"和"呈现"环节缺少深度和广度

第一，重视"帮助"缺少"质疑"。教学止步于"答案是什么""为什么"，少见

追问"怎么想的""为什么会这么想""这么想有何漏洞""我觉得应该怎样"等。

第二，重视"展对"，缺少"展错"。小组和课堂展示中，教师基本上是选择大家认同和正确的展示。而实际上，展示错误非常重要，我们正是通过展错过程中的纠错，才能实现课程目标的高效落实。

第三，重视"认同"，缺少"对抗"。教师往往强调合作就不敢提及竞争，强调和谐就不敢提及对抗。对抗，是课堂展示的一种呈现方式，是一种相对激烈的学习状态。此时此刻，倾听、思维、表达都进入忘我状态，是学习的巅峰时刻。

第四，重视"总结与归纳"，缺少"点拨与发散"。教师的讲解往往重复学生的展示，至多是对学生的不同展示进行提炼和总结，而不是通过"点火"，深化学生的思维。

4. 支持系统总体落后于模式推进的需要

例如，对课堂、学生、教师的评价，对学校相应的管理机制和文化的建设，对教师专业成长和校本教研的改进，对教师编制和经费投入的重新考量等，都需要重新审视和构建。

三、 七大目标与任务：　深化课改的用力点

山西省教育厅副厅长张卓玉在"山西省普通高中课改学校校长高峰论坛"上提出了我省未来"深化课堂教学改革的七大任务和目标"，并提出详细的实施意见。

1. 提升学习导航的编制水平

各校制定学习导航编制的标准，要把学习要点和习题发展为学习规程；设计需要探究的问题和需要实施的项目；引导学生自编学习导航，自主形成问题和项目；落实课标有关"活动"的要求；设计、引导、指导学生的探究活动。建议以"学时"替代"课时"，统筹安排学时，逐步形成成熟的、各校各年级通用的、经典性的问题库和项目库。

2. 提升自主学习水平

各校要制订改进自主学习的方案。要有序开放学生自主学习的时间、空间，逐步扩大小组学习的自主权，开放学校的所有资源；尝试辐射性(以点带面、以点带线)学习方式；逐步丰富自主学习结果的检测、呈现方式。建议各校合理安排各类测试；加强教师对课标的研究；保障、指导、落实学生的教材外阅读；加强学生自治和安全教育，保障自主学习的安全性。

3. 提升学生展示水平

要进一步认识展示的意义，将研究、完善学生展示活动列入教师的教学研究内容，列入学生的学习研究。例如，明确展示的主讲人、主持人职责；进一步增加展示的探究含量。各校收集、研究经典性展示案例，逐步形成学生研讨能力培养标准体系（质疑、倾听、辩驳、逻辑事实数据使用等）；树立探究的权威；尝试由小组或学生主持展示课，学生从主导一个环节的展示，发展到主导一节课；拓展展示的形式和空间等。

4. 提升学生反思水平

要加强校际交流，共享已有的经验；重视和加强单元、模块复习，引导学生撰写、展示有深度的学习报告；变被动应试为主动研究考试。

5. 改进教研内容和方法

要梳理和形成新的教研、培训内容；教育科学研究部门要组织专题研究团队，及时交流、汇总各校的相关成果；组织社会考察、科学考察性教研；对全职教师进行培养。

6. 制定规则和标准体系

要树立规则、标准意识，引导学生参与规则、标准的制定。可包括以下规则、标准：学习导航编制标准，小组组建、活动规则，展示的规则、标准，研讨技能体系（质疑、倾听、辩驳、依据等），学生过程性评价标准，教师教学引导、讲授规则，等等。

7. 从自主学习走向自主管理

要实行班级自主管理，课间操、主题班会的自主组织，各类学生活动的自主策划、组织。让学生参与学校相关政策的制定，让学生参与新模式相关规则、标准的制定。

（本文作者分别系山西省教育科学研究院普通高中课程教学研究中心主任、副主任）

新高考下的新变革：　"为每一位学生的学习发展而设计"

申屠永庆

新高考下的课程改革，既是一场基于学生发展的课程改革，更是一场着眼于国家战略的教育变革，将对我国的基础教育、人才培养和社会发展产生极大的影响。但人们对于这场改革的认识尚不一致，以致影响了改革的自觉推进，增加了改革的难度，阻碍了改革的进程。厘清对改革的认识问题，有助于我们增强理论自信、改革担当和实践自觉。浙江大学附属中学在理性认识改革价值的基础上，转变育人观念，确立"为每一位学生的学习发展而设计"的办学理念，形成"文化立校，课程育人"的办学思路，重构学校育人体系。

一、　理性分析：客观认识新课程改革中的不同意见

新课程改革是我国正在开展的基础教育改革的核心内容之一。理性分析人们对新课程改革存在的一些不同意见，有利于凝聚改革共识，形成改革自觉，实现学校课程改革的顺利推进。

1. 中国社会对传统高考的习惯性认可与新课改理念的矛盾

尽管传统高考的种种弊端越来越明显，但其相对客观公平的特质还是得到了社会的广泛认可。而新高考的理念从知识和能力本位向以人为本位的转移，最突出的特点就是"选择性"，这让学生和家长一时难以适应，甚至不少教师也难以在短时间内理解和接受。另外，围绕几十年的传统高考已经形成了一个庞大的产业链，这客观上也为新高考带来了阻力。

2. 人们对新高考改革的期盼与新高考改革的具体设计有缺陷之间的矛盾

正如所有的新生事物都不完美一样，新高考在制度设计的具体细节上尚存在一定的缺陷，比如，选择高考科目成为某种程度的博弈，多次考试对传统强势学科如语文、数学、外语等造成冲击。虽然这些所谓"缺陷"未必是新高考制度本身固有的，但这在客观上加深了人们对它的怀疑。

3. 家长的传统评价观念与学校具体做法不完善之间的矛盾

通常，家长对学校教育质量评价的标准会比较单一，多为升学率、一本率、重点大学录取率。不少学校为了迎合家长和社会，对于新高考采取了阳奉阴违的态度，某种程度上强化了家长和学生的偏见。还有不少学校对课程改革的把握不准确、不到位，具体做法不科学、不完善、不系统，进而沦为课改的"反证"。

4. 新课改的素质教育理念与部分校长和教师应试教育思想的冲突

实践证明，部分校长尤其是所谓"名校""重点高中"校长的应试教育思想难以真正破除，因为多年来他们是"升学率"这个维度下最大的受益者。与此相呼应，教师作为高考流水线的操作和实施者，他们的"成功经验"恰恰成为素质教育理念的最大的障碍。

二、 价值坚守：准确把握新高考下课程改革的基本定位

笔者认为，看待新课程改革至少应该坚持四个维度：国家战略、学生发展、学校特色、素质教育。

1. 站在国家战略高度审视课改

基础教育改革要适应未来发展的要求，为培养创新型人才、创业型人才奠定基础。新高考改革是一场着眼于国家战略的教育变革。教育工作者要有国家观念，要自觉践行课程改革。基础教育改革的目的包括两个方面，一是提升教育质量，二是促进教育公平。"位卑未敢忘忧国"，中小学校要有教育情怀，要有战略意识。只有每个学校都进行变革实践，才会有国家战略的全面实现。

2. 站在学生发展角度设计课改

基础教育是为学生的升学就业及终身发展奠定基础的教育，基础性是基础教育的内在要求。浙江省新课程改革遵循基础性的要求，努力实现学生在共同基础上的全面而有个性的发展。选择性教育理念下的学校课程应该是能够和学生互动共生的智能载体。评价课改或者说设计课改必须坚持"激发学生潜能，兼顾学生需求"这两个标准。

3. 站在学校特色角度实施课改

学校特色不是"发明"出来的，而是依据培养目标和学校实际培育生长出来的。教育部提出的学生发展核心素养是所有学校的培养目标，每所学校还应该确定自己的个性化的培养目标。前些年浙江省就启动了"特色示范校"工程，为

学校的特色发展做了政策上的引领，也为各校深入推进课改奠定了基础。

4. 站在素质教育的角度升华课改

素质教育发展到今天，其内涵已经越来越清晰。把高考当目的，不仅不是深化课程改革的要求，而且会重走应试教育的老路。新课程改革充分尊重学生的主体地位，充分发挥他们的主动性，关心每一个学生，为每一个学生提供适合的教育，促进每一个学生主动地、生动活泼地发展。因此，新课程改革倒逼中学教育更加重视教育过程，更加重视培养学生综合素养的过程。

三、 实践自觉：进行新高考背景下的育人体系重建

对于学校来说，新课程改革关键在于将"立德树人"转化为学校自己的信念和行动哲学，改变"考试文化"，创建"育人文化"。这一变化必然要求重构"育人体系"，紧紧围绕立德树人，调整学校教育的"供给侧"结构，对一切教育资源和力量进行重新整合，着力提高学校教育供给体系的质量和效率，促进每一位学生最优发展。

1. 重构学生发展目标体系，追求完全性

新课改要求学校把素质教育总要求和立德树人目标具体化，特别是将核心素养培养校本化。学校要建立具有自身特色的学生发展目标和核心素养培养体系，把国家提出的学生核心素养的共性和学校学生核心素养的个性有机结合起来。目前，许多学校在学生发展目标定位上依然存在偏差，比如：目标空泛没有学校特点，目标全面远离学生实际，也没有着眼学生未来发展等。

我校立足学生发展，"为每一位学生学习发展而设计"，建立了浙大附中学生发展目标和核心素养培养体系。从构建过程来看，如何根据学校办学历史和实践，确定学校办学定位和办学特色，从而形成具有学校特点的育人目标，是关键也是难点。我校根据浙大附中前身明远中学人格教育的办学实践，提出"明远立人"的办学定位，根据学校依托浙江大学的办学实践，提出"求是创新"的办学定位，从而形成"人格与学术并重"的办学特色。在此基础上，我校建立了"以完善人格做人、以求是精神做事"为核心的"五力"（健康力、人格力、学科力、学习力、规划力）核心素养培育体系。我们引导每一位学生做好学业规划、职业规划和人生规划，凸显社会责任感、自主学习和实践创新，将具体的品格和能力要求贯串到各年级，融合到各学科，落实到学习全过程，最后实现文化知识学习与思想品德修养相统一。

2. 重构学校课程体系，体现系统性

课程是教育的核心，然而已往大多数学校的课程比较分散，只讲数量，不讲质量，更不讲结构，没有形成基于办学历史和学校特色的学校课程体系。我校提出并坚持"文化立校、课程育人"的办学思路，结合学校办学历史和实践，建立了基于学校育人目标的课程体系。

我们基于学校办学历史，梳理了三大学校文化：明远文化、求是文化和西湖文化，概括形成"人格与学术并重，本土与国际兼容"的办学特色。在此基础上，我们做好课程的顶层设计，统整国家课程、地方课程和校本课程，在实践中从大力开发开设选修课程，到建立特色选修课程群，到建设各学科课程纲要，再到整合必选修课程，最后形成浙大附中课程体系。

这一在新高考背景下完善的课程体系，是对原有三级课程的重构，既体现学科课程，也追求跨学科课程，注重学生跨学科知识和综合素质培养；既体现基础性，也追求选择性，让学生在选择中学会学习、学会负责、学会成长；既体现知识性学习课程，更追求体验性学习课程，让学生在做中学，在悟中学。通过重构学校课程体系，我们让课程育人功能得到了最大化的实现。

这一课程体系是学校新课程改革的核心，有利于推行走班制教学，有利于推行学生选课，落实学生的课程选择权，最终实现课程育人。

3. 构建学生生涯发展教育体系，突出选择性

新高考背景下，学生必须对所学内容、所选学科等做出有效选择，这些就需要学生对自我和未来的生涯发展有科学明确的认知。新课改中，不少学校还没有意识到学生生涯发展教育的重要性，有的学校只是开设生涯规划课程，认识不到位、实践有偏差是目前学校生涯发展教育的突出问题。而我校则认为，生涯发展教育不仅仅是一门课程，更是一个育人体系。生涯发展教育是由内而外的教育，它通过引导学生进行自我认知与外部世界探索，确定自己未来的人生发展方向，解决学习的目标与动力问题；生涯发展教育是由终及始的教育，它着眼人生发展规划与职业发展规划，落实专业规划与学业规划，解决新高考改革的学、选考科目及时间的统筹安排等问题。

因此我们十分重视学生生涯发展，构建了学生生涯发展育人体系。学校建立了学生生涯发展中心和学生生涯发展研究中心，创建了包括学业生涯、职业生涯和人生生涯三个层次的生涯发展内容，成立了生涯专业教师团队、学科教师团队、德育教师团队和学长导师团队等四个层面的生涯教师团队，把生涯发展规划纳入必修课程，开设丰富多彩的生涯选修课程和社团，创建了生涯发展创新实验室，开展形式多样的生涯体验活动。

4. 重构育人学习空间，着眼立体化

新课程改革要求选课走班，学生到不同的学科教室上课，实现学生学习的个别化和个性化，建立新的学习方式。与此相应，重构原有的学生学习空间势在必行。

为此，我们把学习空间分为教室学习空间和非教室学习空间，校内学习空间和校外学习空间，现实学习空间和虚拟学习空间。我们已经开拓了四种教室学习空间：普通教室—行政班背景下的公共学习空间，不分学科；学科功能教室—学科教学、学科育人的最佳场所；普通实验室—学科专业实验的教室；创新实验室—跨学科学习和学科创新研究的场所。同时，我们在校内改造走廊、图书馆、食堂、宿舍等学习空间，实现每生一个书包柜；充分利用校外课程资源，建立浙大附中课程基地、课题化社会活动基地和西湖情怀课程群；建立了信息化学习平台和数据处理系统。立体化学习空间的创设，促进了教师育人方式的转变，实现了教学质量的普遍提升。

5. 重构学校制度和机制，实现"法制化"

行政班和教学班并存下的选课走班体现了学生的选择性，也凸显了学校原有的管理及运行机制的不足。比如，长期以来学校实行德育、教学分线管理，导致德育和教学两张皮，德育似乎只是班主任的事，全员德育成为一句空话。在推进新课改中，各部门不协调的情况也经常出现。

因此，我们重组学校职能部门，建立学生发展处、课程教学处、后勤服务处等，强化职能交集形成"无缝管理"；建立年级管理指导组，打破不同年级和教研组间壁垒，形成"系统教育"；建立导师制，打破传统教师、班主任的职责与义务，树立"育人教书"的新理念。同时，学校还创建教师发展研究中心、考试学情分析中心、信息教学研究中心、课程创新实验中心等学术性组织，建立完善"学生生涯发展自我规划制度""学生自主选课、选考指导制度""学分制管理制度""学生综合素质评价制度""必选修整合修习制度""分层走班制度"和"教师五指导制度"（包括品德指导、学业指导、生活指导、心理指导和生涯指导）等系列深化课改的规章制度，并形成学校章程，保障深化课改有"法"可依。三年来，我校制度和机制的变革保证了课程改革充满活力。

（本文作者系浙江大学附属中学校长）

走班分层教学： 北京四中的基本经验

赵宏伟

分层教学是目前中学阶段在大班教学条件下解决学生差异发展问题的现实选择和有效途径。但是在实际操作中，分层教学模式仍然面临着如何公平合理地对学生进行分层、怎样的施教模式才更有效、如何更好地进行过程管理等问题。1986 年以来，北京市第四中学不断围绕分层教学模式进行积极的研究与探索，逐步在中学分层教学的形式、管理等方面形成了一些有效的做法，探索出了一些规律，对教育教学质量的整体提升起到了一定的促进作用。

一、 对分层教学价值的再认识

1. 分层教学的模式选择

分层教学主要有两种不同的模式，一种是按照学生的综合能力进行分层教学；另一种是基于对学生在同一课程学习中的现有发展水平和潜在发展水平的判断，按照学生的单科学习能力，采用"走班分层"的形式进行分层教学。在前一种模式中，行政班与教学班是统一的；后者则行政班与教学班分离，将几个行政班确定为一个走班单元，分层的学科需要学生走班到相应的教室上课，其他未分层的学科，学生仍在原行政班上课。

按照学生的综合能力进行分层教学，很容易形成快班与慢班、实验班与普通班等现象，在客观上易形成标签效应，这也是分层教学容易受到社会质疑的主要原因。我校从 1986 年开始逐步实践、探索的分层教学，主要是走班分层教学模式。这种分层教学模式的优势是显而易见的：同一层内学生的基础和水平更为整齐；学生的学和教师的教都更加便利；不同学科各自分组，能够比较好地适应学生的兴趣和差异；按照学科分层，实际上所有学科都在 A 层或 B 层的学生很少，多数学生是不同的学科在不同层中学习。

2. 分层教学的"三尊重"原则

在进行分层教学时，我们主要依据以下三方面原则。

其一，尊重学生在本学科现有的兴趣、知识和能力水平。在分层的过程中，为了体现公平性，也为了可操作，必须以学生在本学科一段时间内或当前的水平测试成绩为标准进行分层。这种标准更容易得到学生、家长的认可。

其二，尊重学生和家长的意愿。在进行分层教学时，需要尊重学生个人的选择，因此我们首先要进行学生、家长意愿调查。不同层次的教学班，教师的教学方式和侧重点不同。针对A层学生通常知识面比较广、学科基础好、反应比较快、接受新知识的能力比较强的特点，A层的教学也比较注重学生学科思维、学科能力的培养，探究性、拓展性、开放性的知识相对较多。B层的教学重心往往放在"四基"上。有些学生的学科知识水平虽然达到了A层的要求和标准，但是由于其学习特点不能很好地适应A层的教学节奏，所以他们往往也会选择到B层学习。

其三，尊重教师对学生在本学科学习兴趣、水平及潜在发展能力的判断和了解。有的学生当前的水平测试成绩虽然没有达到该学科A层的标准，但其智力超群，对本学科有很浓厚的兴趣，反应很快，潜能很大，自己也很希望在A层学习，对这样的学生，经过本学科教师的推荐，也可以分到A层学习。

根据以上基本原则，分层教学的基本操作流程如下：学校行政会确定分层科目和时间→召开学生会和家长会进行分层动员→进行学生分层意愿调查→进行分层参考成绩统计→备课组确定初步的分层名单并报教学处→教学处确定分层名单并在行政班公布→实施分层教学。

二、 走班分层教学模式的实施

1. 分层模式的探索：细化尖端，弱化中等

在分层操作过程中，一个走班单元究竟应该分成A、B两层，还是A、B、C三层，甚至更多层？是否分层越多越细就越好？如果以五个行政班为一个走班单元，那么各层分别是几个教学班比较合适？经过多年的探索、实践、思考和经验总结，我们逐步在分层模式上摸索出了"细化尖端学生分层，弱化中等及其以下学生分层"的基本经验。

我们认为，分层不是层得越多越细就越好，弱化中等及其以下学生分层是至关重要的。分层最容易造成的是稍低层次班级的学生之间榜样缺失、学习压力增大、自信心降低、自尊心受到影响等问题，层分得越细，这种情况就会越严重。我校在分层教学的探索过程中，对于一个走班单元，在尝试了半 A 半 B、一 A 多 B、一 A 多 B—C 等多种分层模式后，近几年以五个行政班为一个走班单元时，一般都是分成一个 A1 班、一个 A2 班、三个平行 B 班。这样使得整体存在三个层次，但层与层之间的边界不是很明显，梯度较小，利于激发学生挑战自己的决心，即 A2 班的学生想进入 A1 班，经过一段时间的努力，很容易追上来，达到 A1 班的水平和要求。B 班向 A 班流动也是这个道理。这样就能较好地调动学生学习的积极性和竞争意识。同时，大多数学生都在 B 班，一方面，B 班学生的自信心和自尊心能得到较好的保护；另一方面，B 班仍然有一部分比较好的学生可以带动其他学生，较好地发挥同伴教育的作用。

当然，分层的模式也不是一成不变的，可以根据不同阶段的具体情况进行调整。我们也曾尝试在毕业年级的第二学期，在数学、物理等理科学科，根据学生学习程度的不同，将 A1 班进一步分成两层；而将英语学科整体调整成两层，A 层人数比较多，往往在 100 人以上，主要以讲座等形式进行教学，B 层则分成多个教学班，进行 20 人左右的小班化教学。经过实践，都取得了较好的效果。在问卷调查中，B 层学生一致认为：我对课堂教学目标和教学内容认识更明确了；我的课堂专注力提高了；老师对我的关注度增强了；新的班级在课堂纪律方面让人满意；我认为老师在课上、课下给我的帮助和辅导更加有效。同时，我们现在所实行的这种分层教学模式，在一定程度上营造了适合尖端学生发展、成长的环境。

2. 分层教学的动态管理：关注变化，定期调整

分层教学实行走班制和动态管理，即保留原有的行政班，学生只在上分层科目的课程时，才到不同的分层教学班去上课。任课教师负责教学过程的常规管理，负责安排好学生的分层班级、专业教室的座位等，负责对学生的评价和成绩评定。

但这种分层又是暂时的、可流动的。在分层教学的实施过程中，可以定期进行递进或降层调整。层次调整的主要依据是学生的学习情况，如进步显著就可以上调，学习吃力则可以下调。但调整的时间间隔不宜太短，否则易使学生始终处于适应不同教师和教学的过程中，不利于学生学习心理和学习状态的稳定；调整周期过长，又不利于调动学生的积极性。我们一般每半个学期调整一次。在期中、期末考试后，由备课组根据现阶段学生成绩的变化情况和学生的发展变化情况，相应地进行教学层次的调整，并报教学处通过后公布。调整比例在分层初期可以幅度稍大一些，稳定后每次调整比例为 A 班人数的 $10\%\sim$ 15% 为宜。除在期中、期末考试后，其他时间一律不作调整，任课教师不能随意调整学生的分层班级。毕业年级在第二学期不宜再调整。基本操作流程为：备课组确定调整细则→备课组拟定调整名单并报教学处→教学处确定名单→备课组公布确定后名单并实施教学。

调整过程也是对学生进行思想教育的过程，教师要引导学生积极面对调整。向上调整，是一种肯定和激励；向下调整，也是让学生学会反思和担当。

3. 分层教学的范围和时机：基于发展，保障需求

不是所有的学科都需要进行分层教学，哪些学科在什么时候进行分层教学，不能"一刀切"。要在对学校、学生的具体实际进行充分分析和研究的基础上，由学校研究决定哪些学科在什么时候进行分层教学。一般来说，分层教学通常是在数学、英语、物理、化学、信息等科目中实行。

不同学科实行分层教学的时机也可以各不相同。譬如，在初中阶段，由于现在的"小升初""奥数热"等导致相当一部分小学高年级学生过早"抢跑"，按照老师们的话来说，如果七年级不及早进行数学分层教学，那么就是坐失良机，扼杀了部分学生学习的兴趣和积极性。但是如果学生之间的差异性过大，优秀学生群体偏小的话，就不宜在开学伊始就进行分层教学，否则容易导致 B 层学生群体中缺失榜样的良好示范、引领作用，不利于学生良好学习习惯和行为习惯的养成。因此在初中阶段，数学学科的分层教学可以早一些，一般在开学两周或一个月内就可以进行；英语则可以在半个学期时再进行分层教学，这样也有利于行政班级凝聚力的形成。学生八年级开始学习物理，在八年级结束时再进行物理学科的分层教学比较合适。

4. 分层教学的师资：因"层"而定，因"师"而异

分层教学对教师的要求更高，所达到的效果关键也在于教师。一般来说，学生学习程度越高的层，学生对该学科的兴趣越浓厚、学习积极性越高，学生的思维越活跃，对教师的学科素养和专业素质要求越高。而学生学习程度较低的层，学生学习的兴趣、主动性也越低，课堂的专注程度和持久性也越低，这就需要教师有较强的课堂组织能力和管理能力，需要教师想办法吸引学生的注意力，激发学生的学习动力，帮助学生落实基础知识，因此对教师的教法要求也更高。但并非一定要让经验丰富的老教师任教较高的层，各层教师的安排可以因学科而异，也可以因教师的特点而异。比如，我校英语学科中的年轻教师大多都有留学经历，对语言的把握能力很强，对话题的理解都很新颖、很有想法，更能调动学生学习语言的兴趣，因此我们多年来都尝试让年轻的英语教师带 A 层的学生，事实证明效果不错。理科 A 层的教学则需要有一定竞赛指导能力的教师承担。

各层任课教师的安排，需要教学处和教研组根据教师的教学特点共同确定，任课教师尽可能不要跨层兼课，以更大限度地专注于对本层学生及教学的钻研。此外，跨层兼课容易分散教师的精力，拉平教学水平，造成 A 层与 B 层间教学差异性较小、A 层"A 不起来"的现象，影响分层教学的效果。

5. 分层教学的施教：明晰目标，有的放矢

在分层教学中，任课教师对学科的共同目标和层次目标要清晰，要在集体备课的基础上进行分层备课，针对所教学生的认知能力和水平，确立不同的教学目标和重难点，进行教学设计；然后采取不同的教法，提出不同层次的要求，精选配套练习和作业，引导不同层次的学生在各不相同的"最近发展区"前进，使实际施教有的放矢、针对性强，保证分层教学目标的落实。

一般来说，对 A 层学生要以"放"为主、"放"中有"扶"，既要横向拓宽，又要纵向加深；既要夯实基础，又要鼓励创新，重在培养学生的自主学习能力和研究、探究能力，促进其知识、思维、能力的综合提升。对 B 层学生要以"扶"为主、"扶"中有"放"，重在调动学生的非智力因素，培养学生的良好学习习惯，带领、指导其落实基础知识。教师在实际施教过程中，容易出现对 B 层学生定位偏低的现象。B 层学生之间往往差异性比较大，也就是说，即使是在分层教学中，层中仍然有层。因此，教师在教学中要充分考虑到所教学生的整体情况，对本层表现较好的学生仍然要进行适宜的引导，提出更高的要求和期待。

三、 分层教学的问题与思考

在研究探索中，我们认识到，分层教学仍然存在以下一些问题，需要我们带着研究的意识，在分层教学的实践中不断地思考。

其一，分层教学是好是坏，目前还很难形成一个统一的结论。不同教师对分层教学的评价有赞有贬，甚至呈现出两大对立的观点：一种是持赞成的态度，认为教师对分层后的同质班级进行教学更容易，对学生也能产生积极的影响；另一种是持反对态度，认为分层教学对学困生不公平。我们只能立足于学校实际，分析利弊，不断探索实践。

其二，同一分层单元同时上同一科目的课程，即同头多位教师同时上课，使得同头教师相互听课和代课成为"不可能"的现实。一方面，如果有教师生病或有事需要代课，那么只能是跨年级代课；另一方面，同头教师不能相互听课，不利于备课组进行课堂教学研究，也不利于青年教师的成长。另外，分层教学对教师的要求更高，有的层有可能只有一位教师负责，容易出现"单兵作战"的现象。

其三，分层教学使教学过程的管理难度增大。分层教学容易出现学生课间换教室的过程比较混乱、走班换教室不及时，以及学生不能按时到位、学具带不全等现象；同一教学班的学生分布在不同的行政班，教师课余找学生、收作业等都存在不便；B层问题学生相对更加集中等。这都使得分层教学的过程管理难度加大，需要更加细致、严格的管理和思想教育。

其四，调整过程中部分学生的情绪波动和调整后适应都需要一个过程，这在一定程度上影响了教学秩序的稳定。这就需要任课教师统一认识，及时做好相关工作，使学生能够尽快适应教学层次的调整。

（本文作者系北京市第四中学校长助理）

走班教学模式：从"不走"到"全走"的探索

成　硕　赵海勇　冯国明

2014年9月起，伴随浙江新高考的启动，各高中学校面临着很多新的需求和挑战。按照"7选3"的选考模式，学生选择高考科目不同、考试时间不同，学校无法再将每个学生都固定在行政班里上课，走班教学势在必行。在走班教学中，如何进行科学的课程安排和班级组织，有没有现成的模式可以参考，或较为成熟的案例可供借鉴？学校在其他方面还应该做好哪些准备？我们对浙江省近百所中学进行走访交流后，对走班教学实践有了一些初步认识与思考。

一、实施现状：实践智慧催生走班教学的四种模式

我们在走访中发现，在微观上，几乎每所学校都会结合各自的教学理念和优势学科制定自身的走班教学方式；但从宏观上来看，虽然每所学校的方式略有差异，但如果按走班幅度大小这一标准进行区分，那么可以将目前的走班教学实践总结为以下四种模式。

1."不走班"模式

所谓"不走班"模式，是指学校向学生提供有限数量的选科组合，然后将三门选考科目均相同的学生组成一个班，学生在固定的教室上课。

由于这种模式与传统的文、理分科走班相似，只是多了几种类别，因此教师能够很快适应教学和班级管理；学生只需要在一个教室上课，无须走班，也无须来回搬动学习用品；教师熟悉学生快，容易收发学生的作业和进行教学辅导；便于学校对教师的教学效果及班级管理效果进行评价，有利于调动教师的教育教学积极性。

但这种模式有其无法克服的缺陷，由于开设的选科组合类别少，所以无法有效满足学生的差异化选择需求，对于小规模学校尤其如此。

2. "小走班"模式

所谓"小走班"模式，是指部分学生或科目走班，即将三门或两门选科相同的学生优先组成班级，其他科目或学生走班教学。具体又分为"优先三科成班"和"定两科走一科"两种方式。

（1）优先三科成班。是指依据学生的选科结果，优先将三科相同的学生组成行政班，其次将两科相同的学生组成行政班，最后组成一科或零科相同的班级。其优点是，这种方式可优先满足选科最多学生的需求，固定一部分完全不需要走班的班级，便于这些班级的管理；同时对于两科和一科相同的行政班，采取走班或拼班的方式完成教学。其缺点是，可能需要调整部分人数较少选科组合的学生的志愿，相对来说分班不够公平，排课有一定难度。

（2）定两科走一科。是指两门选考科目相同的学生组成行政班，语文、数学、英语三门必考科目，以及两门选考科目和其他科目在行政班上课，剩下一门选考科目在教学班上课。其优点是，这种方式可以满足大多数学生的选择进行走班；由于只有一门选考学科需要走班教学，可避免因走班过多导致教学秩序混乱，同时有利于在行政班中实施对五门学科的评价。其缺点是，高一时成立的行政班需要重新组合，会增加走班的难度；按教学班教学的选考科目的学生作业收发较难，该科目教师进班级辅导较难组织和开展。

3. "大走班"模式

所谓"大走班"模式，是指语文、数学、英语三门必考科目可以保持原高一行政班不变，三门选考科目所有学生均通过走班完成教学。

这种模式的优点是可以全部满足学生的选择进行走班；由于语文、数学、英语三门必考科目可以保持原高一行政班不变，教师从高一开始任教至毕业的学生不变，有利于学校对这三门学科教师进行评价，调动他们的工作积极性。

其缺点是，每个学生一般需要在一个行政班教室和三个教学班教室上课，每次上课都需要携带不同的学习资料及用品，不便于班级管理；对选考学科教师的教学质量评价较难，不利于调动这些教师的工作积极性；选考学科的作业收发较难，教师进班级辅导的机会减少，教学质量难以保障，学校课程安排比较繁杂。

4. "全走班"模式

所谓"全走班"模式，是指语文、数学、外语和"7选3"的高考科目全部通过走班完成教学。

这种模式的优点是可以满足全部学生的选择进行走班，给学生提供最大自由的选择权，让学生选择老师，符合学生个性化、分层次的选课需求。

这种模式的缺点也很明显，如教学管理难度最大，对学科教师的教学质量较难评价；学校课程安排最繁杂，需要较完善的软硬件系统支持。

二、 案例解析：一所农村中学的"大走班"

我们经过实际访谈发现，目前浙江省内采用"小走班"模式的学校数量最多，其次是"大走班"和"不走班"模式，采用"全走班"模式的学校数量最少。实践中，每所学校都会结合自身情况和特点选择最适合的方式。以浙江省义乌市义亭中学为例，该校是一所普通农村中学，2014年新高考改革后，学校根据自身的办学定位及生源特点，确定了"设置基础行政班，渐次推进选科走班"的操作策略。作为"大走班"模式中的一种实施方式，其做法有值得借鉴的地方。

1. 重视语数外基础学科，三年一贯稳妥设置行政班

学校采取这样的做法，主要基于两方面的思考。

(1)在未来的高考中，语文、数学、英语有着举足轻重的地位。按照新高考的要求，选考在学考70分的"必考题"基础上增加30分的"加试题"，三门选考科目以等级分、总分值300分计入高考，语文、数学、英语以原始分及总分值450分计入高考。语文、数学、英语三门学科的修习时间相对更长，未来将在高考中占更重要地位。

(2)在学生成长中，行政班具有无法替代的作用。一方面，行政班在践行学校课程理念、利用学生差异化资源、提高教学效益等方面有着独特优势；另一方面，该校认为，教育的首要功能是推进人的社会化，而班级就是一个模拟小社会，设置行政班有利于培养学生的归宿感、荣誉感，让学生在集体中成长。

2. 尊重学生选择权，渐次推进选科走班

在制订新高考背景下"走班制"的实施方案时，学校面临两个难题，即什么时候开始走班以及如何走班。对此，该校采取了以下做法。

(1)合理确定走班时机。近三年该校毕业生在高职院校中的实际录取率在52%～54%，按照浙江省新高考政策要求，高职院校提前招生以高中学考成绩为基本依据，即未来该校近半数学生上大学的重要依据是学考成绩。据此学校坚持"重学考，以学考促选考"的原则，同时确定两个策略。

其一，学考前置，选考后置。学校根据学科教学进程，合理分散安排第一次学考科目。学校重视并充分准备第一次学考，谓之"学考前置"，第二次学考时间由学生自主选择；"选考后置"指第一次选考时间由学生自主选择，学校则集中组织准备第二次选考。以该校的集中备考安排为例：2015 年 10 月，安排物理、化学、历史、地理四科集中备考；2016 年 4 月，安排政治一科；2016 年 10 月，安排语文、数学、生物、技术四科；七门选考科目集中备考全都安排在 2017 年 4 月。另一次考试（含学考和选考）时间则由学生自主选择。

其二，依序渐入，渐次推进。学校走班教学的推进分为三个阶段：第一阶段的节点是 2015 年 11 月初。节点前，语文、英语实行分层走班教学，其他学科的教学组织在行政班进行，其中物理、化学、历史、地理学科重在夯实学生的基础，以学考促选考，生物、技术学科主要是为了帮助学生体验和调适，为下一轮选科做准备；节点后，物理、化学、历史、地理四科选科走班。第二阶段的节点是 2016 年 4 月，政治学科在学考结束后走班，合计七科选科走班，其中生物、技术因未完成学考，选考生物或技术的学生在学习学考内容的同时也要学习选考内容。

这样安排的好处是，学生无需一次性完成"7 选 3"，减轻了选择的压力；同时学校认为，每一个学生都是发展的个体，即便是在短短一年内，学习上也可能出现意想不到的变化，因此要给他们缓冲的机会。

（2）灵活设置走班方式。学校秉承"充分落实学生选择权"的理念，在原有自主选修课程的基础上，开发全部选科组合给学生。

其一，选科走班课程与自主选修课程耦合。一方面，新高考背景下开齐学考选考科目，势必会影响选修课的开设，因此学校将选修课的开设向培养学生学科素养等方面转化，选科走班课程与自主选修课程的耦合就是一个很好的尝试；另一方面，两类课程的融合也便于课务安排，降低排课的难度。

其二，教师和教室相对固定，让学生流动走班。即固定的教师在固定的教室上课，学生则在选科教室、自主选修课教室和自修室之间流动走班。为了方便学生走班，学校除了兴趣特长类的自主选修课外，将其他课程教室都集中在两层教学楼，教务处在计算机排课的基础上进行人工调整。

三、　策略建议：结合实际为走班教学提供多重保障

为保障走班教学的顺利进行，相关的策略保障必不可少，以下几方面内容可供参考。

1. 确定符合学校实际的走班方式

一般学校规定，每种选科组合不到 30 人不设班，超过 50 人开两个以上

(含两个)的班。小规模学校若任由学生选择，可能许多种选科组合就无法达到走班的人数要求，有些学校会采取网上"秒杀抢选"的办法确定学生的选考科目，如学校某些学科教师数量有限，只能开设少量班次，但选学的学生数又较多，就会让他们采取抢选的办法完成该门学科的选学。但这种办法的科学性和公平性有待商榷。

对于大规模学校来说，若直接采取"大走班"模式，学生往往需要在一个行政班和三个教学班教室上课，每周需要走班上课的课时较多，刚开始学生和教师还没有适应，容易造成教学秩序混乱。因此大规模学校可以先采取"小走班"模式，即只让一门选考科目在教学班上课，因为这种方式只需要在一个行政班和一个教学班教室上课，学生每周需要走班上课的课时会大大减少，便于教学秩序的稳定。

2. 提供走班必需的物质准备

(1)对教室功能进行明确标注。在走班教学的情况下，为了充分发挥教室的作用，通常一个教室会同时充当行政班教室和教学班教室，为避免学生走班时进错教室，可以利用班牌的正反两面，一面用数字标出行政班，另一面用字母标出教学班，还可以将教学班教师的名字标在班牌上。

(2)在适当位置设置作业柜。为便于每门学科的作业收发，应在每个教室门边放置一张作业柜，上面明确标出每门学科作业存放的位置；同时避免将学生作业柜集中放在一个教室里，因为在同一时间每个学生要交多门作业，会造成教室堵塞而无法交作业。

(3)对教室等学习场所进行特别设计。为便于学生迅速在教室里找到座位，每个教室的讲台上需张贴两张或更多学生座位表，以便对学生进行提醒。同时尽量在教室里为每个学生提供存放学习资料的地方。学生自己也需要准备一个简易书包，方便随身携带走班时的学习资料。学校还需要给学生准备较多的自主学习室，因为部分学生的个别学科在第一次选考时就已经达到了自身要求，不准备继续学习这门学科，因此需要为他们提供自主学习室。

3. 设置灵活的学科辅导制度

由于行政班或教学班所对应的学生是不同的，若只让学生在行政班自修，教学班的教师会觉得自己到班级辅导的学生大部分不是自己所任教的学生，会影响他们辅导的积极性。对此，目前学校采取了以下几种办法：一是学生只在行政班自修，而教师在答疑室答疑，学生可以在自修时间寻找自己的任课教师答疑解惑；二是学校对于学生何时在行政班或教学班自修做出具体规定，然后安排相应的教师到班级辅导；三是个别学校的教师和学生都人手一台平板电脑，并存储大量学习资料，学生和教师可以利用平板电脑通过网络交流，教师也可以利用平板电脑进行测评等教学活动。

4. 制定科学的教学评价方案

实行走班教学后，班级之间学生的学业基础往往存在很大差别，会增大教学评价的难度。为了使教学评价更具可行性，教学班可以根据学生的学业基础组成平行班，并采取传统的评价方法对教师进行评价；学业基础相差较大的教学班可以采取增量评价的方式，如将教师接任时学生的学科情况与任教结束时学生的学科情况进行对比评价，也可以采用等级分提高的方式进行评价。

（本文第一作者系北京好专业升学规划研究院研究员，第二作者系浙江省温岭中学副校长，第三作者系浙江省义亭中学教务处主任）

"练习系统"： 系统着眼 关键入手

张新宇

作业问题错综复杂，影响因素众多，只有从"练习系统"的结构及其与教学系统的关系出发，找到"练习系统"存在的问题，找准特定阶段的突破口，并应用系统的方法合理有序地解决，才能真正做到减少练习数量，提升练习质量，同时减轻师生的负担。

一、 系统研究练习问题是减负增效的关键

在传统观点看来，作业是学校教师布置给学生、利用非在校时间完成的任务。而在教学方式日益多元化的背景下，课内外学习正逐步一体化。课内练习的比重逐步增加，练习成为重要的课堂学习活动，并与课外作业共同构成了相互联系的结构化系统。因此，本文统一使用"练习系统"的名称，但并不严格区分练习与作业。

我们从未面临如此严峻的"减负"困境，年年"减负"年年负，岁岁出招岁岁糟。大至国际化的 PISA 测试，小至地区的作业调查，微至各学校的自我反思，无不显示出学生负担正处于较为严重的状态。教育界为减轻学生负担也付出了巨大努力。但遗憾的是，这些努力往往无法摆脱"论证成功、实践艰难"的怪圈。究其原因，关键在于作业负担不仅影响因素众多，而且其中的关系错综复杂。例如：学校作业的时间减少，家长布置的作业就会增多。家长布置的作业往往比较随意，缺乏针对性，反而导致练习效果下降。

可见，孤立地思考并改变"练习系统"的个别要素，并不足以起到减负增效的决定性作用。只有综合分析各要素的关系及其相互影响，并应用科学的方法，实现"练习系统"的整体优化，才能切实减轻学生负担，提高学习效果。

二、 "练习系统"具有较为严密的过程性结构

系统是由相互联系、相互制约的若干要素结合而成的、具有特定功能的有

机整体。"练习系统"是帮助学生学习和巩固知识，培养和提高能力，实现全面发展，而有计划、有目的地提供的各种练习、思路与活动，是构筑思维与操作的演练场。"练习系统"自身具有较为严密的结构，它同时又是教学系统的重要组成部分。

教学系统由教师、学生、资源等要素组成，包括教学设计、课堂教学、课后作业、批改辅导、考试评价等基本环节。随着由单一巩固知识向全面促进学习的功能转型，练习已经超越了课后作业的范畴，开始渗透至教学系统的各个环节，与教学系统的其他要素相互作用，共同促进教学质量的提升。

从教学系统中提炼与练习相关的要素并重新组合，就可以形成"练习系统"。"练习系统"主要包括教师、学生家长等人的要素，以及题目、材料、资源等物的要素。这些要素相互作用，就可以形成练习的过程性结构，包括练习设计、完成练习、练习批改、结果分析、教学调整等不同环节。

三、"练习系统"设计与应用的思路

要真正提高练习应用的效果，既要从"练习系统"本身着手，完善练习环节，优化要素关系，也需要站在教学系统的高度，恰当处理好"练习系统"与其他要素之间的关系。

1. 发现"练习系统"中的问题

系统具有非加和性，即系统整体上会产生区别于要素的新性质，构成了系统新的功能特性。也就是说，部分要素属性的拓宽或放大，并不必然导致系统功能的优化。因此，在改变系统的特定要素时，必须深入思考其他要素可能发生的变化以及产生的相应影响。

（1）尚未站在教学系统的高度思考练习问题。

作为教学系统的重要构成要素，练习在影响其他教学活动的同时，也必然受到其他教学活动的影响。在调整练习时，若不考虑"练习系统"与其他教学要素的关系，就必然出现事与愿违的结果，进而产生新的问题。

例如，练习可分为课前预习性练习、课堂诊断性练习和课后巩固性练习。已往的练习多以课后练习设计为重点，虽有预习环节，但多属于点缀性质，并无明确要求。受国际上翻转课堂的全新教学理念以及国内"先学后教"的成功实践经验的影响，预习环节越来越受到重视。预习内容更为广泛，预习要求更为明确，课前练习也明显增多。然而，在应用预习性练习的过程中，产生了诸多意想不到的现象：

一是在增加课前练习的同时，课后练习并未发生明显变化，甚至出现课前课后练习题目相同的现象。这既增加了学生课外学习的负担，也因重复训练弱化了学生的练习兴趣。

二是课前练习多数属于"知道"水平，主要关注"是什么"，学生只需通过阅读教材相关内容就可以直接获得答案，关注"为什么""怎么办"的问题极为少见。这不利于学生对教材内容进行深入思考，也无法实现让学生带着问题听课的预期功能。

三是对于所有内容，均按部就班地要求学生预习并完成练习。殊不知，对于一些新奇的、有趣的、探究性的内容，若在课前预习中已经获得结论，学生就会丧失学习兴趣和参与热情，反而会影响教学效果。

四是有些课堂教学并没有因为学生对教学内容已经有所了解而发生相应变化，甚至缺少了解学生课前练习完成质量的必备环节。这不仅消解了预习的功能，也不利于突出课堂教学重点。

五是因为学生已经完成预习，所以有些教师或人为拔高课堂教学的要求，或减少相关内容的教学时间，将课堂变成了训练场。这些处理方式均会增加学生课内学习的负担，弱化学生对于学习内容的理解。

此类现象出现的关键原因在于教师孤立地思考练习问题，将"练习系统"看成教学系统的"外加物"，没有充分考虑"练习系统"的必要性以及对于教学系统的可能影响。因此，探索练习设计与应用时，我们必须站在整个教学系统的高度，充分考虑"练习系统"与其他教学要素的关系。

（2）亟须关注"练习系统"的"三重三轻"。

新课程将教学方式转变作为改革重点，对"练习系统"的关注明显不够。在这方面，我们常以个体的自发研究为主，缺乏有效的整体推进，使得其应用仍在低水平上徘徊。在"练习系统"整体以及各环节上，均存在较为明显的不足，具体表现为"三重三轻"。

其一，重完成练习与练习批改环节，轻练习设计、结果分析、教学调整环节。比如，细致分析练习结果的次数较少，且主要依赖于个体经验，实证意识明显缺乏。此外，教师对于练习的讲解较为随意，没有聚焦于学生迫切需要解决的问题，有针对性地调整教学内容与方法的情形更是少见。

其二，对于练习设计，重练习数量，轻练习质量。练习设计主要考虑练习时间，甚至人为增加练习数量以拉长练习时间，而对于练习的必要性、目标的针对性、难度的合理性等思考很少，使得练习应用处于低水平重复的状态。

其三，对于练习批改，重对错判定，轻方向指引。"有错必纠"是当前作业应用的重要特征，通常由教师判定错误，学生纠正错误。教师批改练习时，很少为学生提供解决问题的指导。这不利于学生理解与应用，也就会影响练习效果。

当然，以上只是一般性特征，要了解特定情境下的练习设计与应用问题，还需要应用问卷调查、文本分析、师生访谈等方法，围绕以下问题开展研究：教师在设计与应用练习时，重心置于何处？主要采用哪些处理方式？这些处理方式有何优势与不足？可能产生怎样的影响？可以采取怎样的优化措施，以提升练习应用的效率？

2. 把握优化"练习系统"的关键

构成系统的各要素并非居于同等地位，它们对于系统的重要性各不相同。这种重要性也并非一成不变，而是随着时间的发展、环境的变迁、个体的差异而不断发生变化。结构和关系是系统的重要特征，虽然从理论上来说，"练习系统"的各个环节可以协同优化，但是这种优化需要由作为练习设计与应用主体之一的教师来实现。协同优化不仅对教师的能力提出极高的要求，也会显著增加教师的工作量，并可能引发懈怠情绪，反而会影响推进效果。因此，要解决"练习系统"的问题，需要从纷繁芜杂的各类问题中找准关键点。

现阶段，优化练习设计的需要无疑最为迫切。离开了基于课程标准的高质量练习设计，即使其他环节都处理得很好，也不会产生明显的促进作用，甚至可能因为方向不当而产生负面影响。为此，现阶段亟须突破练习设计的瓶颈。当然，对于"练习系统"的其他环节，亦可通过先行研究积累经验，为后续优化奠定基础。

练习设计就是编写或选择习题，并组合成练习卷的过程。对于练习设计，存在着"全""圈""选""编"四种水平。"全"就是教师将手头资料中的各类练习不加选择地布置给学生。该层次水平最低，会导致练习量明显增加。"圈"就是教师圈出与教学内容相关的习题让学生完成。该层次水平较低，习题数量有所控制，但质量无法保障。"选"就是教师依据教学目标，比较相关练习题，并择优选用。该层次水平较高，能保障习题的数量和质量。"编"就是教师依据教学目标，自己编写习题。该层次水平最高，有两种处理方式，即改编和自编。

虽然自编习题是练习设计的终极追求，但其对于教师的能力、精力、毅力都提出了极高的要求。其实，若教师能够择优选用或适当改编习题，就可以满足日常教学的需要。为此，现阶段可以将发展教师的习题选择与组合能力作为突破口。

3. 应用系统方法，提升练习效益

系统方法是利用系统论原理，按照研究对象的系统特点以及变化发展过程，在动态中考察各类关系，以揭示其本质和规律的方法。若我们能遵循规范的设计流程，关注练习在教学系统中的应用，重视教学系统的反馈作用，那么对于提高练习设计的质量和效率无疑会有很大的帮助。

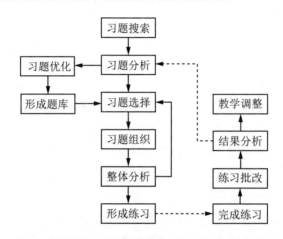

图1 "练习系统"的结构及其对于教学系统的作用

如图1所示，练习设计的本质就是选好题、组好卷，而要真正做好这项工作，需要经历习题的搜索、分析、选择、组织等阶段，最终形成练习。在每一个阶段，我们都需要围绕一系列问题进行深入思考。在习题分析阶段，需要思考以下问题：习题是否存在科学性错误？习题主要针对什么学习目标？习题的难度如何？学生完成习题需要多长时间？而在整体分析阶段，则需要思考以下问题：练习能否有效反映学习目标？练习的难度分布是否合理？练习的容量是否合适？若分析结果理想，则可最终形成练习。反之，需重新调整习题。

无疑，这种练习设计方式会增加教师的时间投入，但从系统的角度来看，其对于减负增效的作用十分明显。具体表现为：第一，练习目标的针对性增强，难度合理，容量合适，有助于节约学生的练习时间，提高练习效果。第二，教师设计练习的时间增加，但批改练习、分析结果的时间会减少，此消彼长，教师的负担不会显著增加。第三，在习题分析时，若形成由题目、解题过程、答案、属性（目标、难度、完成时间）等方面组成的信息集，并纳入题库，在后续应用时即可简化分析，从而避免重复劳动，减轻练习设计的负担。

　　此外，教师在批改练习的基础上，可以根据正确率调整习题难度，也可将预设完成时间调整为学生实际完成练习的时间，这可以为练习优化提供实证基础，有助于提高习题分析的精度，从而进一步提高练习的质量。

　　　　　　（本文作者系上海市教育委员会教学研究室教研员）

不一样的作业："学习报告"

宁致义

曾几何时，中小学生开始有了永远也做不完的作业。因为不愿做作业而又不得不做，所以学生的学习负担日益沉重，我们天天喊"减负"，却对造成学生过重负担的作业无可奈何。其实，作业本身并无错，如果学生能主动地学习、做作业，那么完成作业就不会是一种负担。我校从 2008 年开始进行课改，用带有研究性的"学习报告"代替传统的课后作业，大大提高了学生学习的主动性。

一、 什么是"学习报告"

对于一些学习内容，老师给学生布置任务，并预留充足的时间让学生自主学习；在自主学习时，学生们读书、交流，利用网络等多种资源查阅相关资料，最终以文字形式表达自己对所学内容的认识和见解，这就是"学习报告"。

"学习报告"是学生思想、观点、方法的文字体现，反映出学生对学习内容的理解。它的内涵比一般性的作业要丰富得多。我曾专门写过一篇《"学习报告"三字经》来解释"学习报告"："非题解，非笔记；似论文，有思想；立意新，论点明；语言美，巧论证；有观点，有方法；有发现，有创造……"

"学习报告"不限形式，不限篇幅，哪怕学生只有一点感悟，只要是独立思考的就行。学生经过自主学习后，完成老师布置的任务，将其用文字呈现出来，称为"任务报告"；对单元、章节的总结称为"反思报告"，对整个学科的认识与理解称为"学术报告"。一个"学习报告"就像是一篇论文，教材上的任何一章、任何一节都可以作为论文的主题，一个学科也可以作为论文的主题。比如：到高三时，学生就可以写《论高中物理》《论高中数学的价值》《论高中生物》……同一个题目、同一个报告，学生上高一时写，上高二时还写，上高三时再写，每一次都与前一次不一样，一次比一次更接近真理，更能发现学习的方法。

我校临毕业的学生往往能写出《论高中物理》《论电场》《不等式的意义》《论台湾问题》《论萨科齐会见达赖》《生活的起源》这样大的"学习报告"。如一位高三学生的"学习报告"名为《物换星移，理宏千秋》，写的是他对学习物理的感悟："真理缥缈，如雨如烟，探其根本，物理当先。研风雷轰鸣，罡风长吟；究星河璀璨，明灭轮回……"全文用骈体写就，文采斐然。

二、 为何要写"学习报告"

为什么要用"学习报告"代替一般性的课后作业？这是因为，传统的课后作业是学生被动学习的产物，而"学习报告"则是学生主动学习、主动探究的结晶。

对于某个知识点、某一规律，学生怎样才算是掌握了？是记住就行吗？不是！是听懂就行吗？不是！是会做题就行吗？也不是！"学会""学好"意味着对知识和规律的理解，它体现为学生在遇到实际问题时能主动运用所学知识去思考、分析、解决问题，甚至对书本原有的知识提出自己的看法和建议。学生"学会"的标志之一，就是能以类似论文的形式写出高水平的"学习报告"。其实，学生们所用的教科书何尝不是教材编写者对某个学科的"学习报告"呢？如果学生对学习有浓厚的兴趣，最终能写出像教材一样的"学习报告"，那么我们还担心他们学不好吗？这样的学生学习起来还会有负担吗？

学生的"学习报告"，是与我校推行的"半天授课制"紧密联系在一起的。学生半天自主学习，写出"学习报告"，然后根据"学习报告"，以组为单位在课堂上进行展示。我们认为，由陶行知先生提出并极力推广的"为教而学"是一种最好的学习方法，课堂展示正是实行"为教而学"的有效途径，而写好"学习报告"是其重要的前提和基础。

在教育资源贫乏的年代，有些教师边教边学，常常是晚上学习自己从未接触过的内容，第二天就去教学生，师生共同学习、进步。现在，我校学生是后半天自主学习，第二天上午进行课堂展示，恰如那个时代的教师。

我们不再把学生当做知识的容器，而是当成我们的同伴，甚至当成我们的老师。我们让学生自由地发挥他们的创造性思维，让学生以自己的方式解读文本，参与文本的意义重建。尽管数学或物理等理科有一些无法反驳的定律或事实，学生似乎只能接受，无法创造或发现，但这些定律或事实一旦与学生原有的经验结合起来，一旦进入学生的生活世界，所谓的定律或事实的面孔就不再是生硬的，学生原有的经验将使定律或事实的意义发生变化，同一个定律或事实在不同的学生那里会产生不同的意义。

如果我们想办法使每位学生都感觉到自己是同伴的老师，那么学生就会把学习当做一个神圣的事业，因为他们肩上有了崇高的使命——他们要去教同伴！我们要信任学生，相信学生为了实现自己的价值，为了自己的同伴，会启动他们自己思维的机器，认真研读学习内容，创造性地写出"学习报告"，完成他们的使命。

三、 怎样写好"学习报告"

评书演员的工作对学生写好"学习报告"有很好的启示。评书演员首先要占有大量的材料，读史料，读小说，写出评书脚本，然后在台上加上自己的肢体语言，绘声绘色地给听众（观众）表演。他所表演的内容既不是纯历史的记载，也不是小说的虚构，而是自己根据基本事实所做的再创造。我们学生的课堂展示就像是评书演员的登台演出，学生的"学习报告"就像是评书演员所写的脚本，所以，"学习报告"的内容首先应该是学生对教材的认识和理解，是学生观点的陈述和思维的显现，而不是简单地、被动地去完成教师布置的几道题目。在"学习报告"中，学生还应写出所学内容对自己的启示和帮助。总之，"学习报告"应该是学生对学习内容的再创造。

一个真正好的"学习报告"不是一次能完成的，也不是一时就可以写好的，它大致要经过以下几个阶段。

一是读书感悟。学生阅读教材、课外读物或听讲座后，对某一知识有了一定的认识和理解，此时可以写初步的"学习报告"。如读了电场的材料，就可以写《我对电场的认识》；学习了不等式的知识，就可以写《不等式的意义》等。

二是交流、展示后的理解。学生根据读书感悟，与同伴交流、展示，对所学知识有了进一步的理解，然后把这些理解充实到"学习报告"中。

三是应用之后的见解与创造。学生用所学知识去做题、实践之后，对所学知识很可能会产生新的见解，可再充实到原有的"学习报告"中去。在这一阶段，由于"学习报告"的内容比刚开始写作时丰富多了，所以题目也可以有所改变。如《我对电场的认识》可改为《电场及其应用》，《不等式的意义》可改为《不等式的作用及解法》。

经过一段时间的学习和总结，学生不断地完善"学习报告"。如果他们能在"学习报告"中用科学规范的格式、流畅优美的语句、典型新颖的案例严谨地表达自己的观点，那么这就是高水平的"学习报告"。学生学习任务的完成，以写出高水平的"学习报告"为标志，而不只是会做几道检测题或记住几个概念。

（本文作者系山西省新绛中学校长）

慕课研究： 我们在路上

刘道康　黄伟祥

　　在移动、开放、共享、参与和大数据的时代背景下，微课、慕课等应运而生。它们的出现，无论是对学生的学还是教师的教，都有着深远的影响。2013年9月7日，华东师范大学慕课中心牵头成立了全国中小学C20慕课联盟，广东省中山市实验小学成为当时广东地区仅有的三个中小学成员之一。学校成立了由校长挂帅的慕课中心，并聘请华东师范大学陈玉琨、吴志宏、田爱丽教授等多位专家为顾问，开启了慕课研究之旅。

一、 研制微视频，由点及面

　　为了让教师意识到数字技术对当今社会生活的巨大影响，校长亲自开设"微时代，我们应该怎样教"的专题讲座，让教师了解学校即将进行的慕课研究的大体思路和想法，获得教师对该项改革的理解和认同。

　　慕课是一种新兴的教学模式。最初，教师们都觉得该项研究比较适合在理科类学科开展。在此情况下，我们在面向全体普及理念和广泛动员的基础上，充分尊重教师的意愿，对于还没有准备参与改革的教师，暂不强求，对于有意参加改革的教师，给予重点支持和相应的鼓励。数学是我校的强项学科，拥有一批名特优教师，他们具有很强的研究能力；同时，我校也是中国少年科学院确定的科普基地、全国书法艺术教育实验学校、全国心理健康实验学校。根据以上情况，学校选取数学、科学、书法和心理健康四个学科作为慕课研究的先行试点。目前，我校的慕课研究已推广至各学科。

　　制作微视频是实施慕课的第一步。我校遵循"适合就是最好"的原则，倡导微视频制作"草根化"，不追求高难度。由于大部分教师的信息技术能力并不强，学校就请信息技术教师为所有进行微视频制作的教师提供技术支撑。我们用了约一个月的时间，对全校教师开展微视频制作的系列培训，包括微课视频课件的设计、录像制作、音频视频的处理、后期的制作等。

微视频的选题是微视频制作中最关键的一环。在培训中，我们要求实验教师抓住教学的重点、难点和易错点，遵守目的性（呈现的知识点必须清晰明确，不贪多求全）、科学性（从内容到书写，必须准确无误）、可学性（学生能够听懂）、"悦读性"（界面友好、简洁大方）、"悦听性"（声音悦耳动听，语气亲切自然，表达幽默风趣）、整体性（微视频设计与课堂教学设计要统一）六个原则开发微视频。

我校最先接触微视频的是数学学科教师。学校在全员培训的基础上，根据数学学科具有演绎、推理的特点，对数学科组教师又进行了更专门的培训，从资源的选取，到 PPT 技术的运用，再到画面、音乐的搭配，文字的处理以及数学工具软件的使用等。在视频制作实验阶段，某位教师先尝试制作出微视频，然后在校本教研时展示其作品，大家对此各抒己见，为其提出修改意见，之后，制作者根据大家的建议，再进行第二、第三次的修改，直至趋于完善。一位数学老师在一次展示交流活动后感慨地说："感谢大家教会我制作微视频。经过几轮打磨，我发现，小视频隐藏着大道理，这段时间虽然为一个小小的视频修修补补，但这些小技巧真的很有用，既提高了我的信息处理能力，又提高了我对数学教材的理解能力。"

二、　与联盟校实现共建共享，开发系列化微视频

全国慕课中心制定了共建视频资源标准与共享机制，联盟学校间可以实现资源共享。慕课中心要求联盟学校使用本校特定账号，每个学科每月上传四五个微视频到慕课中心研究平台（http://home.c20.org.cn/mooc/）。到目前为止，我校的数学、科学、心理健康等学科已制作了 200 多个微视频上传到全国慕课中心。以数学为例，我们制作了"分数""货币单位""时间单位""图形与位置""质量单位"共五个模块的微视频。在保障联盟学校共享"在线开放课程平台"资源的基础上，全国慕课中心会逐步将平台课程资源向国内非联盟学校开放，以扩大享受优质教学资源的群体范围，促进教育优质均衡发展。

在实践中我们感到，单个的、孤立的微视频的作用十分有限，教师对微视频内容的选择较为随意且容易造成重复建设的现象；只有开发系列化的微视频（如单元整体开发），才能充分发挥其功效。因此，我校在加强微视频的应用环境平台的开发中，努力整合、汇聚整个区域的微课资源，使其产生集聚效应，以实现从原来单一化的微视频制作，到学科微视频的系列化开发。

三、 应用微视频，实施教学"翻转"

在传统的教学模式中，学生是在"教中学"；而在"翻转"教学模式下，教师是在"学中教"：学生先通过教师制作的微视频自学，然后到课堂上做一些实践性练习，并通过小组、班级合作探究的形式，利用学到的知识解决问题；学生遇到困难时，教师会对不同的学生进行区别化指导。

慕课中心研究平台目前已有覆盖各学科的微视频5000多个，联盟学校可以根据特定的账号，随时使用这些资源。在此情况下，如何利用这一丰富的资源平台，为有效实施课堂教学的"翻转"服务，就成为我们的研究重点。于是，从2014年2月起，我校开始在部分班级和学科探索翻转课堂教学模式。

我们非常认同华东师范大学慕课中心陈玉琨、吴志宏教授的观点，他们认为，好的翻转课堂应该是学习兴趣更高、互动性更强、思维更活跃、针对性更强、效率更高的课堂。翻转课堂的组织步骤是：导入—汇报收获(谈)—学生提问互动(问和答)—教师针对重难点和共性问题讲解(讲)—举一反三(合作学习)(练)—分析反馈，成果交流(评和议)—巩固练习，夯实基础(习)。翻转课堂的五个环节：视频学习—汇报提问—点拨精讲—合作探究—巩固提升。

翻转课堂的本质是以微视频为载体，实现先学后教，变"高效＋统一"为"高效＋个性"，以大数据为支持，实现教学流程再造。我们认为，翻转课堂探索，必须把握好"课下新的基础知识的学习"和"课上知识内化"两个阶段的重点任务。

"课下新的基础知识的学习"阶段主要包括三个环节：（1）自主观看视频。上课前一天晚上，学生要观看10分钟以内的教学微视频，达到基本学会的程度。观看微视频的时间、地点和节奏完全由学生自己掌握，如可以选择某一时刻去观看微视频；可以进行快进、倒退等操作，可以反复观看；可以暂停，立刻记下自己的收获或疑惑，以便和同伴进行分享、交流。（2）完成基础练习。观看微视频后，学生要完成教师布置的基础性练习，以便巩固学习内容，但练习的难度要适宜，数量要适当。学生完成练习后，上传至"云端"，学习系统会自动分析出学生完成练习的情况。学生在练习中，如果遇到解决不了的问题，就要立刻记录下来，以便下一步在互动交流中解决问题。（3）网络平台交流。学生观看视频并完成基础练习后，在家可以通过各种平台（如QQ、BBS、微信）与同学分享学习的收获，共同探讨遇到的疑惑，互相帮助解答。对于大家都解决不了的问题，可以与教师进行远程交流；教师对学生进行个别指导并帮助学生解决困难。这种随时的在线互动,使学生在自学中不再感到孤单。

"课上知识内化"阶段主要包括三个环节:(1)教师和学生用约 10 分钟的时间,对保障性知识进行回顾和梳理,教师重点帮助没有学会的同学掌握这些知识。(2)在知识学习的基础上,师生一起梳理并提出有关知识理解和应用的问题;学生先进行小组合作交流,共同找出解决问题的方案或回答问题。(3)在教师的帮助下,学生通过全班的合作探究等,解决未解决的问题;对所学内容进行总结,并完成进阶性练习。教师在设计练习题时,要设置基本知识的变式题,以便考查学生对基础知识的理解和灵活运用情况。

四、 慕课研究取得的成效与遇到的问题

经过一年多的实践,我们发现,学校参与慕课研究,尤其是实施翻转课堂后,学生的学习自主性和学习动机明显增强。特别是借助慕课研究中心所提供的丰富的微视频等资源,学生可以较为灵活地提前学习学科知识,学习过程比较自主。更为重要的是,由于学生在课前已经通过观看微视频等,初步掌握了基本的知识,因此,他们在课堂上感到自己有话好说、有话能说,表现出很高的参与热情。在师生共同构建的开放、和谐的学习氛围中,学生的主体地位得以凸显。而对于教师来说,他们的角色也从教学内容的呈现者,转变为学生学习的帮助者和指导者。在这样的课堂上,教师有更多的机会观察学生之间的互动,发现学生存在的差异,进而进行更有针对性的指导。

当然,随着慕课研究的深入,各种相关的问题也随之而来;面对这些困难,我们有了一些初步的对策。

问题一:如果自律性不强的孩子,回家上网只玩游戏,不看微视频,怎么办?

我们认为,学生自控力不强,除了年龄因素外,还与学生的学习兴趣、自主学习习惯、自主学习能力、学习成就感等因素有关。因此,通过各种途径,提升学生的学习兴趣、养成自主学习的习惯等至关重要。同时,要解决这个问题,需要家校密切配合。比如,我校通过家校通平台,及时向家长发送看微视频作业的短信,要求家长根据学习清单,督促孩子观看微视频。实践证明,实行在线学习,家长的监督作用尤为重要。我们感到,绝大部分家长都会配合教师,对自制力不强的孩子进行及时有效的干预,帮助学生逐渐形成良好的学习习惯。

问题二:翻转课堂是不是降低了教师的作用?

翻转课堂强调的是课前学习与课堂教学的结合,能够充分发挥现代信息技

术的优势，并不是降低教师的作用，而是对教师提出了更高的要求。学生通过课前学习，有了较好的学习准备，带着问题走进课堂。学生提出的问题，往往超出教师的预料。这对教师的快速反应能力和知识储备提出了更高的要求，对经验少的教师更提出了挑战。

问题三：教师负担是否会增加？

对于教师而言，翻转课堂的确会增加一定的负担，主要原因是需要预备更丰富的教学资源。这些资源包括微课和其他提供给学生阅读的材料。但随着公共资源平台的完善与更大程度的开放，教师可能不用再花大量的时间制作微视频。同时，随着硬件环境条件的进一步提升，智能系统的功能会日益完善。例如：能为学生提供大量有价值的配套练习，学生在自学相关知识点后，系统会自动推送配套练习供学生自测；学生做完练习后，只需提交，系统就会即时给出学生的测试成绩，方便学生掌握自己的学习情况，同时，对学生做错的题目，系统会自动归入错题档案，方便学生日后查漏补缺。这样，就会有效减轻教师的负担。

（本文第一作者系广东省中山市实验小学校长）

云教学： 基于"云平台"的教学重构

齐胜男

当我们必须面对新技术带来的深刻变革，必须迎向我们的教学对象——生活在信息时代的"原住民"们的成长，作为生活在"云时代"的教师，我们又该以怎样的教学方式面对学生的未来？

笔者多年来致力于信息技术与课程整合的探索，特别是 iPad 教学的实践和研究，取得了初步成效。本文以笔者曾经工作的广东省深圳市南山区后海小学和目前所在的南山区文理实验学校的实践为例，介绍基于"云平台"的教学重构探索。

一、 重构教学内容：遵循儿童认知规律，实现"下要保底、 上不封顶"

1. 调整教学顺序，让学生爱上学习

基于儿童的认知规律，我们将部分学科的教学顺序进行了适当调整，借助新技术提高教学效率，确保"下要保底"的基础教学。

以语文学科为例，在传统的语文教学中，学生一入校就开始学习拼音，然后认读生字和学习课文。笔者曾亲眼目睹许多适龄儿童满怀期待、无限憧憬地走进校园，又在短时间内因为"ɑ、o、e、i、u、ü……"的读、背、写、拼的强化训练而失去了学习兴趣。因此，我们调整了教学顺序，即先教认汉字后学习拼音。一年级学生入学后，课堂上先听老师讲绘本故事，放学时还可以带着从学校"云平台"——"网盘精灵"上下载的电子绘本，回去和家长一起阅读。与老师、同学一起读故事让学生对上学充满期待。半个月后，教师再带领学生学习有文字的课文，识记课文中要求会认的字。与此同时，我们还通过开展亲子阅读、举办"生字游园会"等活动，让学生尽可能地多识字，这也是为学生将来用键盘打字后能正确筛选相关的文字和词语作准备。

两个月后，在学生有了一定的识字量的基础上，我们再进行拼音学习，这时候拼音教学的难度就会大大降低。加之我们借助 APP 中优秀的拼音学习软件资源，可以让拼音学习达到事半功倍的效果，通常学生只需两到三周就可学会拼音。

学会拼音后，一年级学生就可以在"keynote"上进行写作。这个软件图文并茂的功能顺应了低年级学生一边写一边画的天性，有效降低了写作难度，增加了学生写的兴趣，打破了传统教学要到三年级才开始写作的定式，抓住了学生书面语言发展的关键期。学生借助键盘的打写功能，可以把头脑中奇妙的故事、心里真实的想法用文字和图片呈现出来。目前，二年级 iPad 实验班的学生 10～15 分钟便可完成 300～500 字的现场作文。

2. 拓展读写内容，为学生发展积蓄能量

我们使用新技术助力于教学，节省了很多宝贵的教学时间，如语文学科半个学期即可学完教材，这样就可以把挤出来的半学期用于大量的阅读和写作，实现"上不封顶"，从而为学生的可持续发展积蓄能量。

一方面，我们利用新技术极大地丰富了学生的阅读资源。比如：除了纸质书，我们还在"网盘精灵"上存放了大量的中、英文电子版绘本，学生可以下载到 iPad 上阅读；学校还统一购买了很多电子书，分享在"kindle"上，方便中、高年级学生阅读。我们从香港引进的"机灵英语（Key Links）"中有 160 多本图文并茂的英文读物，并通过不同颜色区分难易程度，方便教师根据学生的实际情况，选择适合学生阅读的书目。教师还可通过教师端关注班上每个学生的阅读进度。另一方面，我们将读和写紧密地结合起来，引导学生运用所学的知识进行创作。如语文教师巧妙地创设情境，引导学生创作属于自己的绘本。数学教师引导学生用数学方式表达丰富多彩的内心世界。学生们自己编写应用题、创作"数学童话"、设计"我喜欢的动物园"等，不会描述的就用图片代替，形成了一个个图文兼具的数学故事。

二、 重构教学方式：基于学生实际，让学习更加自主、更有创意

1. 改变教的方式：精选应用程序，让"教"更有针对性

利用 Apple Store 上提供的各种应用程序，我们可以让教学变得更加互动、更有乐趣、更引人入胜，也更加有针对性。每个学期开学初，各学科教师都会提前浏览并试用大量的教学应用程序，并且对比试用各种同类型的教学软件，

分析和研究不同年级学生的心理和需求，然后精选一批实用、好用的应用程序。如有关数学的应用程序提供了多种互动方法，帮助学生学习口算、掌握乘法口诀、搞定代数方程、攻克统计原理等，适合各年龄段的学生使用。接下来，由学校信息技术部负责汇总安装这些应用程序并同步到师生的 iPad 中。

在具体教学中，我们依据教学内容和学生实际情况，交替使用"先学后教"与"先教后学"两种教学方式。当学习内容比较浅显，相关内容的 APP 资源又很优质时，教师通常会采取"先学后教"的方式，把自主学习的权利交给学生；如果教学内容难于理解，特别是那些需要教师付诸情感诠释、需要用有温度的语言讲解的教学内容，那么我们就采用"先教后学"的方式。比如：在数学教学中，中学部的袁朝川主任给学生 iPad 上安装了一款"洋葱数学"应用程序，学生借助形象的视频、风趣的讲解，可以轻松学会一些数学知识。当这个程序中的讲解达不到教学要求或是学生自学遇到阻力时，他就采用面对面的授课方式。袁老师还借助"四叶草"云课堂互动平台，侧重解决学生学习中遇到的重点和难点问题，如由软件记录的学习卡壳处，微课学习中的学生停顿处、反复处；或者是通过题目检测发现的学生学习中的共性问题，大量的时间则用于学生之间、师生之间的沟通和交流。

2. 改变学的方式：灵活运用学材，让"学"更有创造性

APP 中丰富的教学资源增加了学材的故事性和趣味性，尤其是"学豆""晋级""学分"等激励方式更是调动了学生自主学习的积极性。如"盒子鱼"通过图片、音频、视频等多媒体构成智能课本，可以让学生在快乐的游戏中学习新知识。

借助教师安装在 iPad 中的各类软件，学生枯燥的学习过程充满了创造的乐趣。比如：在小学语文识字教学中，学生可以通过"学写汉字"中的"松鼠摘苹果"游戏自学生字，还可以利用"生字表"检测预习效果，其中均有过关或晋级的重重挑战，整个学习过程如同经历一场与高手的对弈。在作文教学中，三年级的《自我介绍》难度并不大，但是很多学生写的往往是千篇一律的套话空话，于是笔者借助"指纹测算"这款娱乐小游戏，引导学生从介绍自己的特点、预测自己的职业、畅想未来的家庭三方面写"未来的我"，没想到，每个学生笔下都有了一个与众不同的自己……

三、 重构评价方式：注重实效、多元，关注学生全面成长

1. 即时互动重反馈，破解教学难题

评价不及时、反馈滞后，是作文教学耗时多、效果差的主要原因。我们利用腾讯微博，轻松地解决了这个桎梏作文教学多年的顽疾。我们建立了班级微博圈，把作文批改搬到了微博上。当学生的作文发布后，教师可以在任何地方即时回复和批阅，忙的时候送给学生一个赞或鼓掌的表情符号，时间充裕时留下详细的批改意见，有针对性地提出修改建议，让学生时时刻刻感受到自己是被关注的。除了写教材中要求的作文，学生还可以把平时的小练笔、游记、随笔、心情日记等上传，只要是学生想写的、愿意和大家分享的，都可以发在微博上，校长、教师、同学、家长都可以关注，可以点赞、点评。这样学生的习作不仅能得到语文教师的指点，还能得到其他学科教师、家长的鼓励和指导，以及同学的帮助和建议。于是，越来越多的学生从"要我写"变成了"我要写"，还有些学生开始创作自己的作品集，一些学生还成了同学眼中的"网络大V"。

随后，其他学科也开始探索利用微博进行即时互动评价。

2. 多元评价促沟通，关注个性发展

把作文批改放到微博上，也让我们也有了一个意外的收获。二年级的小宇同学在一次现场命题作文《孤独的我》中写道："我很孤独，你知道吗？我每天做完作业，就是我最孤独的时候，还有放假的时候……因为我孤独所以我发呆，别人说我做事慢，那是因为我在发呆……我发呆的时候，就像是在和心灵的自己玩耍，这种感觉超棒的！"此文刚一发出，就得到来自班主任、家长、学生甚至校长的多方回应。

留言中不同角度的关心和问候，不仅让不爱讲话、爱发呆的小宇体会到了写作的乐趣，而且他还慢慢地打开自己，开始在网络上与大家互动，开始在课堂上积极发言，并且有了更多的朋友……就这样，我们又多了一个关注学生心理状态的平台。在这样的多元评价中，家长、学校紧紧地凝聚在一起，以家校合力共同关注孩子的成长。

需要说明的是，为了确保学生健康、安全地使用 iPad 进行学习，学校制定了一系列规则和管理制度。四年多的实验经历，也让我更加深刻地体会到：技术本身不是什么魔法，教师才是真正的"魔法师"。使用新技术但不依赖新技术，让技术与教学融为一体，让技术融在教育中，这才是我们追求的真正的"云课堂"。

（本文作者系广东省深圳市南山区文理实验学校教务处主任）

后　记

　　"蓦然回首，那人却在，灯火阑珊处。"手抚四沓厚厚的书稿清样，不由心生感慨。两年前以为不可能完成的事情，即将成为现实，反倒觉得有些恍惚。

　　整理《中小学管理》创刊30年纪念文丛，对于本已超负荷运转的我们而言，无疑是一项十分艰难浩大的工程。这个过程是断续进行的，从2016年年初启动此事，到2017年年初开始真正着手筛选编辑，中间停停走走、一波三折。策划案从一本书到六本再回到四本，我们反复斟酌，最后确定了目前的样子。

　　我们期待能"回应当下"。我们最初希望本套丛书能呈现30年来《中小学管理》在各个时期的代表性探索。但我们也逐渐意识到，此书不应只是对教育往事的追忆，更应是对当下正在发生的热气腾腾的教育现实的回应。因此，我们最终敲定以期刊近五年所刊发文章为主进行编选，最大限度地让这些文字，仍对中小学管理者此时的工作具有现实指导意义。

　　我们期待能"坚守价值"。我们希望读者通过我们所编选的文章，能看到一种态度与追求。这个态度，就是我们始终以"助推中国本土教育理论创生、陪伴中小学管理者专业成长"为己任的办刊宗旨。这种追求，就是我们坚持做中国教育管理理论与实践的桥梁与纽带的责任和担当，就是我们对教育之真、人性之善与管理之美的永不疲倦的坚守与求索。所以，我们将丛书命名为"尔立"，取"三十而立"之谐音，期待"为尔而立、使尔挺立"的美好愿景。

　　我们期待能"留存经典"。对于一本期刊来说，30年是一代代编者、作者、读者共同叠加的人生旅途，是一个个区域、学校、个体蓬勃生长的行进历程。所以我们既关注"代表性人物、代表性机构的代表性作品"，也对新生代研究者、新生代管理者的新生代探索给予最深切的观照。当下中国基础教育管理研究和实践领域中，那些最有影响力的面孔，和那些最有朝气的声音，会同时在这套丛书中相约出现。

我们期待能"力求完美"。"永远做最好"是中小学管理人的不二法则。"动作要快，姿势要帅"，当一群"不可救药"的完美主义者聚在一起，我们只需要等待和欣赏就足矣！从划定主题、筛选篇目，到重新修改审校，每篇文章至少经过了11审7校2通读。所有的工作，都是各书主编们在完成本职工作之外，挤压个人的业余时间完成的。我们做了许多不必再做的"无用功"，但也正是这些"无用功"，彰显着我们的准则与敬意。

当下的中国教育改革，当下的学校管理实践，拥有无穷的机遇，也面临无限的挑战。每个人都是研究者，每个人都是探路者。一年间我们经历了大大小小若干事情，几度欲放下，几度又拾起。面对一字一句呕沥出的心血，我们不希望它仅仅尘封于岁月之间，更不忍让《中小学管理》的30岁生日在一片寂静中悄然划过。所以无论如何透支自己的体力和耐性，我们依然以最大的努力，将这几本册子，献于您的面前，若能得您一时之用，我们也就稍感宽慰了。

最后还要把最深沉的谢意，献给我的师长和伙伴们。感谢陶西平先生惠允担任本书总顾问。感谢杨公鼎、何劲松、杨志成等领导的鼎力支持。感谢高鸿源、褚宏启、张新平等导师的学术指引。感谢北京师范大学出版社陈佳霄、肖寒、郭翔等老师对书稿的打磨成全。感谢姬向群、张葳、沙培宁三位老同志的温暖回归。感谢柴纯青、谢凡、许丽艳、林清华、崔若峰、王淑清、谢建华、杨晓梦、韩冰等同伴的同舟共济。我们共同守护了《中小学管理》的成长，也在共同创造新的未来。

褚宏启教授在2013年发表的《什么样的教育管理知识最有价值?》中的一段话，今日读来依然令人热血沸腾。且恭录于此，与诸君共勉：

> "真正有价值的教育管理知识，应该有责任、有担当甚至有血性……管理的真正变革是非常艰难的，但我们所做的事情越是具有挑战性，越是艰难，就越有价值……人生的光荣与梦想、高贵与尊严，就体现在这种对艰难的征服中、对信念的坚守中。这种决绝的追求，虽败犹荣!"

——是为记。

孙金鑫　执笔

2017年9月21日，凌晨